U0781169

THE
COURSE OF
CIVILIZATION

文明的历程

战国

沈长云　李学勤　主编

杨善群　著

上海科学技术文献出版社
Shanghai Scientific and Technological Literature Press

图书在版编目（CIP）数据

战国 / 沈长云，杨善群著 . —上海：上海科学技术文献出版社，2020（2024.4重印）
（文明的历程丛书 / 李学勤主编）
ISBN 978-7-5439-8132-4

Ⅰ . ①战… Ⅱ . ①沈…②杨… Ⅲ . ①文化史—中国—战国时代 Ⅳ . ① K231.03

中国版本图书馆 CIP 数据核字 (2020) 第 061333 号

策划编辑：张 树
责任编辑：王 珺
封面设计：留白文化

战　　国
ZHAN GUO

李学勤 主编 沈长云 杨善群 著
出版发行：上海科学技术文献出版社
地　　址：上海市长乐路 746 号
邮政编码：200040
经　　销：全国新华书店
印　　刷：常熟市人民印刷有限公司
开　　本：650×900 1/16
印　　张：22
字　　数：244 000
版　　次：2020 年 6 月第 1 版 2024年 4 月第 4 次印刷
书　　号：ISBN 978-7-5439-8132-4
定　　价：68.00 元

http://www.sstlp.com

序

这套书的诞生，有着时代的背景和特定的机缘。

近年间，随着中国国势走向振兴，中国传统的历史文化越来越受到世人关注。这对于中国这样历史悠久、文化基础深厚的国家来说，是必然的。绵延连续，从未断绝，乃是中国传统的特性，因此要深入理解中国，不能不求诸历史，而且必须向上追溯其源头，以追寻其形成奠基的根本，也便是上古的先秦时期。自从二十几年前的"文化热"，直到最近盛兴的"国学热"，贯穿着对中国传统的反思和探究，也总离不开先秦时期种种问题的讨论。

1996 年，作为国家"九五"重点科技攻关计划项目的"夏商周断代工程"启动。这一自然科学与人文社会科学交叉结合的大型科研项目，总目标是使作为先秦时期重要部分的夏、商、西周的年代学进一步量化，为更好地研究古代历史文化、探索中国文明的起源及早期发展打下良好基础。2000 年新世纪降临之际，"夏商周断代工程"阶段性成果通过验收，公布了"夏商周年表"。中国先秦史学会不少同仁参加了有关工作，获有启发，一些出版界友人也受到激励。经过再三酝酿，于是拟定编写这套书的计划。这个计划幸能得到先秦史各分段多位专家的支持，终能将这系列之作呈献给读者。

中国久远的历史究竟怎么分期，是学术界长期探讨的问题，学者们见仁见智，各持己见，但是无论如何，先秦时期和秦汉以下之间总是有一条明显的分界线，在历史的研究方法上也有着较大的差异。先秦史研究有其本身的特殊性，由于传世文献的有限，不能如秦汉以下那样以载籍为主体，而是年代越古，越需要依靠考古学等学科的成就。

具体来说，先秦史又可大致划分两大阶段：从远古至唐、虞，是所谓传说时期，与后来的夏、商、周三代有所不同。这只是根据现有研究情况来讲的，两阶段间并没有很清楚的界限。比如唐、虞有没有可能划下来，和三代合为"四代"，像《大戴礼记》说的，便很值得斟酌。

不管是传说时期，还是后来的夏、商、周三代，在研究途径上都需要多学科的交叉，主要是历史学与考古学（还有与考古学密切关联的古文字学）的结合。夏鼐先生曾在《什么是考古学》一文中讲道："考古学研究的对象只是物质的遗存，这包括遗物和遗迹。所以它和利用文献记载进行历史研究的狭义历史学不同。虽然二者同是以恢复人类历史的本来面目为目标，是历史科学（广义历史学）的两个主要的组成部分，犹如车子的两轮、飞鸟的两翼，不可偏废，但是二者是历史科学中两个关系密切而各自独立的部门。"我个人体会，夏鼐先生不仅讲了考古学作为学科的独立性，也非常生动地说明了它和历史学（狭义）相辅相成的关系。多年来先秦史研究的前进，正是靠着这"两轮""两翼"。

即使是传说时期，情形也是如此。应该特别强调的是，古史传说也是古史的一部分，而且是相当重要的一部分。去年我有机会去河北省作一次演讲，谈及炎帝、黄帝传说和文明起源研究，曾引述王国维、徐炳昶、尹达等先生的观点。大家熟悉，王国维先生1925年在清华国学研究院讲授《古史新证》，针对当时关于古史的讨论，他指出世界各民族的古史总是史实和神话交综在一起，其间固然不免有后人增加的成分，但一定有史实的"素地"，即历史的背景。他在《古史新证》中，还专门提出文献与地下材料互相印证的"二重证据法"。到1936年，出版了两种有关这一问题的书，即徐炳昶先生的《中国古史的传说时代》和尹达先生的《中国原始社会》，两者都接续和发展了《古史新证》的观点，主张将古史传说的研究与考古学成果互相结合融会。

撰著的各位先生，对于各卷涉及的学术问题都能抒发多年心得，立足最新前沿，视野弘阔，精义纷呈。如果说有什么共同点的话，我想就在于把历史学和考古学紧密结合起来，努力为先秦史的进展开拓一个新境界。在这里，我谨代表中国先秦

史学会，向各位作者表示衷心的感激，同时也要感谢策划和出
版这套系列图书的出版社的各位先生给予的大力帮助。

李学勤

2007 年 3 月 12 日于北京

目　录

引　言

　　从公元前 475 年（周元王元年），到公元前 221 年秦始皇统一六国，是我国历史上的战国时期。这个时期首先映入人们脑海的，是秦、齐、楚、魏、赵、韩、燕七个大国割据一方，相互兼并，纵横捭阖，连年征战不休的场面。其时战争的规模及惨烈程度都远远超过了从前，直如史书所说的"争地以战，杀人盈野；争城以战，杀人盈城"（《孟子·离娄上》），而且越是接近七国统一，战争的规模及惨烈程度就越甚。这即是这段时期被赋予"战国"这一名称的缘故。但是，就在这惨烈战争的背后，却酝酿着社会的进步。战争给人民带来苦难，战争却又通过各国对富国强兵的诉求，促进各国纷纷进行自上而下的改革，使自春秋以来就已出现的社会变革加快了前进的步伐，从而使战国在整体上迈入了一个新的历史时期。

　　春秋战国之际，是我国历史上发生重大变革的时期。这场变革的深度和广度，恐怕是除近代社会转型之外，历史上其他所有变革都无可企及的。过去先哲们曾有人朦胧地意识到了历史上的这场重大变革。如王夫之便在其《读通鉴论》中指出，战国是"古今一大变革之会"；顾炎武《日知录》言及春秋与战国礼俗的种种巨大差异，认为这所有变化都出于春秋战国之际百数十年间，从而发出"不待始皇之并天下而文武之道尽矣"①的浩叹。

顾氏所说的"文武之道"实际就是过去世袭社会的一套典章大法，即其所称的"尊礼重信""宗周王""严祭祀，重聘享""论宗姓氏族""赴告策书"之类。他认为，"文武之道"在历史上被淘汰并非是在秦始皇兼并六国之后，而是在七国之始。顾氏可谓十分敏锐地抓住了历史上这些重要的社会现象。然而他还不能像现代历史唯物论者那样，揭示出这些变化更深层的社会原因、这场变革的本质和所有这些变化之间的事理逻辑。实际上，这场变革起始于春秋战国之际生产力性质的变化。应当说，自春秋时期开始出现的铁器与牛耕的推广是促使所有这个时期的变化的最根本动力。由于有了铁器与牛耕，我们才能看见战国时期土地的大量垦辟、大规模水利工程的兴修、精细农业及劳动生产率的提高，以及随之而来的手工业的发展和商品经济的繁荣，包括金属铸币的广泛使用、城市的兴起、富商大贾及高利贷的活跃。随着社会经济的一系列变化，我们又看到战国时期人们的相互关系，包括财产关系也发生了根本性的转折：旧的宗法组织，即以血缘为纽带的各种氏族（宗族）组织或

---

① 顾炎武：《日知录》第十三卷，"周末风俗"条。

大家族结构纷纷崩毁，代之以个体小家庭为主的社会结构，个体劳动、"分地"代替了集体劳动和"公作"；统治阶级对农民的剥削也由过去的"助法"即力役剥削改变为税亩制即租税剥削。这使我国从此进入了以个体小农经济为基础的社会，并成为此后二千余年的传统。

在社会经济基础发生了如上变化之后，便是上层建筑和意识形态领域的革命了。在这方面，人们同样看得清楚的是，由于宗法制及氏族社会结构的瓦解，我国夏、商、周三代沿袭下来的早期国家（即建立在氏族组织联合基础之上的国家）组织最终演变为建立在地域组织基础之上的成熟的国家。郡县制代替了过去的分封制，由郡县及于乡、里、什、伍这样一套管理编户齐民的地区编制，由是成为以后两千多年专制王朝政权的组织基础，一套新的中央集权的官僚制度代替了旧的世卿世禄制，世袭贵族的特权从此成为历史。在思想文化方面，一个新的知识者阶层——士的崛起，是这个时期最重要的事件，它的出现同样根源于社会经济结构的变化。士阶层的活跃，促使诸子百家的争鸣和战国学术的繁荣，以及各种文化事业的发展。

总之，战国时期以其多方面的成就，翻开了中国历史新的一页。战国时期造就的政治经济模式和思想文化格局，决定了中国社会今后两千多年发展的方向。在战国社会业已形成的华夏民族共同地域、共同文化、共同语言和共同经济生活的基础上，秦始皇通过武力，最终实现了七国的统一。统一是战国历史运动的必然结果，也奠定了我国统一的专制主义中央集权国家的基本格局。

　　研究战国史，所能依据的史料显然比研究上古史要多，这固然是因为战国的时距更近，但也有战国文化昌盛，留下了较多官私著作的原因。尽管经过秦火，许多著作被焚毁不传，却仍有相当部分通过各种途径保存至今。就传世文献而言，战国时期流存至今的可用作史料的书籍，就有《战国策》《竹书纪年》（古本）、《世本》《尚书》（部分篇章）、《逸周书》（多数篇章）、《周礼》、大戴和小戴的《礼记》《楚辞》《山海经》，以及《墨子》《孟子》《老子》《荀子》《管子》《庄子》《韩非子》《商君书》《吕氏春秋》《孙子》《尉缭子》《鹖冠子》《尹文子》《列子》《公孙龙子》等诸子著作。这些作品有的存在着年代混乱、文字错讹甚或有后人添加或部分伪作等问题，但经前贤及今世学者的考订、辩论，它们作为战国基本史料或部分用作史料，应该是没有问题的。此外，还有相当多的秦汉以后人们据他们所能看到的战国史料编定的史书或其他性质的书籍，如《史记》《汉书》《后汉书》《淮南子》《说苑》《新序》《韩诗外传》《水经注》《华阳国志》《资治通鉴》等，也都可以部分地用作战国史研究的史料。尤其是《史记》，它对本朝以外的历史记述，大多是记录战国的文字，尽管它所依据的战国史料主要来自《秦纪》和《战国纵横家书》。此外，古本《竹书纪年》所记战国事也比较翔实，可弥补《史记》所采用的《秦纪》"不载日月，其文略不具"的缺点。

　　近年来，考古工作者发掘出大批战国、秦汉时代的简牍和帛书，极大地补充了战国史研究的资料。举其要者，首为 1975 年湖北云梦睡虎地秦墓出土的竹简。这批竹简包括有墓主人所写的《编年纪》《语书》《为吏之道》《日书》（甲、乙）及五种《秦律》文字，其史料价值之高，可从本书对它的征引中见到一斑。1973 年长沙马王堆 3 号汉墓出土帛书，包括《周易》《老子》《黄帝四经》《春秋事语》《战国纵横家书》等先秦旧籍。其中《黄帝四经》见于《汉书·艺文志》著录，但早已佚失，如今重见于世，于战国学术史方面的研究意义尤大。《战国纵横家书》共二十七章，其中十六章为久已失传的佚书，对于研究战国军事外交亦具有重要价值。比马王堆汉墓出土文献资料更多的是 1972 年山东临沂银雀山汉墓，其出土的竹书包括《孙子兵法》《六韬》《尉缭子》《晏子》等有传本的书籍，更有《孙膑兵法》及《守法守令十三篇》等佚书或不见于文献记载的先秦旧籍。其《孙子兵法》及《六韬》二书亦含有不见于今传本的佚篇。这些，对于研究战国的政治、军事及社会经济等皆具有不同寻常的意义。1987 年，湖北荆门包山 2 号楚墓发现大批战国竹简，其性质为楚官方文书，涉及楚国的政治与法律制度，有关研究，至今方兴未艾。1993 年，湖北荆门郭店 1 号楚墓出土大批竹简，其上书写的古书包括《老子》等四篇道家著作及《缁衣》等 10 种儒家著作，其中多数儒家著作及附于《老子》三篇后的道家著作《太一生水》皆不见于传本，它们对于研究战国最重要的两大学派儒家和道家，其意义也是不言而喻的。

其他古文字资料（包括铜器铭文）及考古资料尚有不少，不烦一一列举。

新中国成立以来，我国学者对战国史研究取得成果最丰的首推杨宽先生，他的《战国史》（上海人民出版社）自 1955 年初版后，经反复修改，到 1998 年出了第三版，可以说是一部有相当权威的全面研究战国历史的著作。全书规模宏大，内容详赡，考订翔实，特别是对于头绪纷繁的战国年代的考证，更是不遗余力。在一些基本观点的把握上，作者亦能与时俱进，不惮于修改旧说；对于考古资料，则注意随时撷取。在利用考古资料对战国社会进行研究方面，李学勤先生的《东周与秦代文明》（文物出版社，1984 年）是一部代表作。该书立足于对列国文明的探讨，亦是对战国历史的一种新的剖析。近年来，李先生致力于战国学术史的研究，倡导利用新出简帛资料重塑一部战国乃至整个先秦的学术史。近著《简帛佚籍与学术史》（江西教育出版社，2001 年）是他的代表作。四川大学的缪文远先生则对战国文献研究颇深，近年来，他连续出版了《战国策考辨》（中华书局，1984 年）、《七国考订补》（上海古籍出版社，1987 年）及《战国制度通考》（巴蜀书社，1998 年）；所做的考订及资料搜集皆颇显学术功力。此外，尚有不少学者致力于战国专门史或国别史的研究，有关著作就不再一一列举了。

随着研究的深入，一些问题自然也在学者中产生了分歧。例如战国土地制度，过去学者多认为战国时期已确立了土地私有制，并且地主土地所有制已占据了其中的主导地位。但近年来却有越来越多的学者主要根据新出战国秦汉简牍否定这一认识，认为战国时期主要实行的是国家授田制，土地尚属国家所有，土地私有尚在发育，少有土地买卖，地主土地所有制亦难说已成为气候，就是秦商鞅变法以后也是这样一种情形。与此相关的是社会生产方式及阶级关系问题。过去学者由于认为战国已确立了地主土地所有制，因而主张传统的租佃制剥削已成为战国封建地主的主要剥削形式，农民阶级中的主体也已是被剥削的佃农。然而现在不少学者却强调战国文献中并不见有关土地出租的明确记载，尚无从谈起战国的租佃制剥削，战国农民除有少数因各种原因失去土地而成为雇农或雇工（此种现象亦受到国家限制）以及成为奴隶外，绝大多数仍是国家控制下的授田农民。

战国时期，随着社会商品经济的发展，奴隶制也有了一定程度的发展。不过奴隶制的总体规模在社会经济中并不占主导地位，不能说社会已发展成为奴隶制社会。这涉及对战国社会性质的认识，学者对此至今尚有不同意见。本书采用战国属于专制主义封建社会这一提法，所谓"专制主义封建"，既不同于"领主制封建"，也不同于"地主制封建"，不过是为了强调专制主义国家作为最高和最大的地主掌握着国家最大量的土地并占有广大自耕小农的人身，对之进行租赋合一的剥削这样一种社会经济形态而已。

如上所述，战国史研究受到新发现的简帛佚籍的影响，许多方面有了突破性进展。比较起来，新出简帛佚籍对于战国学术史的研究影响更为直接。一些原来不太清楚的学术环节，由于此类发现而顿显明晰；一些学术公案，包括部分古书的真伪及年代问题，也因此类发现而有了解决的契机；更重要的是，这些发现都为灿烂的战国精神文化提供了直接的物证。难怪乎对于新出土战国秦汉简帛的研究已成为目前史学界的一个热点。随着此类简帛一批接一批地出土，相信有关研究会继续取得新的突破。

这本有关战国历史的小书将在总结前人研究成果的基础上，充分吸收考古发掘，尤其是出土古文献中的新鲜资料，结合个人对于一些历史问题的心得体会，分作专题，扼要但是全面地将这段历史展示给读者。全书除导言外，共设 19 个专题，大致按社会经济、政治、军事、思想文化的顺序加以展开。作为《中国古代历史与文明》丛书最后一卷，本书在一些具体问题的叙述上还注意到与前面各卷的衔接，以使读者更好地把握整个夏、商、周历史的变迁。

第一章　战国初年七雄并立的形势

从公元前475年开始，历史进入了战国时期。这个时期，在当时中国的版图上，主要并立着七个以武力争胜的国家，它们是秦、楚、齐、燕、赵、魏、韩，俗称之为"战国七雄"。七雄之间长期进行着连绵不断的兼并战争，直到公元前221年秦王朝的统一。那么，这七雄并立的局面是怎样形成的？七雄之外还有哪些小国及少数族势力？各国地理位置及疆域的大致情况如何？这个时期在总体上具有什么样的历史特征？这些，是我们了解战国历史首先应当了解的问题。

一　"战国"名称来历及战国时代特征

今天人们提到的"战国"这个名词，是一个时代的名称，在春秋之后，秦王朝建立之前。然而早先历史文献提到的这个名词，却不是这一概念，而是对上述战国时期七个主要国家的称呼。如《战国策·燕策一》记有当时的策士苏代之语："凡天下之战国七，而燕处弱焉。"又《战国策·秦策四》记秦国顿弱对秦王嬴政之语:"山东战国有六。"《战国策·赵策三》记赵奢对赵惠王之语:"且古者四海之内,分为万国……今取古之为万国者,分以为战国七。"以上,"山东战国有六"指除秦国以外的六个国家,因为他们位于秦、晋交界的崤山、函谷关以东。从秦统一全国的角度看,它们的存在反映了地方分裂的格局,故史书(如《史记》)或称这个分裂的时期为"六国时",或"六国之时"。到西汉末年刘向编辑《战国策》一书,才始以"战国"作为一个特定的时代的名称,其所校《战国策》的书录中便有"战国时""战国之时"一类用语。然而即便如此,"战国"一词在当时文献中仍含有指称战国时期主要七国的意义。东汉初年班固所作的《汉书》中,既使用"战国"作为时代的名称,也仍保持了以"战国"指称列国的用例。如《汉书·刑法志》称"至于秦始皇,兼吞战国,遂毁先王之法"便是。总之,我们今天使用的作为时代名称的"战国",是由人们对战国时期七个主要国家的称呼转化而来的。而这七个国家之所以被称作"战国",则是它们连年征战不休的缘故。

由上所述,可知战国时期最显著的特征,便是"战"字当头,战争持续不断。以七雄为首的列国长时间的割据及兼并战争伴随着整个战国时期。在中国历史上,像这样由众多割据政权长时间地实行封建割据,连绵不断地展开兼并战争,且战争规模巨大,动辄双方出动数十万甚至上百万兵力的情形(参阅本书中所设《兵制与战争方式的变化》一节中有关内容),还是罕见的。那个时候,战争是各国的第一要务。如果说在春秋时期人们还在谈论着"国之大事,在祀与戎"(《左传》成公十三年),把祭祀祖宗与战争并列为国家的两件大事的话，那么，到战国时期，战争已成为各国统治者唯一要应付的大事，其他诸事则成为围绕战争加以考虑的次要事情。因为战争直接关系到各国的生死存亡。同春秋时期相比，战国时期的战争具有新的特点。如论者所谓，春秋时期列国战争的主要目的还在于争霸，即争夺霸主的地位，而战国时期的战争则旨在兼并，战争的主要目的是要兼并对方的土地，夺取对方的城邑，甚至要整个吞灭对方，这决定了战国战争的空前惨烈。所谓"争地以战，杀人盈野；争城以战，杀人盈城"（《孟子·离娄上》），成为当时战争的真实写照。《史记》诸书记载的战国时期一些大的战役，得胜一方往往杀死对方上万、数十万兵士。如秦昭王时期，仅秦将白起指挥的四次大的战役，杀死三晋和楚的士兵据载即有一百万以上。考虑到当时各人口总和不过才二千来万[1]，可见战国时期战争惨烈的程度，确是历史上罕见的。

不过，战争对战国社会的影响并非只是表现在消极方面。从社会发展的角度看，战争在某种意义上可以说起到了拉动战国历史前进的火车头的作用。这不仅是指通过各国的兼并战争最终实现了全国的统一，而且指各国为富国强兵而发起的一系列政治经济改革。通过这些在当时称之为"变法"的社会改革，历史出现了巨大的转折：各国农业经济取得很大发展，土地得到大量垦辟，一家一户的小农经济得以稳固，同时在政治上也彻底地废除了旧贵族的世袭特权，加强了国君的专制集权统治，一种新的专制主义的政治体制得以确立。我们看战国时期的兼并战争异常惨烈，

---

[1]　范文澜：《中国通史简编》（修订本），第239页，北京：人民出版社，1964年。

可是战国时期的社会变化却也异常深刻。战争带给人民以灾难，也促进了历史车轮的加速运转，这是我们应当了解的战国社会更本质的特征。

二　七雄并立局面的形成及相关战国始年问题

七雄并立局面是在战国初年形成的，这是中国上古时期政治格局长期演进的结果。我国西周以前是一个"天下万邦"的政治格局。"邦"，或称之为"方"，或称之为"国"，亦称之为"诸侯"，实际上是一些小规模的地方氏族部落组织，亦即恩格斯在《家庭、私有制和国家的起源》中所提到的"自然发生的共同体"①。"万邦"当然不是实数，不过言天下林立的邦方数目之多耳。所谓夏、商、周三代国家，即是由夏、商、周三个大邦作为天下共主实施的对众多邦方的统治而已。需要特别指出的是，尽管这众多邦方也可算作三代国家下属的政治单位，但它们并不同于战国秦汉以后中央集权国家直接统治下的地方行政机构，而是拥有一定自治权力的相对独立的政治实体。它们有着自己的不经由朝廷任命的世袭首领"邦君"，有着同样不经由朝廷任命的本邦执事人员。因而三代国家并不能视作秦汉以后那样的大一统国家。战国七雄并立的局面，从远者说，便是由三代万邦林立的政治格局发展而来的。

这种万邦林立的政治格局开始受到冲击，是在西周初期。周人

---

① 《马克思恩格斯选集》第 4 卷，第 94 页，北京：人民出版社，1972 年。

在征服商王朝的过程中，采取了一种叫做"封建"的政治体制，这种政治体制通过将被征服的敌对邦方的土地、人民封授给周室子弟、亲戚的办法，把一些原本不是同一氏族的人们组织成一个个新的共同体。这些由周室子弟、亲戚任统治者的新的共同体，不仅打破了旧氏族部落的血缘壁垒，而且规模一般也大于旧氏族部落组织。如晋、齐、鲁、卫等由周人统治的诸侯国，文献记载它们都是由多个商人或其他族人的氏族与周人的氏族混合组成的。今考古发现的齐、鲁二国的故城，面积均在 1 000 万平方米左右，直可赶上商周时期王都的规模，可见其非夏商时期那成百上千的蕞尔小邦可比。更重要的是，在这之后，随着西周宗法制的崩坏，这些大的诸侯国渐渐获得自己独立发展的机会，他们凭借自己的政治经济实力，逐渐将周围其他小邦纳入自己的势力范围，甚或并入自己的版图之内，从而加速了各地以几个封建大国为中心的政治上的统一。我们看夏商二代，直到周初封建之前，"天下万邦"的局面基本没有什么变化。《淮南子·修务训》言"（禹）平治水土，定千八百国"，《尚书大传》则说周开国之初，"天下诸侯之悉来进受命于周，而退见文武之尸者千七百七十三诸侯"，是古人认为在这千年间邦国数未见增减。迫至春秋时期，见于文献的诸侯国数目即已骤减至百十余国。当此之时，作为"天下共主"的周室的号召力也已不复存在，各大诸侯国皆发展成为地跨千里的领土国家。到春秋末期，邦国的数目进一步减少，这就已经接近战国七雄的政治格局了。

春秋末期，天下最强大的国家是晋、楚、齐、秦、越、燕等国，其中晋、楚、齐、越四个国家处在争霸战争的旋涡中心，以至

《墨子·非攻下》称当时天下被这四个国家"四分"。这个说法是墨子站在反战立场上说的，实际上，当时最具实力，疆域又最广大的仍然是晋、楚二国。晋在春秋末期有近五千乘的兵力①；楚据楚灵王对右尹子革之语，仅其所属"大城陈、蔡、不羹"，即各拥有"赋皆千乘"（《左传》昭公十二年），加上楚国本身的人众，总兵力当不在晋国之下。不过，楚在不久后即遭到吴国的进攻，因柏举之战的惨败而几乎亡国，国力大受损失，只有晋国继续保持了超级大国的地位。春秋战国之际，晋的疆域西起今陕西东北部，跨河而领有今山西全省、河北省之大部，以及今河南西部、北部之部分地区，东与齐、鲁二国接壤而据有今山东西部与冀、豫二省交界之部分地区。中原形胜及各处险要之地亦皆为晋所占有。然而晋国的强大也只是表面现象，因为它内部矛盾比其他任何一个国家都要剧烈。早在春秋中期，晋国诸卿族，尤其是异姓卿族，就因其势力的不断发展壮大，和晋公室发生了激烈的对抗，致使晋灵公与晋厉公先后被弑。眼看政权无可挽回地落入诸卿族的手中，晋公室只好自甘堕落地耽于腐化与享乐。诸卿大夫既不把晋君放在眼里，便开始了相互间的兼并斗争。公元前514年（鲁昭公二十八年），晋灭祁氏、羊舌氏二家，诸卿共分其土地，晋从此形成韩、赵、魏、范、知、中行氏六卿专政的局面。六卿之间继续明争暗斗，公元前497年（鲁定公十三年），赵氏宗主赵鞅（即赵简子）因讨伐其不听命的侧室邯郸午而引起与范、中行氏的武装对抗，结果范、中行氏失败，诸卿又共分范、中行氏的土地，晋仅剩下韩、赵、魏及知氏四

---

① 《左传》僖公五年记晋韩起、羊舌氏两位大夫家拥有"十家九县，长毂九百"的兵力，此外尚有"其余四十县，遗守四千"，说明晋之总兵力已有四千九百乘。

卿族。四卿族中以知氏最强，知氏宗主知瑶欲恃其强蚕食三家土地，遭到赵氏反抗。知瑶胁迫韩、魏一道围攻赵氏，引汾水灌赵氏宗邑晋阳，不料反遭到赵氏暗中联络韩、魏二家的偷袭。公元前453年（鲁悼公十四年），三家灭知氏而共分其土地，形成三分晋国的局面。时已入于战国，晋名存实亡，晋君仅保有绛（今山西曲沃县东北）、曲沃（今山西闻喜县东北）二邑，并且要"反朝韩、赵、魏之君"（《史记·晋世家》），形同附庸。韩、赵、魏三家则实际成为三个封建国家，号称"三晋"。公元前403年，韩、赵、魏三国借口讨平齐乱，迫使周威烈王封其为诸侯。公元前369年，已沦为附庸的晋国最后一位国君桓公终为赵、韩二国所废，晋绝祀。

这样，到战国初年，天下便有了齐、楚、燕、秦、韩、赵、魏七个大国。其中楚、秦、燕三国一仍其旧，韩、赵、魏三国由三分晋国而来，齐国名义上仍维持姜姓国君的地位，但实际政权也已归于自春秋中期以来崛起的田氏家族。田氏"使其兄弟宗人尽为齐都邑大夫"，

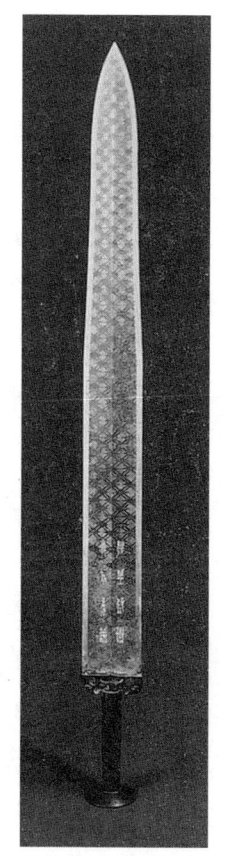

越王勾践剑

1965年12月湖北江陵望山1号墓出土时，该剑毫无锈蚀，刃薄锋利，通长60.6厘米，剑身长49.1厘米，宽4.6厘米，并错金"越王鸠浅自作用剑"八个鸟篆书铭文，是吴越名剑中的精品。

并"与三晋通使"（《史记·田敬仲完世家》），俨然已是齐国的统治者。公元前392年，田和迁齐康公于海上，使"食一城，以奉其先祀"（同上）。紧接着，到公元前386年，周安王亦正式册命田和

为诸侯，是为田齐太公。以上七国，皆与战国时期相始终，并皆保持了大国地位。

还有一个在春秋战国之际骤然兴起的越国，初看起来似亦领土辽阔，霸气非凡。当其在战国初年灭吴以后，曾经领有故吴、越二国之地，跨有今江苏大部、浙江北部及安徽东南的一部分地区，北与齐、鲁及诸泗上小国接壤，西与楚邻，"横行于江、淮东，诸侯毕贺，号称霸王"（《史记·越王勾践世家》）。但这样的局面没有维持多久，如《越王勾践世家》所记，勾践于北上会诸侯于徐州并获赐霸王称号后，很快便"渡淮南，以淮上地与楚，归吴所侵宋地于宋，与鲁泗东方百里"，似乎无以留驻中原，保持霸业为意。《史记·楚世家》亦谓："越已灭吴而不能正江、淮北。"入战国以后，除《竹书纪年》提到越王朱句时曾有伐灭小国滕、郯之举①外，史籍几乎未再记载越参与大国间的兼并战争。到越国最后一个王无彊之时，史称其欲兴兵伐齐，齐威王遣使游说越王，使转而伐楚，结果楚怒而伐越，大获全胜，杀王无彊，越以此散亡。时值战国中期②。可见，越不仅未曾插足中原的兼并战争，而且早早地离开了战国历史舞台。从战国整个历史看来，越不应视作战国时期的主要国家。

七雄并立局面的形成意味着战国时代的开始。但是，关于战国

---

① 见《史记·越王勾践世家·索隐》引。不过《竹书纪年》这两条记载似皆有问题，其称"於粤子朱句三十四年灭滕"，与《孟子》所载在这之后孟子会见滕文公相抵牾；而称於粤子朱句"三十五年灭郯"，也与《史记·楚世家》载楚顷襄王时犹有人提到要"膺击郯国"相冲突。

② 关于楚灭越的年代，《史记·越王勾践世家》说在楚威王之时，而杨宽《战国史》（上海人民出版社，1998年，第364页）考证，当在楚怀王时。无论如何，皆不出战国中期的范围。

起始的具体年代问题，学术界却有着好几种不同说法。

一是以司马迁《史记·六国年表》开始的年份，即公元前476年，也就是周元王元年作为战国的始年。目前多数学者都采取这一说法。这种说法的理由，一是考虑到《史记》的权威性，二是考虑到这一年前后各国发生的一系列重大事件。如公元前481年，齐国田常杀死姜姓齐国的国君齐简公，此事件标志着齐国政权的实际易手；公元前473年，越灭吴国；公元前453年，韩、赵、魏三家又共灭知伯，瓜分其领地，形成"三家分晋"的局面等。此外，也考虑到这一年距孔子所作《春秋》的讫年（前481年）十分接近，这样与春秋时代的衔接也较为紧凑。

二是采用宋代吕祖谦《大事记》的说法，认为公元前481年，即《春秋》讫年为战国的始年。这样做当然是为了上接春秋。此外，也考虑到田氏代齐发生在这一年，这件事情可用作春秋战国间重大变革的标志。杨宽先生所作《战国史》即采用这一说法。

三是采用清代马骕《绎史》的说法，主张战国应以公元前453年韩、赵、魏灭知氏而三分晋国开始，因为"知氏灭而三晋之势成，三晋分而七国之形立"①。这种主张亦颇有市场。

四是以公元前403年周威烈王承认韩、赵、魏三国为诸侯为战国始年。司马光《资治通鉴》主此说法，但今学者已多不采用此种说法。

此外，还有一些别的说法。比较起来，还是第一种说法理由更充分一些。本书采用的也是这种说法。至于战国的卒年，则定在秦

---

① 清马骕：《绎史》卷八七。

统一六国之年，即公元前 221 年，大家都无异说。

三　七国疆域及其在战国初年的扩张

战国七雄自其产生的第一天起，就处于不断的兼并战争之中，其疆域也无时无刻不在变化之中。这里只能大致对其早期疆域做一番简单勾勒，以便于了解下一步各国兼并战争的进展情况。应当说，七雄中多数国家的领土在战国初年都有一定程度的扩张。

赵初分晋国时的疆域大致包括今山西中部吕梁山以西至黄河东岸的部分地区，以及山西省北部和东南部的部分地区，逾太行山并领有今河北省的南部，以及今山东、河南两省与河北交界处的一小部分地区。始都晋阳（今山西太原西南），继都中牟（今河南鹤壁西），赵敬侯元年（公元前 386 年）迁都邯郸（今河北邯郸）。与之接壤的国家，西边是秦国，南边是韩、魏、卫三国，东南是齐国。此外，尚有少数族或少数族国家在北面与之相邻，如其东北面的中山、西北方的林胡和楼烦及正北方的代戎。不过赵国在甫入战国后即顺利地对代戎实施了兼并。按：代戎位于今山西东北与河北西北部交界一带，又称为代狄，乃白狄族建立的国家。《史记·赵世家》记载了赵国入战国后的第一代君主赵襄子灭亡代国的事迹："襄子姊前为代王夫人。简子既葬，未除服，北登夏屋，请代王。使厨人操铜枓以食代王及从者，行斟，阴令宰人各以枓击杀代王及从官，遂兴兵平代地。"襄子灭亡代国使用了阴谋手段，但代国并入赵国，却大大地扩展了赵国的领土范围，使其疆域向北直深入到今河北张家口地区①，东北面与燕国接壤。代国出产良马，对于加强赵国军事力量具有重要意义，终战国之世，代国为赵北部重要边陲。

魏国初期的疆域西起今陕西东部与晋、豫交界处，主要有今山西省南部的大部分地区、河南省及今河北、山东交界的部分地区。国都为安邑（山西夏县西北）。其东、西、南、北分别与齐、秦、韩、郑、赵、卫等国接壤，并与各国占有的土地形成犬牙交错之势。魏在战国初年国势强盛，其领土扩张亦引人注目。首先是魏文侯北向对中山国的占领及西向伐秦之举。中山国亦自狄族所建，地处今河北省中部靠近太行山麓一带，与魏中间隔着赵地。魏欲侵伐中山而向赵假道，赵烈侯以为魏即使占领了中山国，亦不能越赵地而长期占有之，"是用兵者魏也，而得地者赵也"，遂允之（《战国策·赵策一》）。文侯派遣乐羊为将，历三年，至公元前406年才灭掉了中山国。嗣后，文侯命太子击为中山君（后改命少子挚），使李悝为相，并封乐羊于中山灵寿（今河北平山）。在这稍前，文侯还任用吴起为将，向西进击秦国，占领了黄河以西至洛水之间的大片土地，并在那里设立了河西郡，命吴起为郡守。与此同时，魏又与赵、韩联合，在公元前405年，乘齐国田氏内乱，向齐进攻而获大胜，"得车二千，得尸三万"（《吕氏春秋·不广》），并于次年攻到齐的长城（《水经·汶水注》引《竹书》）。继文侯之后，魏武侯掉头向南方发展，夺取了郑、宋、楚三国间大片土地。特别是公元前391年，魏率三晋联军打败楚师于大梁（今河南开封）、榆关（今河南中牟南），并从而占领了大梁，这就为以后魏将都城东迁到

① 《战国策·赵策二》记赵武灵王之语："昔者先君襄主与代交地，城境封之，名曰无穷之门。"据考证，"无穷之门"在今河北张北县南。

大梁做好了准备。

韩国在三晋中较弱，其初分得晋国的土地亦较狭小，大致有今山西省东南部和今河南省中部、西部的部分地区，都阳翟（今河南禹州市）。西与秦接壤，北与魏连接，南与楚、郑相邻。然尽管如此，韩也一直图谋着扩张自己的领土，其所窥视的对象主要为在其东南方向的郑国。郑于战国初年已沦为小国，但仍有一定实力，并借重与魏的关系与韩相抗衡。韩不断蚕食郑的土地，于公元前408年攻取了郑的雍丘（今河南杞县），又于前385攻取了郑的阳城（今河南登封东南），并最终趁魏与楚交战无暇他顾之机，于公元前375年灭掉了郑国。郑的被灭使韩实力大为加强，韩将国都迁移到郑（今河南新郑之郑韩故城），从而奠定了自己在七雄中的地位。

齐为东方大国，其在战国初年拥有今山东省的东部、北部和西北部，并兼有今河北省东南部的一小部分土地。国都仍为临淄（今山东临淄）。其领土北与燕邻，西与赵、卫相接，南与鲁、越及莒、杞等小国交错相接。田氏夺得齐国政权后，更加紧了对鲁、卫等国的侵夺。公元前412年，齐攻取鲁国的莒，直到安阳（今山东阳谷东北）。次年，又攻鲁，取其一都。后三年，再伐鲁，取鲁郕邑（今山东泗水西北，即鲁孟孙氏的私邑）[①]。次年，又攻取了卫的贯丘邑（今山东曹县西）。公元前394年，齐再攻鲁，取鲁之最（今山东曲阜南）。这样，在入战国后不久，齐的版图就已扩张至鲁国的西部，而直接与魏相接。鲁则被刻削成一个仅有数邑之地的弱小国家了。

---

① 以上，皆据《史记·六国年表》。

秦在战国初年领有今陕西关中之绝大部分土地，及甘肃东南的一小部分土地，都雍（今陕西凤翔）。东与韩、魏相接，东南与楚紧靠。其周围的少数族或少数族建立的国家，西北方向的泾、漆二水之北有义渠、朐衍、乌氏诸戎，陇山以西有绵诸、獂诸戎，东面接近河曲的地方有大荔之戎，而在西南方向，隔着秦岭，则是蜀国控制的地域。秦在战国初年社会发展较为迟缓，屡遭强邻魏国的侵伐，丧失了河西大片土地，但在对周围少数族的斗争中，却不断取得胜利。公元前 461 年，秦厉共公以兵 2 万伐大荔，取其王城（今陕西大荔东南）。王城为大荔戎王所居，盖大荔此年即为秦所灭，其部民亦从此沦为秦的属民[①]。对于诸戎中另一支较为强悍的义渠，秦亦于公元前 444 年对其进行讨伐，"虏其王"。此外，秦还于厉共公及秦惠公时两次对绵诸戎进行征伐。在这两次征战后，文献不再有关于绵诸戎的记载，知绵诸亦为秦所兼并。在西南方向，秦似亦展开了经略。《史记·六国年表》于秦厉共公二十六年（公元前 451 年）栏下记"左庶长城南郑"，南郑即今陕西汉中，表明秦已逾秦岭经略至此，并筑城以备南方的蜀人。凡此，皆可见秦在战国初年的扩张。

楚在战国大部分时间拥有的疆域都是列国中最大的，战国初期亦是如此。其时楚所领有的土地包括今湖北省的全部，河南省的南部，湖南、江西、安徽等省的北部，以及陕西东南之一角和江苏省西北的一部分地区，都郢（今湖北江陵纪南城）。西北与秦接界，

---

① 《史记·六国年表》于秦孝公二十四年（公元前 338 年）记"秦大荔围合阳"，知大荔之人后犹有从秦以攻魏之合阳者。此金陵书局刊行之《史记》旧本。1959 年中华书局标点本于"秦"字加了一圆括弧，示该字为衍文，疑误。

北与韩、郑、宋诸国交界，东与越国接壤，西面是巴、蜀两个非华夏族国。楚在进入战国后仍不断致力于拓张其疆域。楚惠王四十二年（公元前447年），伐灭了位于今安徽寿县北的小国蔡。接着往东北方向发展，深入至今鲁中南的泗水流域，两年后灭亡了杞国（今山东新泰）①。14年之后，楚简王又伐灭了莒国（今山东莒县）。《史记·楚世家》称"是时越已灭吴而不能正江、淮北；楚东侵，广地至泗上"，正是对楚这段时间对淮西地区扩张的一个总结。之后，吴起相悼王，又曾对南方进行经营。《史记·孙子吴起列传》记其时楚"南平百越；北并陈、蔡，却三晋；西伐秦"，所谓"百越"，《战国策·秦策三》作"杨越"，指今湖南、江西南部与广东、广西交界一带地区。如此，楚的疆域更远远超过列国中任何一个国家了。

燕在战国七雄中实力较弱，但其疆域却相对辽阔：拥有今北京市和河北省的北部、中部部分地区，以及辽宁省的西南部，都蓟（今北京市区西南）。其西面与南面大部分边界与赵接壤，小部分与中山相接，东南面与齐相接，东北面则是东胡部族。由于地处北边，燕国疆域在整个战国时期无大的变化，仅在燕昭王时期，燕将秦开向东北"袭破走东胡，东胡却千余里"（《史记·匈奴列传》），燕国因此扩展领土到辽东。

综观七国疆域，无一不是在"地方千里"以上，多者如楚国，甚至有"地方五千里"（《战国策·楚策一》）。七国的兵力，皆各拥有"带甲数十万"，甚至上百万，亦远在一般中小国家之上。这

---

① 旧说楚所灭杞在今山东安丘东北，不确，据新出土古文字资料，当在今山东新泰附近。参阅王恩田：《从考古资料看楚灭杞国》，《江汉考古》，1988年第2期。

是它们能长期相持并参与激烈的兼并战争的基本条件。

四 七雄夹缝中的诸小国及周边诸少数族

战国初年，文献记载当时的"中国"除有秦、楚、齐、燕、赵、魏、韩，及越国等 8 个较大的国家外，尚有宋、鲁、中山、郑、卫、莒、邹（郑）、周、杞、蔡、郯、任、滕、薛、倪（小邾）、曾、费等十余个小国，周边地区则主要分布着肃慎、东胡、林胡、楼烦、义渠、绵诸、獂、朐衍、乌氏、大荔、蜀、巴、滇、夜郎、百越等少数族或少数族建立的国家。

当时的"中国"，主要指华夏族居住的黄淮江汉一带地区。这个地区的大小国家，除中山为白狄族建立以外，余皆为华夏旧国。而建立中山国的白狄族由于迁居到了中原，长期与周围华夏国家交往，也已逐渐华夏化。如同顾炎武所说，这些国家，已经不再像春秋时那样注重彼此间的氏族宗姓和讲究"宗周"的礼节①，而只论相互间的政治军事实力，彼此间也唯有弱肉强食的关系。上列七雄以外的小国，如再细分，也可分为两个层次，其稍大者为宋、鲁、中山、郑、卫、莒、周诸国。它们中有的也曾兼并过其他更小的国家，但总的来说，都处在七雄蚕食吞并的威胁之下，并皆在秦灭六国之前先后被周围大国所兼并。以下，列出这些小国所在位置及被灭亡的时间：

宋在今鲁、豫、苏、皖四省交界处，始都睢阳（今河南商丘西

---

① 顾炎武：《日知录》第十三卷，"周末风俗"条。

十五连盏铜灯
1976 年出土于河北平山中山王墓。通高 82.9 厘米，座径 26 厘米，重 13.8 千克。

南），进入战国后不久即迁都彭城（今江苏徐州）。战国中期，曾一度强大，甚至吞并邻近的滕国。公元前 286 年宋为齐国所灭。

鲁在今山东省东南部，都曲阜（今山东曲阜）。战国初年，鲁受齐不断攻伐，至战国中期，仅保有曲阜以东数邑之地。公元前 256 年，鲁为楚所灭。

中山在今河北省中部偏西，北至今河北涞源县南，南至今河北高邑一带，在诸小国中算是实力最强者。如前所述，其在公元前 406 年为魏所灭。但在不久后（约前 378 年）却又复国，复国后的中山都灵寿（今河北平山三汲乡）。后曾一度强盛，并称王。公元前 296 年为赵武灵王所灭。

郑在今河南省中部，都郑（今河南新郑）。如前所述，公元前 375 年即灭于韩。

卫在今河南省西北部与山东省东部交界一带，都濮阳（今河南濮阳西南）。由于处在齐、赵、魏三国包围之中，长期受这几个国家蚕食，到战国后期，仅保有濮阳一地。公元前 254 年，魏伐卫，卫沦为魏的附庸。公元前 241 年，秦拔魏东郡，徙卫君角于野王（今河南沁阳），卫成为秦的附庸。

莒在今山东南部安丘、诸城、沂水、莒县、日照一带地区。都莒（今山东莒县）。《墨子·非攻》称其曾受到齐、越二国之夹削，但最终却被楚吞并，时在公元前 431 年，即楚简王的元年（《史记·楚世家》）。

邹本春秋邾国，有今山东邹县、滕县、济宁、鱼台及费县间地，都邹（今山东邹县南）。邹长期受到鲁国的挤压。入战国后，邹世系不清。《孟子》书中有邹穆公，知其战国中期犹存。据《汉书·地理志》，邾（即邹）传二十九世，为楚所灭。

　　周拥有今河南洛阳、孟津、偃师、巩县、汝阳等地，都成周（今洛阳市东北）。公元前 440 年，周考王封其弟揭于河南，称西周桓公。桓公卒，周威公继立。公元前 367 年，周威公去世，其少子公子根争立，即位于巩（今河南巩县西南），称东周惠公，周分裂为二。公元前 256 年，秦灭西周；公元前 249 年，秦灭东周，周亡。

　　杞如上所述，在今山东新泰一带。公元前 445 年为楚所灭。

　　蔡在今安徽寿县。公元前 447 年为楚所灭。

　　郯在今山东郯城西南。《纪年》称其在战国初年灭于越，但如《史记·楚世家》所记，至楚顷襄王时（公元前 298 年—前 263 年），仍有人提到郯国存立于世，其何年为何国所灭，尚未有定说。

　　任在今山东济宁北。不知何时为何国所灭。

　　滕在今山东滕县西南。《纪年》称其在战国初年灭于越，但《战国策·宋策》记载"宋康王之时……灭滕伐薛，取淮北之地"，则滕应灭于宋王偃之手，约当战国中期偏后。考虑到《孟子》书中有孟子见滕文公之事，后说的可能性更大一些。

　　薛在今山东滕县东南。约在战国中期以前为齐所灭，其地被作为孟尝君的封邑。

　　倪在春秋时称小邾，为邾别封之国。在今山东滕县东，战国时灭于楚。

　　费在今山东费县东。《孟子·万章下》有费惠公，孟子称之为"小国之君"，盖春秋鲁季氏之后而僭称君者。其亡当在战国中期以后。

曾在今湖北随州一带，即西周末年追随申国与犬戎一同伐灭周幽王的姒姓缯国之后。战国初犹存，1978年湖北随县（今随州市）发现曾侯乙墓可证。其后当灭于楚。

在战国七雄周围，当时的少数部族或少数族建立的国家亦颇不少。首先，在燕国的北方及东北方向，有肃慎及东胡。肃慎在不咸山（今长白山）以北，至今黑龙江流域，即以后的挹娄、勿吉、靺鞨、女真、满族。东胡为散居在燕国以北，包括今河北北部、辽宁西部一带少数族的统称。春秋时期居住在这一带的山戎、无终、令支、孤竹、屠何等，当是东胡的前身。战国时期，东胡与燕、赵经常发生冲突。约当燕昭王时期，燕将秦开击破东胡，开地千余里，置上谷、渔阳、辽东、辽西郡（《史记·匈奴列传》），东胡迁居至今辽河上游之西喇木伦河及老哈河一带。秦时东胡为匈奴冒顿单于所破，分为乌桓与鲜卑两支部族。

在赵国北面及西北方向，有代戎、林胡、楼烦等少数部族。代戎居于今山西东北部与河北交界一带，于战国初年为赵所吞并，此已在上文做了叙述。林胡又称林人、澹林、儋褴等，居于今山西朔县北至内蒙古自治区一带，即以后的丁零。楼烦与林胡接壤而居于其西面，即今山西西北部及与之相毗邻的内蒙古自治区南部及陕西东北部一带。赵肃侯曾击败过林胡，迫使林胡、楼烦越过黄河向西迁徙。赵武灵王于胡服骑射之后，继续向西开辟土地，至于榆中（在今内蒙古河套地区），并迫使林胡与楼烦屈服。战国后期，匈奴崛起，林胡、楼烦转投于匈奴麾下。李牧为赵北边守将，专事防守匈奴。后李牧用计"大破杀匈奴十余万骑"，同时灭掉了澹林（《史

鹿形金怪兽

1957 年于陕西神木纳林高兔出土。高 11.5 厘米，长 11 厘米，重 160 克，是最有代表性的匈奴艺术珍品之一。

记·廉颇蔺相如列传》）。至于楼烦，则仍为匈奴附庸，直至汉武帝时。

这里谈到的匈奴，是我国乃至世界历史上的一个重要民族，但它的兴起似乎并不早。战国早期，甚至中期都几乎未见到匈奴活动的踪迹，学者认为它在此期间只是夹处在东胡与林胡、楼烦之间，并臣服于东胡的一支弱小部族。只是到战国末期，由于东胡、林胡、楼烦相继被削弱，匈奴才乘机发展起来①。从这个角度说，匈奴不应视作战国时期的主要少数部族。

战国少数部族以分布在秦西北方向者居多，主要有义渠、绵诸、獂、朐衍、乌氏等。此外，战国初年尚有大荔居住在秦、晋间距河曲不远的地方。如上所述，此大荔在入战国后不久即为秦所灭。居于今甘肃天水东而离秦最近的绵诸也在战国初为秦所灭。其他几支部族，义渠在今甘肃庆阳及泾川一带，乌氏在今甘肃平凉至宁夏固原一带，朐衍在今宁夏盐池一带，獂在今甘肃陇西东南。这几支戎族以义渠势力最大，秦曾与之反复较量。秦惠文王时期，曾伐取义渠大片土地（《史记·秦本纪》《史记·匈奴列传》《后汉

---

① 吴荣曾：《战国胡貉各族考》，载《先秦两汉史研究》，北京：中华书局，1995 年。

书·西羌传》），而义渠也曾乘东方五国合纵攻秦之机，发兵袭秦
（《战国策·秦策二》），直到秦昭王三十五年（公元前272年），秦
才最终灭亡义渠（《后汉书·西羌传》），以其地设北地郡。其他诸
戎的情况，文献记载较少，只知獂于秦孝公之年（公元前361年）
被秦灭亡（《史记·秦本纪》），其他不知所终。

在秦西南方向和楚国正西方向的少数族（或其建立的国家）亦
颇不少，其主要者为蜀、巴二国。蜀号为西南"戎狄之长"，据有
今四川中部的成都平原，川北及陕南部分地区。巴则占有今四川东
部及重庆市一带。战国初年，秦即开始对今陕西南部蜀人控制的地
区进行侵略，双方曾在南郑（今陕西汉中）一带展开争斗。公元前
316年，秦使司马错率师伐蜀，灭之。接着，又灭了邻近的苴国
（在今四川广元南）和巴国。

在巴蜀以南，今贵州、云南境内，尚有以夜郎（在今贵州西部
和北部）、滇（在今云南晋宁、滇池周围地区）为首的一些少数族
或少数族建立的国家。据《史记·西南夷列传》及《后汉书·西南
夷列传》记载，楚顷襄王时，曾派庄蹻将兵从沅水伐灭夜郎，再至
滇。因秦灭巴、蜀，庄蹻回归之路被阻，乃"以其众王滇，变服，
从其俗以长之"。

所谓"百越"在楚、越以南，乃越族中未入于华夏者。以
其种群众多，各有君长，互不统属，而总称为"百越"。文献按
其所居地区方位，大致划分其为瓯越（在今浙江温州一带）、闽
越（在今浙江南部至福建一带）、南越（一称杨越，在今江西、
湖南南部及广东、广西地区）等部。大致南越部分土地在战国
时期曾为楚国侵略；瓯越、闽越皆在秦灭六国之际被秦所征服；

南越其余部分，则在秦始皇统一三国后最终被征服而入于秦的郡县。

以上大国、小国及少数部族，统统构成了战国历史舞台上大大小小的角色，它们共同演出了战国这段有声有色的历史大剧。

第二章　进入铁器时代——战国生产力水平

按照生产力水平划分我国历史阶段，大致可以将夏、商、周和春秋划入青铜器时代，到战国，就可以说进入铁器时代了。

铁器的发明在人类文明史上具有重要意义。恩格斯说，铁器"是在历史上起过革命作用的各种原料中最后的和最重要的一种原料……铁使更大面积的农田耕作，开垦广阔的森林地区……成为可能；它给手工业工人提供了一种其坚固和锐利非石头或当时所知道的其他金属所能抵挡的工具"；并且，由于"青铜可以制造有用的工具和武器，但是并不能排挤掉石器，这一点只有铁才能做到"[①]。铁器的使用，在促使人类迈入一个新的文明发展阶段这一点上，可以说起着关键作用。

以下，我们以铁器在战国时期的广泛运用为出发点，深入讨论这一时期的生产力水平，尤其农业生产力的发展状况。

---

① 　恩格斯：《家庭、私有制和国家的起源》，《马克思恩格斯选集》第 4 卷，第 159 页、157 页，北京：人民出版社，1972 年。

一　铁器在战国时期广泛运用的状况

就目前考古发现的情况而言，我国中原地区在西周末年或春秋初年已开始使用铁器，但春秋时期出土铁器的数量还不算多，尤其是由于铸铁不见于春秋早些时候，因而还不好说春秋已进入了铁器时代。

但是到了战国时期，铁器在社会生产和生活中的各个领域便开始广泛使用开来。从文献记载上看，成书于战国时期的《管子·轻重十四》篇说，当时"一农之事，必有一耜一铫一镰一鎒一椎一铚，然后成为农；一车必有一斤一锯一釭一钻一凿一铢一轲，然后成为车；一女必有一刀一锥一箴一铢，然后成女"，并且说这些金属工具都是通过"断山木，鼓山铁"铸造出来的，由是可见当时农业、手工业所使用的工具都普遍由铁制成。《孟子·滕文公上》记孟子讽刺其时主张君民并耕的农家学派的许行之语，说："许子以釜甑爨，以铁耕乎？"又可见其时用铁耕作已如同人们使用釜甑炊饭一样平常。

从考古发现的实际情况看，战国铁器，尤其是铁制农具的出土数量，更是大大超过了春秋时期。如果说春秋铁器的出土尚嫌稀少，因而推测其时木、石、骨、蚌器的使用仍较普遍的话，那么，到了战国时期，特别是战国中期以后，情况便已有了根本的改观。目前考古发现的战国铁器已达上千件之多，遍及全国21个省（区）的100个县（市），约192个以上的地点[1]，可以说覆盖了战国七雄及越、中山等国统治的区域。甚至北方东胡族居住的吉林、辽宁地

---

① 陈振中：《关于我国开始使用铁器及进入铁器时代问题》，《中国社会经济史论丛》第2辑，第51页，太原：山西人民出版社，1982年。

区和南方百越居住的两广地区，也都有铁器出土。如20世纪60年代辽宁抚顺莲花堡发掘的一处战国晚期至西汉初年的遗址中，便一次出土了铁器80余件。据此，发掘者认为："如果不是冶铁工业广泛发展，铁器已经普遍应用的话，很难想象在莲花堡这样一处不大的遗址中，会出土如此多样的大量铁农具①。"

铁 铲

莲花堡遗址出土的铁器中，铁制农具占了主要部分。这种情形，在战国其他一些考古遗址中也有所体现。学者中有在这方面进行统计并列表做出说明者②，今转载如下：

战国部分地区出土铁器中生产工具和铁农具所占比例

铁器出土地点	总件数	生产工具		其中铁农具	
		件 数	所占百分比	件 数	所占百分比
辽宁抚顺莲花堡	80 余	77	96.2％	68	88.3％
山西长治分水岭	36	31	86.1％	21	67.7％
河北兴隆古洞沟	87	85	97.7％	52	61.2％
河南辉县固围村	93	约 69	74％	58	84.1％
湖南长沙、衡阳 61 座楚墓	70 余	21	30％	17	80.9％
广西平乐银山岭	181	约 170	93％	91	53.5％

① 王增新：《辽宁抚顺市莲花堡遗址发掘简报》，《考古》，1964 年第 6 期。
② 雷从云：《战国时期农业发展的标志、原因与作用浅析》，《农业考古》，1986 年第 2 期。

铁犁铧

就出土铁农具的种类来说，已具备镬、耑、锄、耙、犁铧、镰刀等各个农作环节所使用的工具。其中如用作中耕、碎土用的五齿耙，肩背略呈半圆形，耙体高宽比例适度，五齿疏朗锐利，与今日南北各地仍然使用的这种形制的农具没有什么区别。

由于铁器登上历史舞台，战国时期生产力性质发生了根本变化。如果说春秋时期铁器的使用尚属有限，因而使得石、骨、蚌器还在社会生产与生活中普遍存在的话，到了战国，这类原始的工具因铁工具的大量运用而很快遭到淘汰。在河北省石家庄市市庄村发现的战国遗址中，曾出土一批各种质地的生产工具，其中铁制农具占到各类生产工具总数的 65%，远远超过了其中的骨、石、蚌器[1]。甚至青铜兵器也受到铁制武器的排挤：河北易县燕下都发掘的战国晚期的一座丛葬墓中，出土铁器共 79 件，包括铁胄 1 件、剑 15 件、矛 19 件、戟 12 件、镦 11 件、刀 1 件、匕首 4 件、锄 1 件、镬 4 件、带钩 3 件及几件其他器物，此外还出土有铁铤铜簇等铜铁合制器物 20 件，而青铜器只有一戈、一剑和弩机等物，铁制兵器占了绝大部分[2]。大量铁制工具，特别是铁农具的运用，极大地提高了劳动生产力，促进了土地的大量垦辟，也促使精细农业的

① 河北省文物管理委员会：《河北省石家庄市市庄村战国遗址的发掘》，《考古学报》，1957 年第 1 期。

② 河北省文物管理处：《河北易县燕下都 44 号墓发掘报告》，《考古》，1975 年第 4 期。

产生及农田水利事业的普遍开展。当然，也促使农业生产方式的变革及整个社会结构的变化。

二　战国土地垦辟

正如恩格斯所言，铁器的广泛应用，"使更大面积的农田耕作，开垦广阔的森林地区，成为可能"。战国时期，在社会经济的发展方面，展现在人们面前的，首先便是各地大规模进行土地垦辟的场景。

实际上，从春秋开始，一些国家就已开展了对于荒野土地的垦辟。人们常常提到的这方面的事情有如：春秋之初，郑国东迁到今河南新郑一带时，偕同部分商人"庸次比耦以艾杀此地，斩之蓬蒿藜藋而共处之"（《左传》昭公十六年）；春秋前期和中期，一支为晋人引诱而徙居到晋南鄙一带的姜姓氏族在此"除翦其荆棘，驱其狐狸豺狼"，将其开辟成可耕的农田（《左传》襄公十四年）；此外，《左传》哀公十二年还提到，在原宋、郑两国间有一大片未开垦的"隙地"，而到春秋末期，这里经过开发，也已变成有 6 个邑落的人烟稠密的地带，以至引起两国的争夺。但是春秋时期的这种开发看来并未普及到所有未开垦地区，故而才有战国时期更大规模的土地垦辟。

战国时期的土地垦辟首先受到战国思想家们的关注。他们中不少人都对之大力提倡。《管子》作者认为，"地辟举，则民留处"，"野芜旷，则民乃菅（荒）"（《管子·牧民第一》），主张以"野不积草"作为农事之先（《管子·大匡》），以"所辟草莱有益于家邑者几何"作为对地方官员考核的一项重要依据（《管子·问第二十四》）。《商君书》的作者更开宗明义地称："为国之数，务在垦草。"（《商君书·算地》）其《垦令》篇具体记录了商鞅在秦国开展土地垦辟而发布的"垦令"。在这道命令中，商鞅共提出 20 条措施，以督促鼓励农民积极开垦土地。该书中的《徕民》篇则提出招徕三晋之民以实秦"草茅之地"，即为秦开垦荒地的具体措施。此外，具有法家倾向的儒学大师荀子亦在其著作中不止一次提到"辟田野，实仓廪，便备用"的富国主张（《荀子·王制》，又见《荀子·富国》）。同以上几位正面提倡土地垦辟的学者相反，另一位著名的儒学大师孟子则坚决反对"辟草莱，任土地"之举，认为主持此举之人皆应受到刑罚的惩处（《孟子·离娄上》）。以上所列，无论诸子对于土地垦辟持有何种态度，皆可考见其时人们对此问题的关注程度，从而反映出战国时期土地垦辟具有的广泛性和不小规模。

那时各国政府对于土地垦辟应当说采取了更为积极的态度。首先，各国变法中便纷纷立有关乎土地垦辟的法令条款。李悝在魏国"作尽地力之教"，就是要尽力规划土地的利用，使除去山地、泽薮和居民点，其他土地都要开辟成农田，以增加单位土地面积的粮食产量。吴起在楚国强令旧贵族"往实广虚之地"，实际上也是要让他们到一些荒远的地方自行开发土地以谋求生计。至于商鞅在秦国的变法，根据上引《商君书》，自然也是按照自己的主张专门立有"垦令"（一作"垦草令"）的条款。齐威王实行变法的情况，文献未具言，但从《史记·田敬仲完世家》记载齐威王派人考察即墨大夫治下"田野辟，民人给，官无留事，东方以宁"，而阿大夫治下

"田野不辟，民贫苦"，因而给予即墨大夫以"封万家"的奖赏，处阿大夫以烹杀示众的刑罚来看，齐国对于土地的垦辟亦是十分重视的。

战国时期，一些国家制定的土地赋税制度，也可以说与鼓励垦辟土地有关。如湖北云梦睡虎地所出秦简中的《田律》记载："入顷刍稾，以其受田之数，无垦（垦）不垦（垦），顷入刍三石、稾二石①。"秦《田律》既然规定，农民领授来自国家的土地，无论垦种与否，都要按授田数每顷缴纳固定数额的刍稾税，则农民自当尽力将所有领授来自国家的土地垦种好，包括对其中部分生荒地进行开发，以使其尽快产生土地效益。这实际是国家将其所控制的荒地分配给农户，以调动其开发积极性的一项措施。同样道理，我们可以想见在一些实行扩大授田面积的国家和地区，其分配给农户以数倍于已开发土地的"莱田"（亦称"下田"，即长满草莱的未开发之田）的目的，也是为了加快对这些未开发土地的垦辟。成书于战国时期的《周礼》即记载了这样一种土地制度，应当说，这项举措是带有一定的普遍性的。从此也可以了解到，当时大量土地的垦辟，主要是通过这类小农户进行的。这些从事个体生产的小农户具备独自开发土地的能力，是因当时他们掌握了较先进的生产工具，包括铁器的结果。

战国时期各地兴起的垦辟之风的效果是显著的。在当时人们居住的中心区域黄河中下游一带，一处处荒地，包括原来的森林和草场，纷纷变为农田。如今河北中部平原黄河下游漫流经过的地区，

---

① 睡虎地秦墓竹简整理小组：《睡虎地秦墓竹简》，第27—28页，北京：文物出版社，1978年。

春秋时期还有宽约七八十里的渺无人迹的地带，到战国时期的地图里，这一空白地带已为新出现的几十个城邑所填满①。又如关中地区，西周在春秋时期，其河流两侧阶地上尚有不少森林，以至这一带早些时候常有诸如平林、中林、棫林、颜林、鬷林这样一些地理名称，然而经过春秋战国的持续开垦，到秦汉以后，这些林区都已不复存在，以至可以说"平原地区已经基本上没有林区可言了"②。土地的开发带来了人口的繁庶，在当时开发最充分也是人口最稠密的三晋地区，已是"土狭而民众，其宅参居而并处"（《商君书·徕民》）的局面，其中魏国更是"庐田庑舍，曾无所刍牧牛马之地。人民之众，车马之多，日夜行不休已，无以异于三军之众"（《战国策·魏策五》）。当然，大规模的土地垦辟也带来某种环境的破坏，除上述森林草场等植被的破坏外，还有水土的流失。如原来相当清澈的泾河，到秦汉时期已演变成为"泾水一石，其泥数斗"（《汉书·沟洫志》）的浊河。只是当时人们还没有顾及到这种开发所造成的对自己不利的一面。

三　牛耕的推广与精细农业的产生

牛耕在我国产生于春秋时期，它的推广则应在战国时期。这是因为使用牛耕，必须要与金属的犁铧相配套。有学者从技术上分析，认为只有铁犁才能承受住牛的拉力，也只有耕牛才能拉动铁

---

① 谭其骧：《西汉以前的黄河下游河道》，《历史地理》第一辑。
② 史念海：《河山集》二集，第 247 页，北京：生活·读书·新知三联书店，1981 年。

犁，犁耕和牛耕是相辅相成的两个方面①。而我国铁犁的使用，一般来说，是从战国时期开始的。

目前考古发掘的资料，已见有春秋晚期的铜犁铧，但皆出于长江下游的古吴越地区②。铁制犁铧的出现，却只限于战国以后。战国时期的犁铧，目前在河南辉县，河北易县、武安，陕西西安、兰田，山东滕县、临淄等地均有发现。其形状呈 V 形，乃是套在木犁叶上使用的铁口，前端尖锐，后端宽阔，锐端有直棱，虽其形体较小而轻，且无犁壁，不能将耕土翻转过来，但确实是耕土所用之工具。比起用脚踏的耒耜来耕土，其效率自不可同日而语。据研究，这种铁口犁铧的使用，一般都需要畜力做牵引。它们在各地的发现，表明牛耕至少在这些地方所在的中原地区已得到相当程度的推广。

另外，文献也提供了牛耕在战国时期得到推广的证据，如《战国策·赵策》记赵豹对赵王之语："秦以牛田，水通粮，其死士皆列之于上地，令严政行，不可与战。"说明牛耕在秦地已得到广泛应用。与之相佐证的是秦法律条文中对耕牛的重视。如《云梦秦简》之秦《厩苑律》称："以四月、七月、十月、正月肤田牛。卒岁，以正月大课之，最，赐田啬夫壶酉（酒）束脯，为旱〈皂〉者除一更，赐牛长日三旬；殿者，谇田啬夫，罚冗皂者二月。其以牛田，牛减絜，治（笞）主者寸十。"言地方政府时常举行对耕牛的评比，对饲养好的田啬夫及牛长等人给予奖励，差者给予惩罚。若

---

① 《中华文明史》第二卷，第138页，石家庄：河北出版社，1992年。
② 林华东：《吴越农业初论》，《农业考古》，1988年第2期。

是到用牛耕田的时节，牛的腰围减瘦了的，责任人还要受到笞责。另一条《厩苑律》的律文还提到"叚（假）铁器，销敝不胜而毁者，为用书，受勿责"，言借用管家铁器使用，因其破旧不堪而致损毁者，可不被要求赔偿①。此处"铁器"，因在《厩苑律》中被提及，无疑当指铁犁一类农具。这也印证了上述《孟子》一书所谈到的当时之人以铁器耕作为寻常之事洵非虚语。

牛耕和铁犁的使用使我国农业的性质发生了根本的变革，就是从过去粗放的耒耜农业发展成为深耕细作的精细农业。盖过去使用木制的耒和石制的耜为耕具，难以做到深耕，也难以提高耕作的效率，不过就是稍稍掘松土地的表层，以供播撒种子而已。这不能充分利用土地的肥力，作物产量自然就低下，且需时常对土地实行抛荒，或轮换耕作。使用耕牛拖拉铁制犁铧，使大面积的土地深耕成为可能，也提高了土地利用率。人们在此基础上对土地和农作物进行仔细管理，导致精细农业的出现。战国时期的文献提到其时农作，或称"深耕易耨"（《孟子·梁惠王上》），或称"深其耕而熟耰之"（《庄子·则阳》），或称"耕者且深，耨者熟耘"（《韩非子·外储说左上》），皆指这样一种耕作方式。所谓"耨"即耘田，泛指碎土及田间的中耕、除草一类农活②，有文献甚至称一个耕作过程要做到"五耕五耨，必审以尽"，深耕要使地表下面的"阴土"得见，熟耨要使"大草不生，又无螟蜮"，如此方能获得"美禾"

---

① 上引《云梦秦简·厩苑律》律文及有关解释见《睡虎地秦墓竹简》，第30—33页，北京：文物出版社，1978年。

② 按文献于"深耕易耨"之"易耨"，或换言作"疾耨"（《管子·度地》），亦称"熟耘"，或"熟耰"。耘为中耕除草，耰则解作碎土平田，是知战国文献中的"耨"为土地耕翻之后的一系列碎土平田及中耕除草的过程。

"美麦"的收成（《吕氏春秋·任地》）。以上诸书谈到的这种农作方式，显然是一种精细农业。

精细农业还体现在施肥、选种、灌溉等一系列环节上面，《史记·货殖列传》记战国著名商人白圭的话，其中有"欲长钱，取下谷；长石斗，取上种"一语，表明其时人们已认识到"上种"（即良种）对于增加粮食产量（"石斗"）的重要性。那时对农作物的施肥，大概已在一般农户中普及。《荀子·富国》说："掩地表亩，刺草殖谷，多粪肥田，是农夫众庶之事也"，说明农夫不仅普遍懂得"多粪肥田"的道理，且已将此当作常事了。人们还懂得落叶在土中腐烂可以化作肥料（《荀子·致士》云"树落则粪本"），由此而知沤制绿肥。《礼记·月令》记季夏之月："土润溽（溽）暑，大雨时行，烧薙行水，利以杀草，如以热汤，可以粪田畴，可以美土疆。"这种有意识地利用溽暑天气，将野草割下加以焚烧或是用水沤灌，使腐烂成肥，再用以增加土壤肥力的办法，直至今天仍被广泛使用。至于灌溉，更是精细农业不可缺少的。那时人们的灌溉方法，除引用地下水源，开凿水井及使用桔槔作为汲水工具以行灌溉外，更多的恐怕还是利用人工修建的灌溉渠引来渠水对农田进行灌溉。战国时期各国水利事业发达，农业在很大程度上有赖于这些大大小小的水利工程。有关这方面的内容将在下面章节中详述及。

四　粮食产量及农业劳动生产率

关于战国时期的粮食产量，一般著作多引用《汉书·食货志》记载战国初期魏相李悝的一段叙述：

今一夫挟五口，治田百亩，岁收亩一石半，为粟百五十石，除十一之税十五石，余百三十五石。

此"岁收亩一石半"，当是魏国初年一般情形。所谓"百亩"，是指的小亩，其时一小亩约当今 0.285 6 市亩，一石当 0.2 石，即二斗。折算起来，知其时魏国的亩产量，相当于今日亩产一石有余的水平。

以上是战国初年的情况，随着生产力的继续提高，到战国中叶以后，一些地方的农业收成又有所增长。《管子·治国》称其时"常山之东，河汝之间，蚤（早）生而晚杀，五谷之所蓄孰（熟）也，四种而五获，中年亩二石，一夫为粟二百石"，此"常山之东，河汝之间"大致为魏、韩二国之地，但其粮食的亩产量较魏国初年增加了四分之一。《管子》一书，多数篇章为齐稷下学者所作，其成书年代当早不过稷下学官兴办的战国中期以前。与《管子》此处记载可以相互合观的有近年山东临沂银雀山汉墓所出竹书《田法》，其称：

岁收，中田小亩亩廿斗，中岁也。上田亩廿七斗，下田亩十三斗，大（太）上与大（太）下相复（覆）以为衡（率）[1]。

《田法》的性质，亦属诸子著作，其内容虽带有主观设计的成分，但基本仍以当时实际情况为背景。所言"中田小亩"一般年成

---

[1] 《银雀山竹书〈守法〉、〈守令〉等十三篇》，《文物》，1985 年第 4 期。

的亩产量为20斗，正与《管子》所言"中年亩二石"相同，这个
说法应当是比较可信的。

《荀子·富国》亦谈到战国时期的农业收成："今是土之生五谷
也，人善治之，则亩数盆，一岁而再获之。"荀子为战国中晚期之
人，出身赵国，后长期在齐稷下游学，晚年至楚，为楚兰陵（今山
东苍山西南）令。上所言土地的出产，可能是赵，也可能是齐或楚
地的情况。"盆"为战国量制单位，约当两石的容量①。此言亩产数
盆，若"数盆"理解为三盆，则亩产已达6石。当然，这是在人
"善治之"的条件下的产量。不过此产量仍然偏高，我们怀疑这里
的"亩"已是大亩。彼时一大亩相当于2.4小亩，按上列资料折算
起来，"亩数盆"相当于一亩（小亩）2.5石的产量。《史记·河渠
书》记秦、郑二国河渠修成后，受渠水灌溉的关中4万余顷土地，
"收皆亩一钟"。釜（䈽）十为钟，此言亩收一钟，即十釜，亦即十
石的产量，这个"亩"亦当为大亩。尽管如此，这个产量也是相当
可观的了。

战国粮食产量较大幅度的增长还得益于一年两熟制的普遍推
广。所谓一年两熟，就是在同一块土地上，夏种谷物，秋收以后，
又复播种冬小麦，至来年夏收。从文献上看，我国中原一些地区春
秋时期就已实行了这种制度。战国时期，此制更得到广泛推广。上
引《荀子·富国》篇即谈到"一岁而再获之"，《吕氏春秋·任地》
也说："今兹美禾，来兹美麦。"这些，都是战国推行一年两熟制的

---

① 《考工记·陶人》说："陶人为甗，实二䰅，厚半寸，唇寸，盆实二䰅。"䰅即釜，
今学者据考古发现的战国陈纯釜及子禾子釜实测，知一釜的容量约为二万毫升，即一石左
右，故知一盆为二石的容量。

例子。一年两熟制提高了单位面积的粮食产量，它的推广，是战国农业生产发展的又一项标志。

战国农业的发展，亦表现在农夫个人劳动生产率的提高上。使用铁器并掌握了牛耕及其他先进农业技术的农夫，无疑具有更大的生产潜力。按战国文献所言，当时农夫的劳动力是一人经营百亩（小亩）土地[1]，这比起"一人蹠耒而耕，不过十亩"（《淮南子·主术训》）的生产力，已是提高了数倍[2]。《孟子·万章下》称当时耕者"一夫百亩。百亩之粪，上农夫食九人，上次食八人，中食七人，中次食六人，下食五人"；《吕氏春秋·上农》也提到那时的农夫"上田夫食九人，下田夫食五人"，还说："一人治之，十人食之，六畜皆在其中矣。"总之，无论从农夫所经营的土地数量，还是从其供养的人口数量来看，战国时期的农业劳动生产率都是不低的，这正是中国小农经济得以成立的基础。

---

[1] 如《管子·山权数》："地量百亩，一夫之力也。"又《管子·轻重甲》："一农之事，终岁耕百亩。"

[2] 按《淮南子》一书为汉文景时淮南王刘安纠集众门客所作，其所言"蹠耒而耕"不应视作战国秦汉间普遍情形，或是汉初因战乱而致牲畜缺乏之一时现象。又此处所言亩制，当为大亩，然尽管如此，亦远不及战国农夫所耕种的土地面积。

第三章 个体小农经济及相关土地、赋役制度

生产力的发展势必要导致社会生产方式的转变。战国时期个体小农经营方式即是战国生产力发展的必然结果。在我国，铁器时代基本上就是与个体小农生产方式相对应的。这样一种经济结构一直维持到近代社会转型之前。当然，所谓小农生产方式并不意味着生产资料即土地的所有权也都属于小农。在战国时期，土地主要是掌握在国家手中的，小农只是作为小生产者而占有国家分给他的一份土地。同时，他要相应地负担国家派给他的一份租、赋、徭役。土地、赋役制度与战国个体小农经济具有不可分割的联系。

一 个体小农生产方式的产生及确立

我国个体小农生产方式最早产生于春秋时期，这也是我国生产力突飞猛进发展的时期。

春秋以前的"三代"，我国还维持着某种程度的集体生产方式，这是与当时人们仍然使用木、石、骨、蚌制的简单生产工具相适应

的。由于使用这样简单的生产工具，人们面对莽荒的原始自然环境和复杂的气候，不免要依靠集体协作从事生产劳动。在当时条件下，能够维系人们集体协作的社会网络莫过于既存的血缘亲属关系，即当时的氏族和大家庭组织。因此，我们在古文献或古文字中常常看到商周时期人们以族为单位从事劳作或成百上千地出现在农田中的例子。

春秋时期，我国一些经济较发达地区的先民开始采用铁器进行生产，青铜工具的使用也比过去有了显著的增加，同时牛耕也开始出现。由于有了这样一些先进的生产工具和生产技能，人们对付自然的能力增加了。他们可以不必像过去那样整族出动或成百上千地在大田中集体协同劳动去完成各个生产环节，而皆可以独立从事这些环节的劳动了。这就导致了个体小农的产生。文献对春秋时期从事个体劳动的描述比比皆是，如《左传》僖公三十三年记晋"臼季使，过冀，见冀缺耨，其妻馌之"；《左传》昭公二十年记伍员如吴，未得用事，而暂"耕于鄙"；《论语·微子》记与孔子相遇的长沮、桀溺"耦而耕"，荷蓧丈人"植其杖而芸"。《左传》襄公二十七年记"崔氏之乱，申鲜虞来奔，仆赁于野"，则是有关农业雇佣劳动的记载，此为人雇佣的申鲜虞亦是以个体的形式进行劳动。

上述从事个体农业劳动之人或是为了躲避政治灾难而逃亡于野者，或是高尚其身的隐士。既然他们能够通过个体劳动求得生存，想必其他从事这种劳动的更大有人在。特别是在当时战乱的环境下，因各种原因流亡迁徙，而脱离原来宗族组织者必定不在少数，由是而发展起来的个体劳动或以个体家庭为单位的劳动亦必日渐增多。在这种趋势下，甚至不排除一些氏族或大家族也会主动离析族内所包含之个体家庭，使其独立劳作或从事个体经营。在《诗经》及其他一些文献中，我们多能看到这样一些普通士、庶民的小家庭。如《诗经·唐风·鸨羽》《王风·君子于役》《豳风·东山》所描述的几位从事劳役的农夫家庭，因为服役者长期在外而导致田园荒芜，父母失去依靠，可知这些服役者平素皆为其家庭生产的主要承担者，其家庭亦必是小规模的家庭。虽不一定是"五口之家"，但必不是过去的家长制大家庭。

以个体劳动为基础的家庭当然需要有相当长的一段时间才能占据社会的主流。从各方面情况看来，大致在春秋中后期，在一些主要国家，以小家庭为主的社会结构应当说已得建立。在这些国家里，已经把这样的家庭作为自己直接管理的对象而将其编为类似后代户籍管理制下的编户。如《国语·晋语九》记尹铎为赵简子守晋阳，为争取民心，乃"损其户数"，韦昭注："损其户，则民优而税少。"是晋国赵氏已按户收取赋税，这些民户必然是一些从事个体经营的小规模家庭。又《左传》襄公二十九年记："郑子展卒，子皮即位，于是郑饥而未及麦，民病。子皮以子展之命，饩国人粟，户一钟。"则郑对其国人亦是按户进行管理的。

个体小家庭的出现意味着社会血缘组织结构的崩坏。他们脱离开原有的族组织，不再具有对各级宗法贵族的依附关系，也不再因此而在各级贵族所领有的大大小小的"藉田"上提供无偿劳役，而是作为一个个独立的经济单位直接隶属于国家和新的大夫之家，他们的土地来自国家或大夫家主的授予。在记载春秋晚期历史的文献或古文字资料中对这样一种授田制已有很好的描述，如银雀山汉墓出土竹书中的《吴问》便记有春秋晚期晋国"六将军"在自己领地上实行授田的情况①。这些受田农民要向新主人交纳赋税和提供徭役是无疑的，但其身份却发生了根本变化。他们不再是过去各种族组织下的"族众"，而是逐渐变为新型国家组织下的编户齐民。

由于社会经济发展不平衡，个体小农生产方式在各国的成长并不是齐头并进的。在秦国，直到商鞅变法前，不少地区还维系着"父子无别，同室而居"的大家族聚居的社会结构，以至需要商鞅下令"民有二男以上不分异者，倍其赋"（《史记·商君列传》），利用立法来发展一家一户的小农经济。不过从总体上看，到战国时期，个体小农生产方式在我国应当说已经得到确立，小农经济已经构成各国的立国基础。文献中常有描述战国时期"耕而食之，织而衣之"（《战国策·燕策一》）的小农家庭的精彩文字，如《孟子·梁惠王上》：

> 五亩之宅，树之以桑，五十者可以衣帛矣。鸡豚狗彘之畜，无失其时，七十者可以食肉矣。百亩之田，勿夺其时，数口之家可以无饥矣。

此孟子设想的"王道"之治下小农生活的情景，虽富含理想，但其时农户普遍占有"五亩之宅""百亩之田"看来是实际情形。《荀子·大略》亦言："故家五亩宅，百亩田，务其业而勿夺其时，所以富之也。"上引《孟子》《荀子》都未讲到这些小农的负担，

---

① 《吴问》谈到晋"六将军"即六卿"制田"的情况，此"制田"犹言制定授予农民的土田标准，即授田。其义略同于《孟子·梁惠王上》所谓"制民之产"、《商君书·徕民》所谈到的"制土分民"。

《汉书·食货志》借李悝之口则较全面地反映了当时自耕小农的家庭及其生产与生活的基本情况：

> 今一夫挟五口，治田百亩，岁收亩一石半，为粟百五十石，除十一之税十五石，余百三十五石。食，人月一石半，五人终岁为粟九十石，余有四十五石。石三十，为钱千三百五十。除社闾尝新、春秋之祠，用钱三百，余千五十。衣，人率用钱三百，五人终岁用千五百，不足四百五十。不幸疾病死丧之费，及上赋敛，又未与此。

这里的五口之家，所耕百亩之田来自国家授予，其岁收是平常年成的粮食产量。在满足家中口粮和交纳田税外，尚有少量剩余，农夫可用此去集市上换得少量铜钱，用以维持家庭其他用度，包括参加村社组织的祭祀活动，但尚不够开销，尤其是对"上"交纳的户赋未计算在内。不过，这里没有谈到作为家庭副业的家庭手工业的收入。其时个体小家庭男耕女织应是普遍现象，农妇生产之布帛可留作家用，或用作商品换取部分钱物。这样看来，尽管个体小农之生活艰难竭蹶，但在一般情况下，还是可以维持简单再生产的，战国各封建专制主义国家也正以此作为自己的经济基础。

二　以国家授田制为主体的战国土地制度

关于土地制度，一般认为应包含土地所有制及土地使用方式等方面的内容，其中土地所有制是根本的。根据战国时期的文献，特别是近年出土的战国、秦、汉简牍资料，目前多数学者认为，战国时期主要实行的是国家授田制。这种土地制度的基本精神是，作为当时最重要生产资料的土地绝大部分掌握在封建专制主义国家手中，国家拥有这些土地的所有权，并将它们分作小块，按户籍授给广大小农，然后要求农户为国家提供相应的租、赋、徭役。

关于我国国家授田制的产生，目前尚不能说得十分清楚。春秋早期，晋国实行"爰田"制，据三国时韦昭注引贾逵对"爰田"的解释："辕（即爰），易也，为易田之法，赏众以田[①]。"此"爰田"制似乎即含有国家将土地授予众人（"赏众"）的意思。故晋国接着又"作州兵"（《左传》僖公十五年），即制定按"州"（一种地域区划）收取军赋的制度，这与授田农民在接受国家土地以后须向国家提供兵赋徭役的思想是一致的。春秋中叶以后，一些国家开展了配合赋制改革的对土地的整饬与规划，如郑国执政子驷"为田洫"（《左传》襄公十年）、子产"田有封洫，庐井有伍"（《左传》襄公三十年）；楚司马蒍掩亦为了"庀（治）赋"而"书土田"（《左传》襄公二十五年）。所有这些对土田的整饬与规划，似乎都与实行国家授田制有关。文献记子产实行上述改革后，便有"舆人"攻击子产是"取我衣冠而褚（贮）之，取我田畴而伍（赋）之"；过了三年，又有"舆人"诵之曰"我有田畴，子产殖之"，知子产的做法，不过是通过对土地的整饬与清理，将一般民众（舆人）所耕之土田统一收归国家所有，而由国家收取赋税。但由于子产在田间兴修了水渠、道路等设施，亦使土地获得了增产，由是又获得众人的赞

① 见《国语·晋语三》之韦昭注。

誉。这些，都与日后实行的国家授田制的思想是相一致的。时已接近春秋晚期，想当时多数国家也都在进行类似的土地清理，也就是说，都在采取与赋税制度改革配套的授田制的做法。上引银雀山出土竹书《吴问》记春秋晚期晋六卿在自家领地上各自实行的"制田"，即制定授予农户土田的标准，可视作授田制在各国普遍展开的证据。

到了战国时期，文献中明确记载战国授田制的文字多了起来，其中最明白无误的记载要数近年出土的简牍材料。1972 年山东临沂银雀山出土竹书中的《田法》便反映了战国时期齐国普遍实行授田制的事实。其文曰：

> 五十家而为里，十里而为州，十乡（州）而为州（乡）。州、乡以地次受（授）田于野。

如前所述，《田法》一类竹书虽属齐稷下诸子拟设，但皆是以当时社会实际情况为背景的。此引文中的里、州、乡皆为齐地区行政区划，足可见齐在其所有地区行政区划范围内，将其在野的土地皆按"地次"即土地的好坏授之予民。另外，上引睡虎地云梦简中的《田律》规定"入顷刍稾，以其受田之数，无垦（垦）不垦（垦），顷入刍三石，稾二石"，亦表明秦国向农民实行授田。又此次出土秦简中的《为吏之道》所附《魏户律》称"告相邦……自今以来，叚（假）门逆吕（旅），赘壻后父，勿令为户，勿鼠（予）田宇"①，言

---

① 《睡虎地秦墓竹简》，第 293 页，北京：文物出版社，1978 年。

对商贾、旅舍主人及赘婿、后父不得授予田宇，除此等人之外的普通民众自是国家授田的对象。如是，魏亦实行授田制。

传世文献反映战国实行授田制的，其例也不在少数。不过文献对授田的称呼却不那么一致。或称之为"行田"。如《吕氏春秋·乐成》称"魏氏之行田也以百亩，邺独二百亩，是田恶也"，言魏国实行的授田制的标准是每户百亩，但在邺地独授给二百亩，因为那里的土质较差。或称之为"分田"。如《商君书·算地》："故为国分田，数小亩五百……"此是从国家的角度，谈到"为国"者授给农民的分田若干。《荀子·王霸》谓"农分田而耕"，此是从农夫的角度，谈到农民依靠国家授予的分田自耕而食。亦称作"分地"，或"均地分"。如《吕氏春秋·审分》："今以众地者，公作则迟，有所匿其力也；分地则速，无所匿迟也。"《尉缭子·原官》："均地分，节赋敛，取与之度也[1]。"亦称作"制民之产"。如上引《孟子·梁惠王上》称："是故明君制民之产，必使仰足以事父母，俯足以畜妻子，乐岁终身饱，凶年免于死亡"，言"明君"制定农民的产业，使其家庭温饱有所保障，此所谓"民产"，亦必是国家授予农民的田产。

当时国家授给农户的土地实际包括两个部分：一部分栽种粮食，一般每户百亩，为授田中的主要部分，农户不得对之随意处置（如买卖），并且须在农夫年老不负担徭役后退还给国家。银雀山竹书《田法》称这部分田为"赋田"，想必这部分田地与国家租赋来源有直接关系。另一部分为宅田，又称为"宇"，或称为"廛"，面

---

[1]　按原本"均地分"作"均井分"，据银雀山汉墓出土竹书改。

积较小，一般仅数亩，栽种桑麻之类，农户可对之随意处置，包括买卖。《孟子·滕文公上》称："有为神农之言者许行，自楚之滕，踵门而告文公曰：'远方之人闻君行仁政，愿受一廛而为氓。'文公与之处。"是当时如滕国这样的小国也实行授田制。许行请滕国国君授给他宅居地，好在此处留下来，自然也少不了要求授给自己种粮食的赋田。

关于国家授给农户的这两种田地的性质，《韩非子·外储说左上·说四》有一则史料可对之加以很好地说明：

> 王登为中牟令，上言于襄主曰："中牟有士曰中章、胥己者，其身甚修，其学甚博，君何不举之？"主曰："子见之，我将为中大夫。"……王登一日而见二中大夫，予之田宅，中牟之人弃其田耘，卖宅圃而随文学者，邑之半。

此言中牟之人羡慕中章、胥己二位文学之士，为求显荣，纷纷放弃了田耘，卖掉宅圃，而争趋文学，可见中牟之人所耕种之田地属于国家授产，且不能买卖，故而只能弃之不种，其可出卖者只有已成为自己永业的小块宅田。

国家分配给农户土地要掌握均平的原则，不仅土地面积，而且土地的肥瘠、产出等，都要考虑在其中。战国文献中屡有关于"地均""均地分"的说法，就是这种精神的体现。《管子·乘马》说："地者，政之本也……均地分力，使民知时也。"孟子向滕文公建议道："夫仁政，必自经界始。经界不正，井地不钧，谷禄不平。"（《孟子·滕文公上》）皆将平均分配给农民土地视作国家政治的当务之急。为了保障平均原则，一些国家对授给农户的土地甚至实行定期重新分配，或令农户定期交换耕地的政策，此即战国秦汉文献中屡屡提到的爰田制。《汉书·地理志下》载"（秦）孝公用商君，制辕田，开阡陌，东雄诸侯"，注引孟康之语："三年爰土易居，古制也，末世侵废。商鞅相秦，复立爰田，上田不易，中田一易，下田再易，爰自在其田，不复易居也。"《地理志》中的"辕田"即孟康所说的"爰田"，爰者易也，也就是交换的意思。此表明秦国在商鞅主持下即是实行对分给农户的土地三年一轮换的制度。之所以要采取三年一轮换的做法，是考虑到某些农户在所领受到的下田上的轮作。其时秦正大规模开展对荒地的垦辟，其分给农户的土地中必有不少这类称作"莱田"或"下田"的较为生荒的土地，故而需在其上实行轮作。下田又称"再易之田"，每户可领到 300 亩，农户岁耕百亩，三岁才可将所有下田轮作一遍，重新回到始耕的百亩之上[1]，这样才好和别人换土。过去一些学者对秦国实行三年一轮换的"爰田"制持怀疑态度，但近出银雀山竹简中的《田法》也有类似的"爰田"制的记载，其文云：

> 巧（考）参以为岁均计，二岁而均计定，三岁而壹更赋田，十岁而民毕易田，令皆受地美亚（恶）□均之数也。

---

[1] 按《汉书、食货志上》亦提到农夫的这种轮作，其言曰："民受田，上田夫百亩，中田夫二百亩，下田夫三百亩。岁耕种者为不易之田；休一岁者为一易中田；休二岁者为再易下田，三岁更耕之，自爰其处。"所谓"三岁更耕之，自爰其处"即言农夫三岁才将下田轮作一遍，重新回到始耕的百亩地上。此处"自爰其处"的"爰"训为"于"，非训为"易"，今学者往往将此处的"爰"解释成"易"，然后将农夫在下田上的轮作与国家对所有授田农民实行的爰田混为一谈，是不可取的。

其中"三岁而壹更赋田",正谓三年更换一次授予农民的土田;而云"十岁而民毕易田",则当如竹简整理小组所谓:"田分上中下三等,农民三岁耕上田,三岁耕中田,三岁耕下田,换田三次以后,每个农民都耕种过上中下三等田一遍,所以说'十岁而民毕易田'①。"如上所述,《田法》并非官府法规或指令性文件,而是属于百家者言的作品,但大体上仍以当时实际情况,尤其是齐国的实际情况为基干。结合《汉书·地理志》等文献的记载来看,可以认为,战国时期一些国家实行定期更换农民所受土地的爰田制,应是毋庸置疑的。在这种制度下,各个农户只有暂时地和不固定地使用某一地面的权利,土地所有权掌握在国家手中(宅田除外),看来是再清楚不过的了。

按照以上叙述,如果将授田制的施行从春秋晚期算起的话,到战国末年,这项土地制度在我国便已维持了300年之久。授田制之所以能维持这么长的时间,是和战国时期特殊的历史环境分不开的:一则,战国时期总的来说仍是人少地多,国家不仅有足够的土地可以用来授给农民,甚至为鼓励农民进行垦耕,一些国家还多授予农民土地;二来,战国时期各国以武力争胜,为了掌握更多的兵员和足够的粮草,各国都把授田作为控制农民的手段,通过给小农分配土地以保障足够的兵赋徭役的来源。《管子·侈靡》篇称"好战之君上甲兵,甲兵之本必先于田宅",即是国家推行授田制与保持武力强盛之间关系的生动注脚。那时一些国家还对杀敌立功者授予双倍乃至更多的田宅,实际也是有授田制的这种富国强兵的制度。

---

① 以上《田法》的具体内容及整理小组的注释,皆见《文物》1985年第4期发表的《银雀山竹书〈守法〉、〈守令〉等十三篇》。

由于土地绝大部分归国家所有，土地私有制的发展不充分，战国时期土地买卖或土地兼并之事十分少见①。由此也可以断定，战国时期并未出现一个通过土地买卖或类似方法而产生的地主阶级。文献记有不少因受国君宠幸，或因立有军功、事功而获得赏田的官僚、贵族或其他社会人员，经考察，这些人除少数封君享有治土临民的特权，属于旧封建贵族的残余外，绝大多数只是暂时享有部分国有土地上农户所交纳的税收而已，尚不好把他们说成是"地主"，或什么"军功地主"。

三　个体小农的租赋徭役负担

战国时期的租赋徭役是与授田制相配套实行的。孟子曾谈到当时国家加给受田农民的租赋徭役负担："有布缕之征，粟米之征，力役之征。"（《孟子·尽心下》）荀子亦谈到其时县鄙农民的负担，有所谓"田野之税""刀布之敛"，还有"力役"（《荀子·王霸》）。参考其他一些文献资料，知战国个体小农对于专制主义国家的负担主要有以下几项：

1. 田租。即孟子所称的"粟米之征"，荀子所说的"田野之

---

① 过去学者多引用《汉书·食货志》记董仲舒的一段议论来"证明"战国时期土地买卖与兼并已很盛行，其文云："至秦则不然，用商鞅之法，改帝王之制，除井田，民得买卖，富者田连仟佰，贫者亡立锥之地……"然据《云梦秦简》等资料，秦商鞅变法后仍实行国家授田制，井田亦未被废止，故《食货志》所言未必是实情。此外，《史记·廉颇蔺相如列传》谈到赵国赵括被任为将，"王所赐金帛，归藏于家，而日视便利田宅可买者买之"，此亦系汉人说前朝事，是否可信以为实，仍存两说。目前可以确定战国存在土地买卖的唯一一条资料，是近年在湖北荆门包山楚墓中出土的一支竹简上的文字（李学勤：《〈包山楚简〉中的土地买卖》，见所著《缀古集》，第152页，上海古籍出版社，1998年），其整条内容尚有待进一步考定。即此而论，也只能说战国土地买卖之事不常见，亦不普遍。

税"。在这里，"租"和"税"是一个意思，这本身即反映了土地归国家所有的性质。据《云梦秦简》中的《田律》，这项税收是根据农夫从国家那里领受到的土地亩数确定的，而且无论所受土田是否垦种，都要按所有授田数完纳。从简文看，秦国向农户征收的土地税，不仅有禾稼（粮食），还有刍（饲料）和藁（禾秆）。其中粮食是主要的。文献记载秦简公七年（公元前 408 年）"初租禾"（《史记·六国年表》），即是此项对于粮食的征收。征收的数额如何，文献及简牍资料皆未提及。按魏国的情况是一夫治田百亩，百亩之收为 150 石，交什一之税为 15 石（《汉书·食货志》）。看来当时各国一般采纳的政策是先按当年的收成估定一个百亩之收的大致产量，然后再按一定的比例规定农民应交的粮食数额。多数情况下，这个比例是十分之一，故称"什一之税"。但超征的情况亦往往有之，如《管子·大匡》记齐国便曾采取"上年什取三，中年什取二，下年什取一"的征收比例，这显然超过了什一之税的常例。至于刍、藁，亦是按授田顷亩交纳的。据秦简中的《田律》，为每顷土地交纳刍 3 石、藁 2 石。

2. 户赋。即孟子所说的"布缕之征"，荀子所谓"刀布之敛"，今称为户口税。《史记·秦本纪》载秦"（孝公）十四年，初为赋"，《商君列传》记商鞅变法之规定"民有二男以上不分异者，倍其赋"，皆指此种赋税。户赋或称"口赋"，《汉书·食货志》云："（秦时），田租、口赋……二十倍于古。"据此，知此项赋税是按家庭人口数征收。以此缘故，各国对户籍的管理特别严格。《商君书·境内》载秦"四境之内，丈夫女子皆有名于上，生者箸，死者削。"户赋征收的内容大概是钱币，故荀子称此项税收为"刀布之敛"。而孟子之称为"布缕之征"者，乃因农夫家女工所织布帛可以换取钱物以完此赋税的缘故。文献没有谈到各国征收的户赋的具体数额，但户赋成为农民身上的一项沉重负担，则是不容置疑的。荀子以其时官府"厚刀布之敛"与"重田野之税"相提并论，前者夺民之财，后者夺民之食（《荀子·富国》），证明户赋对农民的盘剥的确是不轻的。

3. 力役。包括徭役与兵役。其时徭役与兵役混杂在一起，统称"力役之征"。这是农民更为沉重的负担，因为繁重的兵役、徭役加给农民的，往往是夺走他们宝贵的农时。《管子·臣乘马》即有"起一人之繇，百亩不举；起十人之繇，千亩不举；起百人之繇，万亩不举；起千人之繇，十万亩不举"之说。战国时期对于服役年龄的规定，各国不完全统一，估计应和成年男子领到国家授田的时间相对应。《汉书·食货志》记所谓"先王"之时，"民年二十受田，六十归田"，其中"六十归田"与文献所载秦、楚等国免除徭役的时间相一致①；而成年男子开始服役的时间，即"始傅"的年龄，据《云梦秦简·编年纪》，则在 17 岁。这是否意味着秦服役的时间较它国早，亦未可知。至于役期的规定，恐各国亦不完全统一。史载秦"用商鞅之法……月为更卒，已，复为正一岁，屯戍一岁"（《汉书·食货志》），即是说秦每个成年男子除每年要在本地区服役一个月（"更卒"）外，一生中还须为国家当兵两次：一次叫"正卒"，受京师有关机构指挥调遣，为期一年；一次叫"戍

---

① 《汉旧仪》记"秦制二十爵……无爵为士伍，年六十乃免者"，是秦免除徭役的时间为 60 岁。《战国策·楚策二》记楚大司马昭常之语："我典主东地，且与死生，悉五尺至六十，三十余万，弊甲钝兵，愿承下尘"，是楚服兵役年龄的下限亦在 60 岁。

卒",屯戍边疆一年。但实际情况可能比这复杂得多。

农民所担负的租、赋、徭役,必须不折不扣地完成,否则将受到严厉处罚。银雀山竹书《田法》称:"卒岁田入少入五十斗者,□之;卒岁少入百斗者,罚为公人一岁;卒岁少入二百斗者,罚为公人二岁;出之之岁□□□□□者,以为公人终身;卒岁少入三百斗者,黥刑以为公人。"按此规定,年终少交纳田税一百斗者,即将判服劳役一年;少交二百斗者,将判服劳役二年;少交三百斗者,则不仅要服劳役,还要受到黥刑。

个体小农往往不堪重负。上引《孟子·尽心上》在谈到国家加给农民的"布缕之征""粟米之征"及"力役之征"三项负担后,即紧接着说道:"君子用其一,缓其二。用其二而民有殍,用其三而父子离。"孟子希望所谓"君子"不要同时加给农民这三项负担,由此正可体会出封建国家对于个体小农的剥削与压榨之沉重。

第四章　水利工程与专制主义国家的经济职能

　　战国时期生产力突飞猛进的发展，很大程度体现在各国水利事业的兴旺发达上。其时兴起的不少规模甚大的水利建设工程，充分显示了它们对战国农业生产发展的巨大推动作用。这些水利事业的兴修，固然得益于战国铁工具及其他先进生产工具的广泛应用，但更主要的恐怕还应归功于战国社会政治经济的变革。毫无疑问，是当时新成立的封建专制主义国家组织兴修了这一系列水利工程，这些新诞生的封建专制主义政权无不把兴修水利工程视作自己的经济职能的体现。可以认为，战国水利工程是与其时社会政治经济制度紧密联系在一起的。

一　邺　渠

　　战国时期大型的水利工程多是为农田灌溉而兴修的。这类水利工程以魏国开凿的邺渠为最早。邺渠一称漳水十二渠，在魏国统治的邺县境内。战国初年，魏文侯任命西门豹为邺令，邺县在今河北磁县与临漳一带，濒临漳河，并处在漳河由太行山区进入华北平原的冲积扇上，每到雨季，极易发生水患。当地乡绅与巫女勾结，借口平息水患，每年将农家少女投入水中，诡称为"河伯娶妇"，并借机敛财。西门豹至邺，以智巧破除此迷信，并乘惩处不法乡绅及女巫之机，组织民众，治理水害。史称其"发民凿十二渠，引河水灌民田，田皆溉"（褚少孙补《史记·滑稽列传》）。一说魏襄王时，史起为邺令，以邺地土壤贫瘠，不如引漳水灌溉之，王乃使史起往为之，"水已行，民大得其利，相与歌之曰：'邺有圣令，时为史公。决漳水，灌邺旁。终古斥卤，生之稻粱'"（《吕氏春秋·乐成》）以上二说互有出入，后人或为之调和，以为实际情况当是西门豹为邺令，引漳水灌溉邺田在前，而到魏襄王时期，史起复为邺令，又继续此项工程。无论何说，邺十二渠在战国时期的兴建，并对邺地广大农田发挥过灌溉作用是不容置疑的。它对改造这一带的土质，使之由"斥卤"之地变为沃壤起到了巨大的作用。所谓"十二渠"就是修筑12个渠首引水。《史记·河渠书》称"西门豹引漳水溉邺，以富魏之河内"；《水经·浊漳水注》亦云，自史起堰漳水以灌邺田后，这一带的土地便"咸成沃壤"；直到魏、晋时期，左思在他著名的《魏都赋》中还把这一带的富庶与"十二渠"的修建联系起来加以陈述："脉脉坰野，奕奕菑亩。甘荼伊蠢，芒种斯阜。西门溉其前，史起灌其后。登流十二，同源异口。畜为屯云，泄为行雨。水澍秔稌，陆蒔稷黍。"至于其具体规模及开凿方式，我们只能从"十二渠"这一名称，想见其灌溉网络密布之情形，余则不可知晓。

二　都　江　堰

　　战国时期最著名的水利工程，当数秦国在蜀地兴修的都江堰。它是在秦昭王时期（公元前 306 年—公元前 251 年），由蜀守李冰设计并领导修建的。都江堰位于岷江中游灌县城（今四川都江堰市）的西北。岷江发源于川、甘交界的岷山，自北而南，沿途皆高山峡谷，水流湍急，到这里进入成都平原，水势变缓，造成大量泥沙沉积，每到夏秋季节，时常发生泛滥。前人曾对之进行过治理，《华阳国志·蜀志》就有"（蜀王）开明决玉垒山，以除水害"的传说。李冰于秦设立蜀郡后被任为蜀守，在总结前人治水经验的基础上，因势利导，本着变水害为水利的原则，设计并修筑了这一水利工程。

　　这是一项技术含量很高的水利工程。主要分作三个部分：一是以都江鱼嘴为主的分水工程，即在位于整个工程北面的江心中修筑一道鱼嘴形的分水堤坝，名为"都江鱼嘴"，将江水一分为二，西侧称外江，为岷江之主流；东侧称内江，以分岷江之水势，且备引水之用。同时在内江上游岸边修筑一道保护江岸的堤防，号称"百丈堤"。二是以宝瓶口为中心的引水工程，即在内江东岸江水流经灌县城的西南角处，将岸边玉垒山之石壁凿开，引导江水东流。其开口处恰似一瓶口，故名"宝瓶口"。口南与玉垒山分离的岩堆则称作"离堆"。内江水的一部分经宝瓶口东流后即分成许多小支渠，灌入成都平原。其三是以飞沙堰为主的分洪减淤工程，位于宝瓶口之西北侧，为连接内外江的一用石砌成的低堰。洪水时，内江水会漫过此堰，流入外江，以减少流经宝瓶口的水量；枯水时，此堰即发挥堤坝挡水的作用，逼使内江之水全部注入宝瓶口。同时，由于飞沙堰处在内江弯道处，能使夏季挟带泥沙的洪水通过它时向外排沙，从而起到减淤的作用。上述三部分，组成一个整体，既起到了防止岷江水害的效果，又引导江水注入成都平原，发挥其灌溉农田的作用。史称自都江堰筑成后，蜀地"水旱从人，不知饥馑，沃野千里，世号陆海，谓之天府"（《水经·江水注》），其所灌溉的农田达到万顷以上（《史记·河渠书》正义引《风俗通》语）。以后，都江堰经过不断维修和扩建，灌溉面积进一步增大，至今仍发挥着巨大的经济效益，被列为我国的世界文化遗产。

三　郑　国　渠

这是在秦国境内的关中地区修建的又一项重要的水利工程，与前述邺十二渠及都江堰并称为战国三大水利工程。战国末年，秦王统一六国之前，韩国人为了遏阻秦人东进的势头，派水工郑国入秦，说服秦王凿渠引水，以投入大批人力，而无暇顾及东伐。此渠自仲山（今陕西泾阳西北）引泾水至瓠口（即焦获泽，在今陕西礼县）作为渠口，然后沿北山南麓凿渠引水，利用西高东低的地势，东向流经今三原、富平、蒲城等地，沿途汇集石川河等渭河支流的河水，至今大荔西北注入洛水（北洛水）。全渠长度达到 300 里。据载，施工过程中，秦人发觉了韩的计谋，秦王欲杀郑国，郑国坦言自己为间于秦，但称此渠的修建亦会给秦带来很大的好处，他只不过"为韩延数岁之命"，却"为秦建万世之功"（《汉书·沟洫志》）。秦王认为有理，让他继续此项工程。渠成，因命名为"郑国渠"。此渠的修建，不仅灌溉了关中地区大片农田，而且由于所引泾水中所含富有有机物质的泥沙较多，可以改良渠水所经地区的盐碱化的土壤，提高土壤肥力。上引《汉书·沟洫志》载："渠成，而用注填阏之水（按：即含沙量高之水），溉舄卤之地四万余顷，收皆亩一钟。于是关中为沃野，无凶年，秦以富强，卒并诸侯。"

四 运河的开凿

战国水利工程除用作灌溉的沟渠外，还有主要为交通运输用的运河，其代表是魏国开凿的鸿沟。

我国运河的开凿始自春秋末年。公元前486年，吴王夫差为了北上与齐国争战，出于运兵的目的，开凿了联系长江与淮水的运河，即后人所称的邗沟；稍后，又为了参加与晋国在黄池（今河南封丘南）的会盟，开挖了联系淮水与济水的运河，即以后的菏水，这样，就把长江、淮河与黄河三大水系联结为一体。

战国时期，魏惠王在位期间（公元前369年—公元前319年），又开凿了另一条著名的运河——鸿沟。这条运河是陆续开凿成的。公元前361年，魏徙都大梁（今河南开封），为了加强新都大梁与其各部分领土之间的联系，魏首先于公元前360年开凿了一条沟通黄河与河南岸的圃田泽之间的运河，号称为大沟。大沟自今河南荥阳以北，与济水一起分河水东流，至今河南中牟注入圃田泽。公元前339年，复从圃田泽开沟引水，东至大梁城北，然后绕过大梁，折而东南，流经过陈（今河南淮阳），最后至今河南沉丘附近注入淮水的支流颍水。这样，鸿沟就以大梁为中心，将黄河、济水、淮水几大水系联结为一个水上的交通运输网，不仅有利于各地政治经济文化的交流，同时也便利了沿沟两岸农田的灌溉。当时，不仅魏国，其他一些国家也有类似运河的开凿。《史记·河渠书》说："自是之后，荥阳下引河东南为鸿沟，以通宋、郑、陈、蔡、曹、卫，与济、汝、淮、泗会。于楚，西方则通渠汉水、云梦之野，东方则通（鸿）［邗］沟江淮之间。于吴，则通渠三江、五湖。于齐，则通菑济之间。"由此，可见战国时期列国对于运河开凿之投入。

五 堤防的修筑

堤防也是一项重要的水利工程，是为防止河水泛滥而修筑的，主要修筑在大河流经的地区。我国堤防的修筑起源甚早，传说尧、舜、禹时代就有大禹的父亲鲧效法共工"壅防百川"之举。《国语·周语上》记厉王时大臣邵穆公对厉王的谏议中有"防民之口，甚于防川"之语，说明西周时期已有沿河川之堤防的修筑。《孟子·告子下》记齐桓公在葵丘之会上命诸侯"无曲防"，说明春秋各国修筑堤防已是常事。战国时期，各国堤防的建筑更为普遍。文献描绘战国时期的堤防，或称之为"巨防"（《吕氏春秋·慎小》），或称之为"千丈之堤"（《韩非子·喻老》），可见其规模之巨大。《汉书·沟洫志》记汉代贾让之语称"盖堤防之作，近起战国"，实乃言战国堤防修筑的普遍。大概在战国时期，人口不断增长、土地加速开发，再加上黄河下游一带河水经常泛滥，堤防的修筑遂成为各国面临的不可等闲视之之事。那时居住在黄河下游而经常受到河患威胁的主要是魏、赵、齐三个国家，由于分裂割据，各国修筑堤防互不为谋，甚至以邻为壑。贾让就说各国所采取的措施是"壅防百川，各以自利"。齐国与赵、魏两国以黄河为界，因其所处地势较低，首受洪水之害，于是便在沿河以东离河 25 里的地方修筑了一道长堤，造成"河水东抵齐堤，则西泛赵魏"的结果。赵、魏二国为保护自己的利益，也效法齐国，在河西岸离河 25 里的地方修筑起一道长堤。这样，黄河就在东西两道河堤之间 50 里宽的地带游来摆去，尽管河道还不那么稳定，总算有了一定约束。可以说，这些堤防的修筑对战国各国人民正常的生产与生活起到了一定的保障作用。

堤防的修筑并不是一劳永逸的，有时"大水时至，漂没"之，或因某种原因造成堤防溃决，都要"更起堤防以自救"，因此，筑堤之事对各国来说不仅是普遍的，更是经常性的。那时中央职官系统中的司空一职，很大程度上就是为了防止水害修筑堤防而设，如《礼记·月令》称："季春之月……是月也，命司空曰：'时雨将降，下水上腾，循行国邑，周视原野，修利隄防，道达沟渎，开通道路，毋有障塞。'"在与水害作斗争的过程中，各国都总结出了一套行之有效的筑造堤防以及维护堤防、防止堤防溃决的经验。《管子》书中便有多处说到筑造堤防的方法，如称"作堤大水之旁"，要"大其下，小其上，随水而行"；在不生草的沙滩上筑堤，则"必为之囊"，即须将泥土装入草袋中加以垒筑，以防泥土流失（《管子·度地》）。谈到维护保养堤防的方法，《度地》篇称必须要"岁高其堤"，"春冬取土于中（从河中取土），秋夏取土于外（从河外取土）"，这样才能保证"浊水入之，不能为败"。那时人们已觉

察到，由于蝼蚁在堤防上营造巢穴，会使大堤发生溃决，为了防止
这种现象，必须"塞其穴"。据说魏相白圭就是一个善于防止堤防
溃决的专家，他经常亲自巡视堤防，去阻塞所有蚂蚁的巢穴（《韩
非子·喻老》）。

六　专制主义国家的经济职能

上述规模巨大的水利工程，无论是灌溉或排灌的沟渠，还是防
止水害的堤防，乃至交通运输的运河，都是由国家组织兴建的。它
们统统反映了战国时期专制主义中央集权国家所具有的经济职能，
是专制主义国家履行自己这一职能的体现。

兴修这些巨大的水利工程，一则需要组织并投入大量人力物
力，在当时条件下，除了专制主义中央集权国家具有这样的能力
外，没有任何其他社会力量能做到这一点；二则作为系统工程，这
些水利设施牵涉到广大地区的物质与经济利益，无论是兴建还是使
用、管理与维护这些水利工程，都必须协调各地区、各社会群体的
利益，这一点也只有具备专制权力的国家才能做到。因而从生产力
与社会发展的客观需要来看，战国专制主义国家肩负起一系列水利
工程兴建的使命，是十分自然的。我们看上述水利工程都是由列国
中最具有经济实力的大国组织兴建的，并且越是力量强大的国家组
织修建的这类工程的规模也越大，即可明白其中道理。另一方面，
从各国功利主义政策的角度上讲，战国时期各国也正是把兴修这些
水利工程作为自己农战政策的重要组成部分，通过这些水利工程，
发展农业生产，增加国家的财税收入，以农养战，为兼并战争服

务，因而也可以说，战国专制主义各国亦是很自觉地在实践自己的这一经济职能。

战国水利事业的兴修，又是与各国实行以授田制为主的土地国有制相互配合的。在土地国有制下领受国家土地的个体小农，是专制主义国家的经济基础，是其时国家主要财赋收入的来源，也是从事兼并战争的兵员的主要组成部分。小农与专制主义国家相互依存的关系是十分明显的，因而国家要通过授田实现稳定小农社会结构的目的。但是，小农经济分散而且脆弱，需要国家发挥力量对之进行保护。这里，水利事业的兴修无疑就起到了保护小农的生产与再生产能力的作用，也可以说同样实现了稳定小农社会结构的目的。

学者论中国专制主义封建社会形态与西方领主制封建社会的差异，一个重要方面，就是我国专制主义中央集权国家直接对社会经济生活进行干预，直接组织并管理社会生产及从事生产的劳动者，特别是当时的农业生产及从事农业生产的个体小农。在西方，由于各级领主掌握着土地、财富及从事生产劳动的农奴，国家不具备专制集权的力量，这些经济职能不可能落在国家的头上。而在我国战国时期，土地属国家所有，社会资源及绝大部分财富也掌握在国家手中，国家通过对土地的授予来实现对农户的控制。即便在战国以后，国家仍然拥有对土地的最高所有权和对农民直接控制的权力。这样一种社会政治经济结构，决定了我国古代专制主义国家肩负着对社会生产直接进行组织与管理的经济职能。

专制主义国家的这种经济职能是多方面的，见诸国家的法律，并有专门的行政机构作保障。除上述国家对于水利事业的投入外，以下诸项亦是十分显而易见的：

　　首先，是对农业劳动力，即农户的管理。战国时期各国皆有严密的编户制度，此将在下面有关战国社会结构的变迁一节中述及。值得注意的是，这种编户制度又是与各国授田制结合在一起施行的，它要求所有在编农户都要勉力耕作。《云梦秦简·为吏之道》引《魏奔命律》称："叚（假）门逆闾（旅），赘壻后父，或衔（率）民不作，不治室屋，寡人弗欲，且杀之。"可见如"叚（贾）门、逆旅"一类不致力于农作之人将受到国家的严厉制裁。这也是国家不给商贾赘婿一类人员立为户籍并分配国家土地的根本原因。成书于战国时期的《管子·问》篇谈到齐国对农业劳动力的管理情形：

　　问：理园圃而食者几何家？人之开田而耕者几何家？士之身耕者几何家？……乡子弟力田为人率者几何人？

　　可见齐国对农业劳动力管理之具体和细致。其他国家的情况大同小异。在秦国，国家对农业劳动力的管理更近于严酷。秦简《田律》规定，居住在农村中的百姓不准卖酒，田啬夫及部佐应对之严加禁止，违反法令者有罪。对农户卖酒一类事情都加以禁止，其他限制可想而知。

　　其次，是对土地、山林以及山林中的动植物等农业资源进行管理。就土地的管理而言，各国都设有专门对土地进行管理的官员，如秦简中的"田啬夫"即是总管一县土地的职官。其下还有"部佐"等分管各乡田地之佐事人员。齐国《田法》中亦有"田啬夫"及"主田"等职，与秦职守类似。《管子·乘马》称，郡县应周知"上腴之壤守之若干，间壤守之若干，下壤守之若干"，是各种土田的顷亩数皆掌握在官府的手中。甚至土地的阡陌规划也要由官府统一制定施行。1979年四川青川出土秦更修《为田律》木牍记：

> 二年十一月己酉朔朔日，王命丞相戊、内史匽民、臂更修为田律；田广一步、袤八则，为畛。亩二畛，一百（陌）道。百亩为顷，一千（阡）道，道广三步。封高四尺，大称其高。将（埒）高尺，下厚二尺。以秋八月修封将（埒），正疆畔，及发千百（阡陌）之大草。

至于国家对于山林及林中鸟兽的保护措施，则有如《吕氏春秋》十二纪所言，如其中的《孟春纪》称：

> 是月也（孟春之月），天气下降，地气上腾，天地和同，草木繁动……禁止伐木；无覆巢，无杀孩虫、胎夭、飞鸟，无麛无卵。

又《仲春纪》称：

> 是月也，日夜分，雷乃发声，始电。……是月也，无竭川泽，无漉陂池，无焚山林。

最体现国家经济职能之处是对整个农事活动的干预和指导。中央政府如司徒之类高级职事人员皆参与其事。上引《吕氏春秋》之《孟夏纪》即言："是月也（孟夏之月）……命司徒循行县鄙，命农勉作，无伏于都。"《吕氏春秋·勿躬》则记载齐国设有"大田"一职，专门管理"垦田大邑，辟土艺粟，尽地力之利"等事。

至于地方官吏，如郡县守令之类，更把劝令农桑当作自己最重要的使命。秦简中的《田律》有一则对县令提出的要求：

> 雨为澍（澍），及诱（秀）粟，辄以书言澍（澍）稼、诱（秀）粟及垦（垦）田畼毋（无）稼者顷数。稼已生后而雨，亦辄言雨少多，所利顷数。早（旱）及暴风雨、水潦、盦（螽）蚀、群它物伤稼者，亦辄言其顷数。

此谓县令必须按照国家法律的要求，对辖区内所有已种上庄稼及未种上庄稼的垦田上的受雨情况、遭受水旱灾害及虫灾的情况，以及庄稼因受雨而受益，或因灾害而受伤害的情况作详细的了解，并按规定时间送达有关部门，可见地方官吏躬亲农事活动之一斑。那时各国官府都编定有一套指导农业生产的农书，其中包含有各时令季节从事何种农事活动及采用何种农业技术的内容。现存《管子》《吕氏春秋》《月令》等书都保留了不少这方面的内容，如《吕氏春秋·孟春纪》记，孟春之月，田官须"善相丘陵、阪险、原隰，土地所宜，五谷所殖"；孟夏之月，则要求官府"无起土功，无发大众"，并注意"驱兽无害五谷，无大田猎"，然后"农乃升麦"；孟秋之月，又须"命百官始收敛（收获庄稼），完堤防，谨壅塞，以备水潦"；仲秋之月，"乃命有司，趣民收敛，务畜菜，多积聚"，还要劝民种植越冬的小麦；到了季冬之月，则要命令司农督促百姓"修耒耜，具田器"，准备来春的耕作。

　　还要特别提及的是，各国官府对于农业生产所必需的铁农具、耕牛和种子也都十分重视。大约这类物资非一般农户都能够置备，故国家特借官府之力为之置办，届时或借与农民使用。《云梦秦简》所见秦《厩苑律》中便有关于对官府所饲养耕牛进行考课的情况，称每年四月、七月、十月、正月都要组织对耕牛的评比，在正月进行的大考核中的成绩优秀者，官府将赐予田啬夫酒一壶、干肉十条，免除饲牛者一次更役，赏赐牛长资劳三十日；对成绩低劣者，将处以轻重不等的惩罚。《厩苑律》中还有对官家所有的铁农具进行管理的规定，称借给农民使用的铁农具，若因破旧不堪使用而致损坏者，以文书上报损耗，收下原物而不令其赔偿。秦律中的《仓律》则记载了各县将留作种子用的麦子加以收藏，同时规定了每亩土地所使用的稻、麦、麻、黍、荅（小豆）、菽（大豆）等种子的用量。所有这些，都显示了国家对于农业生产的关切。总之，战国时期各国肩负着对于国家经济生活直接管理的职能是不容置疑的。

第五章　手工业及其成就

铁器的使用同样使战国手工业获得前所未有的发展机遇。"它给手工业工人提供了一种其坚固和锐利非石头或当时所知道的其他金属所能抵挡的工具①。"在这种新生产力的推动下，手工行业的内部结构首先出现巨大的变化，一些具有独立身份的手工业者从旧氏族结构中脱离出来，成为一支新的个体手工业生产者大军。结合商业的私营大手工业也出现了。在新生产力与生产关系的共同作用下，无论是战国冶铸业，还是纺织、漆木器制造、陶瓷等行业，都取得了巨大的发展。

一　战国手工业内部结构的变化

战国时期的手工业以官营为主，也有豪民或个体手工业者经营的手工业，还有作为个体小农家庭副业的家庭手工业。所有这些手

---

① 恩格斯：《家庭、私有制和国家的起源》，《马克思恩格斯选集》第四卷，第159页，北京：人民出版社，1972年。

工业生产方式中的工人，是以拥有自由身份的工人为主的。

官营手工业的规模巨大，在各种手工业生产方式中所占的比例也最高，主要生产为统治者生活所需及国家政治军事所需的器物。从各地发现的战国时期的青铜兵器及青铜器皿上的铭刻看，官营手工业内部组织严密，制度齐整。这类手工制品上一般都镌刻有监造者、负责制造者及直接制造者的名字，以明确各级主事人员及制造人员的责任。如河南新郑郑韩故城发现的一批兵器中的第 11 号铜戈上的铭文记："十五年郑令赵距、司寇彭璋、右库工师陈平、冶赣"，表明这件器物的监造者是郑令，负责制造的官吏是司寇及右库工师，真正从事冶铸，即直接制造这件兵器的人为赣。此戈为韩国铸造。在秦国，监造者在中央一级是相邦，在郡一级是郡守；负责制造的官吏是工师，或是丞、士上造、工大人之类；直接制造者往往称"工"。从铭刻上看，各国官府中负责官手工业的官吏大致相同，即都是工师。这与《荀子·王制》《礼记·月令》等书记载的情况是一致的①。作为直接制造者的"冶""工"，则应当是一些具有自由身份的工匠。它们统称为"百工"，是各行业的能工巧匠。其在官营手工作坊中工作，是由官府雇佣而来的。《管子·小问》假托管仲对桓公之语："公曰：'请问战胜之器。'管子对曰：'选天下之豪杰，致天下之精材，来天下之良工，则有战胜之器矣。'……公曰：'来工若何？'管子对曰：'三倍，不远千里。'"注曰："酬工匠之庸直，常三倍他处。"可见由官府招徕的"良工"，是可获取官家付给的"庸直"，即报酬的。当然，官营手工作坊中也有不少奴隶

①　如《荀子·王制》称："论百工，审实事，辨功苦，尚完利，便备用，使雕琢文采不敢专造于家，工师之事也。"

或刑徒充作劳动力，如《云梦秦简》中的秦律所见。他们与作坊中工作的工匠的身份是有区别的。

个体手工业者独自经营的小手工业是自春秋以来新出现的手工业经营方式，其在战国时期得到了长足的发展。各地出土的一些陶器上的印文及漆器上的文字，证明了这种经营方式的广泛存在。由私人作坊生产的这类产品，其上书写的，往往只是作坊主人的姓名，或居里名，而不像官营手工作坊生产的产品那样，要留下主管官吏、监造者、工师的姓名，或管理机构的名称。如秦都咸阳故城遗址发现的一些陶器（陶片）上便印有"咸郦里驵""咸郦里疆""咸郦里定"等文字，表明这几件陶器分别是由咸郦里名为驵、疆和定等几位陶工私人制造的①。山东省临淄考古调查中亦发现有"□里人□"印文的陶片②。河北武安午汲古城发现的一批陶器作坊中的陶片，则仅印有一些不同作坊主姓名的标记，如"文牛淘""粟疾己""郵陲""韩□""史□"之类③。此外，湖南长沙沙湖桥19号墓出土的一件漆耳杯，器底上有漆书文字"□里□"④，其为私营漆器作坊所制作，也是不容置疑的。

个体手工业者自营的手工行业主要为制陶、制造漆木、纺织、皮革、制造鞋帽等，也有从事冶铁业的。其经营方式多为自产自销。《论语·子张》称，"百工居肆，以成其事"，"肆"为集市贸易之处，是言百工须将自己的制成品置于集贸市场售卖出去，才能成

---

① 陕西省考古研究所渭水队：《秦都咸阳故城遗址的调查和试掘》，《考古》，1962年第6期。

② 山东省文管处：《山东临淄故城试掘简报》，《考古》，1961年第6期。

③ 河北省文管会：《河北武安午汲古城中的窑址》，《考古》，1959年第7期。

④ 李正光、彭野青：《长沙沙湖桥一带古墓发掘报告》，《考古学报》，1957年第4期。

战国印纹硬陶罐

其事。《孟子·滕文公》记那时农夫要"以粟易械器（指铁器）"，从事陶冶的工人则须"以其械器易粟"。不仅"械器"，其他如衣冠、轮舆之类，皆须取之于手工作业之人，以至造成社会上一般非从事制造业者都"纷纷然与百工交易"的局面。实际上，许多手工业者就是将作坊干脆设在肆市自家店铺的后面，边生产边营销，号称"工肆之人"。其时代表小生产者利益的墨子主张："古者圣王之为政，列德而尚贤。虽在农与工肆之人，有能则举之。"（《墨子·尚贤上》）可见个体手工业者已成为当时一支不容忽视的劳动群体。

作为农村小农经济附属物的家庭手工业亦是普遍存在的。这种家庭手工业主要指的是纺织品。自个体小农家庭成立以后，男耕女织已成为广大农村基本生产方式："农夫蚤出莫入，耕稼树艺，多聚叔粟，此其分事也。妇人夙兴夜寐，纺绩织纴，多治麻丝葛绪捆布绣，此其分事也。"（《墨子·非乐上》）一般情况下，多数家庭总会做到"农有余粟，女有余布"（《孟子·滕文公下》），他们自会将多余的粟、布拿到市场上去出售，卖得现钱，用以缴纳官府的各种赋敛，或换取食盐和铁制器械，以应付家庭生活及生产的需要。由此可知家庭小手工业亦具有一定的商品生产的性质（另一部分为满足家庭自身的需要）。尽管每个家庭生产的这类产品数量有限，但由于小家庭数量众多，整个小农阶级生产的这类产品仍是十分可观的。

值得注意的是少数豪民经营的大手工业。从文献记载看，战国时期这种豪民经营的大手工业主要集中在冶铁业与煮盐业两个部门。《史记·货殖列传》记载了战国秦汉之际因经营盐铁业而形成的巨富：

> 猗顿用盬盐起。而邯郸郭纵以铁冶成业，与王者埒富。
> 蜀卓氏之先，赵人也，用铁冶富。
> 宛孔氏之先，梁人也，用铁冶为业。

何以冶铁与煮盐这两个行业多豪民经营？《管子·轻重乙》中说是官方很难对这两个行业进行具体管理。因为冶铁必先到矿山进行开采，煮盐亦须在广阔的海滩上进行，条件艰苦，人员不好管理，如"发徒隶而作之，则逃亡而不守"，征发人民去干这些事情，又担心他们以后从军会"怀宿怨而不战"，故而只好将盐铁经营交与"民"即豪民去经营，根据其产量计算赢利，采取豪民分得七成，官府分得三成的办法分成取利。由于盐铁是人民生产生活的必须品，豪民得以擅利，很快成为巨富。这些豪民经营的冶铁业及煮盐业多数规模巨大，往往"一家聚众或至千余人"，而这上千的劳动力，又大抵来自对"放流人民"即流亡民众的收容（《盐铁论·复古》），其性质大致与庸工相似。

无论是豪民经营的大手工业，抑或个体手工业者经营的小手工业，都是对官营手工业的冲击，是对"工商食官"，官府垄断工商业的一种否定，这对于扩大工商业经营的范围，促进社会分工，加快商品经济的发展，以至手工技艺本身的发展，都是有积极意义的。

二 铁器与青铜器制造业的发展

铁器与青铜器都属于金属器具，它们的生产与制作，标志着社会生产力的水平，对社会生产与生活产生着最直接的影响。尤其是铁器，自其登上历史舞台以来，更对社会历史的变革起到了决定性的作用。这些，已在前文做了较详细的介绍。就铁器的制造规模及制作技术而言，战国时期亦可以说较发明铁器的春秋时期跃上了一个新台阶，在我国金属冶炼及金属器制作史上占据着重要的地位。

前文已提到战国铁器在各地普遍发现的情况，与此相呼应，战国时期的冶铁作坊也在各地被广泛发现，如今天的河北兴隆、易县燕下都、邯郸故城，河南新郑之郑韩故城、登封告成、西平，山东临淄、滕县等地，都发现有战国时期的冶铁遗址。有的地方的冶铁遗址还不止一处，如在临淄故城发现的冶铁作坊就有 6 处，其中最大的一处面积达到 40 万平方米①，可见其规模之巨。

---

① 杨宽：《战国史》，第 55 页，上海人民出版社，1998 年。

就冶铁技术而言，首先应提到的是，战国时期的生铁冶炼技术已趋于成熟。这项技术首见于春秋晚期的楚国铁器，20 世纪 70 年代长沙杨家山发现的一件春秋晚期的生铁鼎是目前中国，也是世界上最早的生铁铸料。生铁即铸铁，它是铁矿石在竖炉中用较高温度（摄氏 1 146 度以上）在液态下还原的产物。用生铁做原料可以直接大量连续地浇铸器物，而在较低温度（摄氏 800—1 000 度）下使铁矿石在固体状态下还原炼成的所谓"块炼铁"结构疏松，必须经过锻造才能制作器物，比较起来，用生铁铸造器物的生产效率高多了。据统计，近年考古发现的战国以后迄于汉魏的铁农具，大多数是生铁铸造的。在同时的手工工具中，铸铁件也占了很大比例。这些铸铁件有的还经过了柔化处理，即对铸铁进行以脱碳为目的的热处理，使其在强度、可塑性和韧性方面有所提高，从而改良了生铁制品原有的性脆易折的缺点。上述铸铁技术及对铸铁的柔化处理技术，欧洲分别在公元 14 世纪及 18 世纪才开始采用，而我国在铁器发明后不久便掌握了这一技术，这对于我国生产力的发展，具有十分重要的意义。

铜人
1964 年河北易县燕下都出土，系战国晚期文物，高 25.8 厘米。

此外，战国时期的人们还发明了渗碳制钢的技术，即使用"块炼铁"做原料，令其在炽热的木炭中长时间地加热，同时对之反复锻打，致使其成为渗碳钢片，再将之加工成各种工具或武器。如河北易县燕下都 44 号战国墓中出土的钢剑、钢矛、钢戟等，就是用这种钢片加工而成的①。

铁器的铸造与青铜器一样需要制范。战国时期，人们除继续使用陶范外，还创新了用铁范铸造铁器的技术。战国时期的遗址，如河北兴隆、磁县下潘汪等地都有这类铁范出土。兴隆出土的战国铁范计达 87 件，器形有锄、镰、镢、斧、凿、车具等②。使用铁范铸造铁器，可使铸件形态稳定而精致，并可连续使用，不像一般陶范那样用一次就要毁坏重制，这就大大提高了生产效率。

在冶铁业日益成为主要的手工行业的同时，传统的冶铜暨青铜器制造业仍占有重要地位，其技术水平亦有相应的提高。在青铜冶炼方面，人们已在认识这种铜锡合金性能的基础上，掌握了各种青铜器冶铸时所需铜、锡成分的配比。《吕氏春秋·别类》说："白所以为坚也，黄所以为牣（韧）也，黄白杂则坚且牣（韧），良剑也。"所谓"白"，指青铜的含锡量高，"黄"指含铜量高，铜锡配合恰当，才能得到坚而富有韧性的良剑。然而各种青铜器对于硬度及韧度的要求是不同的，因而需要掌握冶炼这些器物不同的铜锡成分的比例。现存《周礼》一书中的《考工记》，一般认为是记录战国时期齐国官手工业各部门情况的官书，其上即记有"六齐"即六种青铜器类铜锡成分的配比，如称"钟鼎之齐"的铜锡配比是"六

---

① 河北省文物管理处：《河北易县燕下都 44 号墓发掘报告》，《考古》，1975 年第 4 期。
② 郑绍宗：《热河兴隆发现的战国生产工具铸范》，《考古通讯》，1956 年第 1 期。

分其金而锡居一"（含锡量为七分之一），"斧斤之齐"是"五分其金而锡居一"（含锡量为六分之一），"戈戟之齐"为"四分其金而锡居一"（含锡量为五分之一），"大刃之齐"为"三分其金而锡居一"（含锡量为四分之一），"削杀矢之齐"为"五分其金而锡居二"（含锡量为七分之二），"鉴燧之齐"为"金锡半"（含锡量为三分之一）。经考察，这六类青铜器物的铜锡配比大致合乎现代金属材料学的原理，《考工记》的这个记载应是青铜冶铸行业长期生产实践的总结。

在青铜器的加工技术方面，战国时期的人们在春秋中后期发明异色金属镶嵌及金银错技术的基础上，更将此金银错工艺运用于铜器装饰上面，从而使青铜器纹饰显得五彩斑斓而华美绚丽。如近年河北平山中山王𰯼墓出土的四鹿四龙四凤方案、双翼神兽、虎噬鹿

错银龙凤方案
1977 年河北平山出土，系战国中期的青铜器，高 36.2 厘米。

器等，皆因采用此种装饰工艺而显得十分华丽。此外，战国时期还发明了鎏金的装饰工艺。这实际是一种特殊的镀金方法，即是用溶解于水银里的黄金（俗称金泥）涂在器物的表面上，经晾干、烘烤、轧光等工序，使水银蒸发，黄金留布在器物上面。经过鎏金的铜器如同金器一样熠熠闪亮。

从青铜器的类别看，战国时期除继续将青铜用于制作兵器及礼器外，更多地用于制造一般生活用具，如青铜镜、铜带钩、青铜灯具之类。考古发现的战国时期的铜镜数量大大超过以往，质量也有很大提高，镜面加大，纹饰种类增多。带钩的发现也很普遍，一些错金错银或镶嵌以绿松石的带钩做得十分精致。这些用具并不专属于贵族，亦为一般民众所拥有，表明青铜器的制造已普及于社会生产与生活的各个领域。

无论是冶铁还是冶铜，都首先需要开采矿石。出于对铜、铁等金属的大量需求，战国时期的采矿技术也有了很大发展。首先是找矿的知识，人们已认识到矿山上露出的矿苗与地下蕴藏的矿石之间的联系。《管子·地数》说："山，上有赭者，其下有铁；上有铅者，其下有钴银；上有丹沙者，其下有钴金；

错金银鸟纹壶
系战国早期文物，高 12.8 厘米。现藏于美国赛克勒美术馆。

上有慈石者，其下有铜金，此山之见荣者也。"据此，《管子·地数》提到了其时已知的"出铜之山四百六十七山，出铁之山三千六百九山"。这个数字可能有些夸大。成书于战国、秦汉之际的《山海经》，亦具体记载了各种金属矿物的产地 170 来处，其中铁矿产地 37 处，铜和赤铜产地 28 处。这些地点位置明确，应是比较可信的。

当时矿山的开采已达到相当规模，采矿技术也已具有很高水平。1973 年，考古工作者在湖北大冶铜绿山发现了一处春秋战国时期的矿冶遗址，遗址范围南北长两千米，东西宽一千米。在这个范围内，发现了不少古代的矿井和采矿的工具。考古工作者对其中一处战国时期的古矿井进行了发掘，在所发掘的 120 平方米面积内，共发现了五个竖井、一条斜巷和 10 条平巷，还发现了铁斧、铁钻、铁锤等采矿工具，竹筐、藤篓、木钩、木辘轳等运载工具，以及木桶、木水槽、木瓢等排水设备。通过这些发现，可知当时对所开凿的井巷都已使用了木制方形框架作为支护。依靠这种木制的井架做保护，人们可以将竖井打到距地表 50 多米深的地下。竖井主要用作从地面到井下的交通孔道，开采的矿石和地下水都由此信道运出地面，人也由此上下。它可分为若干层，从底层往上，人们逐层地往两旁开拓出平巷，平巷即开采矿石的巷道。每层平巷都装有辘轳，借以将矿石及水逐层地提出。排水的方法一般是用木制的水槽将矿井内的地下水引入井下的储水坑内，然后用木桶配合辘轳将其提升到地面。至于通风，则利用井口高低不同产生的气压差而形成的自然风流，结合关闭已废弃巷道来控制风的流向，使之流往采掘者所在的方向。采掘工人在井下就地分选矿石，将贫矿及废石充填废巷，而将富矿运出，以减轻运输的工作量。所有这些，都显示了战国时期相当高超的矿石开采技术。

铜绿山矿区内不少地点堆积着厚厚的炉渣,总量约在 40 万吨。现场还发现有春秋时期的若干座炼炉,表明当时铜矿的冶炼与开采是在同一个地方进行的,同时也显示了那时铜矿冶炼的巨大规模。

三 纺织、陶器与漆器制造等行业

我国纺织业有悠久的历史,其中最重要的丝织业,据考古发现,已可追溯到新石器时代的良渚文化时期。历夏、商、西周,纺织行业一直在各手工行业中占据着重要位置。到战国时期,纺织业进入一个更重要的发展阶段。

从战国时期成书的《尚书·禹贡》看,当时中国黄河流域及长江中下游地区,都出产各种丝织品,并形成了各自的地方特色。《禹贡》记各地对中央政府的贡品,兖州为"织文",《孔传》称其是"锦绮之属";青州为"厥丝",即柞蚕丝;徐州为"玄纤缟",是一种黑红而纤细的织品;扬州为"织贝",实是一种有贝纹的织锦;荆州为"玄纁",乃赤黑色与黄赤色的丝织物;豫州为"纤纩",亦是一种细绵织品。各地以齐国的纺织业最为发达,时人有"齐冠带衣履天下"之称(《史记·货殖列传》)。《禹贡》未提到雍州和梁州进贡丝织品,冀州因是想象的中央政府之所在,亦不在朝贡之列,但这并不意味着冀、雍、梁三州的纺织业落后。考古工作者曾在秦都咸阳宫殿遗址内发现过秦国的一包丝织衣物,包括有单衣、夹衣及棉衣,丝织品的种类有锦、绮、绢等。其中一种平纹绢，经纬密度达到每平方厘米 160 根×56 根①。三晋所在的冀州，亦素习蚕桑。赵都邯郸自春秋末期就有比较发达的纺织业②，《战国策·赵策二》记赵王曾一次赏赐给苏秦"锦绣千纯"，千纯为 5 000 匹，由此可以窥见赵国纺织品出产之丰盛。

战国时期的丝织品屡有出土，从对这些丝织品的实物考察，可以看出战国纺织技术的长足进步。1957 年，长沙左家塘一处战国中期的墓葬中出土一批丝织品残片，包括绢和锦。其中锦的类型较多，计有深棕色地红黄色菱纹锦、褐色地矩纹锦、褐色地红黄矩形锦、朱条暗花对龙对凤锦、褐色地双色双格纹锦、褐色地几何填花燕纹锦等。这些锦的色彩丰富，花纹繁复，已突破过去单纯几何纹图案的范围。在织法上，则多采用了三重经组织，其经纬密度达到每平方厘米 80 根×44 根至 120 根×56 根，比起过去的两重经组织，技术要求显然更高了③。1982 年，湖北江陵砖瓦厂一座战国中晚期的小型墓葬出土了更多更为完整的丝织品，其种类有绢、锦、罗、纱及组、绦等，并有不少刺绣。绢所占比例最大，多白色，也有红、紫、黑、黄、褐等颜色，其经纬最细密之处，竟达到每平方厘米 160 根×70 根。罗为浅棕色，是一件绣有龙凤虎的禅衣。锦的类型也较多，色彩及花纹皆颇丰富，其中一件棕色锦面夹袄的花纹极为繁复，共有七种八组舞人及龙凤、走兽等动物图形④。

---

① 秦都咸阳考古工作站：《秦都咸阳第一号宫殿建筑遗址调查》，《文物》，1976 年第 11 期。

② 《春秋穀梁传》襄公二十七年记，卫侯之弟专出奔于晋而"织绚邯郸"。据考证，"绚"是一种丝麻混合织品。

③ 熊传新：《长沙新发现的战国丝织物》，《文物》，1975 年第 2 期。

④ 荆州地区博物馆：《江陵马山砖瓦厂一号墓出土大批战国时期的丝织品和其他重要文物》，《文物》1982 年第 10 期；张绪球：《江陵马山砖瓦厂一号墓出土的战国丝织品》，《文物》，1982 年第 10 期。

战国龙凤虎纹绣罗（局部）

1982 年湖北江陵马山一号楚墓出土。花纹长 29.5 厘米，宽 21 厘米。针法为锁绣。绣地为灰白色素罗，经密每厘米 40 根，纬密 42 根。

战国麻纺织业也有较高成就，1952 年湖南长沙五里牌 406 号战国墓出土的白色麻织品残片，经鉴定，为苎麻织品，平纹组织，其经纬密度为：经纱每 10 厘米 280 根，纬纱每 10 厘米 240 根，比现在一般的棉布还要密实①。

发达的战国纺织业已影响到周边其他国家和地区。据国外考古资料报导，战国时期的丝织品甚至已流传到前苏联阿尔泰山西麓的乌拉干河流域地区②。这反映联结东西方的丝绸之路早在先秦时期即已开通，丝织业在开辟中西交通方面向来是起着排头兵的作用的。

战国时期陶器制造业的显著特色，是大量建筑用陶的生产。

首先是各种砖、瓦的生产。我国建筑用砖瓦的生产，据目前的考古资料，已可上溯到西周早期。在周原遗址、陕西扶风召陈村发掘的建筑群中，出土了不同种类的瓦，长安客省庄、河南洛阳王湾、北京琉璃河等地也出土过西周时期的瓦片。陶质的砖，则见于扶风云塘的一处灰坑，不过它可能只是用来贴在土墙外面以保护墙面的。尽管有这些发现，西周到春秋时期建筑用砖瓦的使用仍不是很普遍，只是到战国时期，随着城市的兴起，建筑用材需求的增加，砖瓦的使用才普及开来。

战国时期制瓦业十分发达，迄今考古发掘过的各国都城都发现过不少战国时期各个品种的瓦和瓦片。如洛阳东周王城遗址就曾发现过大批战国瓦，包括板瓦和筒瓦，还有瓦当和瓦钉③。其时瓦当

---

① 中国科学院考古研究所：《长沙发掘报告》，第 63—65 页，北京：科学出版社，1957 年。

② 李学勤：《东周与秦代文明》，第 303 页，北京：文物出版社，1984 年。

③ 中国科学院考古研究所：《洛阳中州路（西工段）》，北京：科学出版社，1959 年。

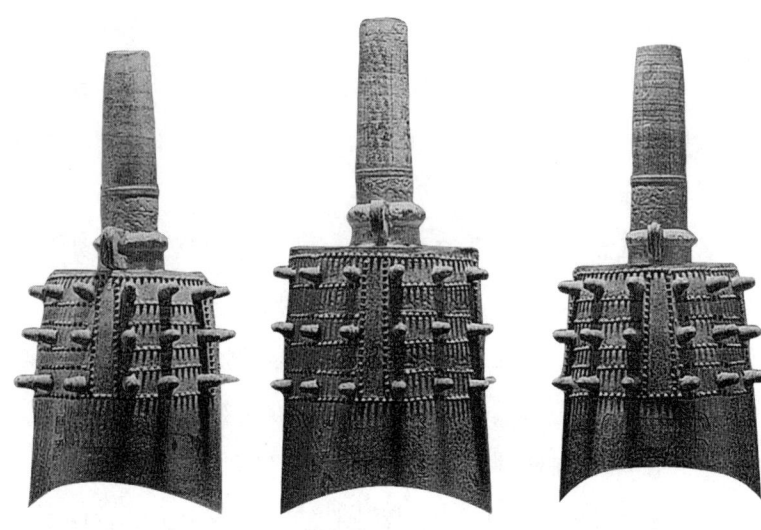

战国黄釉仿青铜编钟
高 28.8—31.4 厘米。

分为半瓦当及全瓦当两种，洛阳出土的瓦当均为半瓦当。又其时瓦当上多各式各样的纹饰，反映出各地的文化特色及时代风貌，洛阳出土的瓦当或为素面，或饰以饕餮纹和卷云纹。易县燕下都也发现有板瓦、筒瓦、瓦当和瓦钉，瓦当亦为半瓦当，饰有饕餮纹、云纹等[1]。咸阳秦都遗址发现有板瓦、筒瓦及瓦当，瓦当有圆瓦当和半瓦当两种，半瓦当多为素面，圆瓦当除有素面外，还有葵纹、卷云纹、动物纹等[2]。此外，在一些大型墓的墓上建筑遗存中也往往发现有瓦，如河南辉县固围村大墓（疑为魏王墓）的墓上建筑遗存中就有筒瓦、板瓦和瓦当等。

---

[1] 中国历史博物馆考古组：《燕下都城址调查报告》，《考古》，1962 年第 1 期；河北省文化局文物工作队：《河北易县燕下都勘察和试掘》，《考古学报》，1965 年第 1 期。
[2] 马建熙：《秦都咸阳瓦当》，《文物》，1976 年第 11 期。

战国砖的品种也不少，主要有小型的实心砖与大型的空心砖两种，它们都不用做砌墙之用，前者主要用作贴墙面，后者主要用来铺地和砌筑坟墓中的椁室。秦都咸阳出土的空心砖，长 1 米余，作长方形条石状，其内中空，每边砖壁厚 2—3 厘米，用以铺筑宫殿中回廊的踏步及台阶。空心砖能承受较大的压力，又能节省原料，减轻砖的重量，是战国时期陶工的一项重要发明创造①。

除砖、瓦外，陶制下水管道及陶井圈也是当时重要的建筑材料。陶制下水管道最早发现于河南淮阳平粮台龙山文化城址，水管用榫口套接。其后河南安阳白家坟殷墟遗址、陕西岐山凤雏西周遗址分别发现有商、周的陶制下水管道。战国时期大城市人口密集，排水问题的解决更为重要，上述各国的都城及其他一些城市多发现过由陶水管套接的下水管道。易县燕下都发现的陶下水管的排水口制成兽头形，大张的兽口下唇呈滴水瓦状，显示了陶工独具的匠心。陶制井圈用在井的内壁，层层叠放，又叫"井甓"，它大概到春秋后期才开始出现。战国时期南北各地都发现过不少陶井。易县燕下都出土的陶制井圈每节高 53—57 厘米，口径 65 厘米。北京西南的燕上都蓟城遗址发现战国到西汉的陶制井圈 216 座，其中战国时代 72 座②。可见这种建筑材料应用的广泛性。

战国漆器的制造亦发展到一个新的高度。一个明显的证据是漆器的产量大增。其原因主要是由于社会制度的变化，促使标志贵族身份的青铜礼器逐渐退出历史舞台，大量生活用器具为社会各阶层

---

① 秦都咸阳考古工作站：《秦都咸阳第一号宫殿建筑遗址简报》，《文物》，1976 年第 11 期。

② 北京市文物管理处写作组：《北京地区的古瓦井》，《文物》，1972 年第 2 期。

所需，华美而轻便的漆器自然更受到人们的青睐。考古发现战国漆器出土的地点遍及江、河、淮、汉乃至珠江流域，一些小国，如中山、周、鲁、曾国所在地区亦皆有漆器出土。楚地由于地下随葬器物保存较好，出土漆器尤多，往往一个较大型的墓葬出土漆器便有数十上百件。如湖北江陵天星观一号墓出土漆器即有近百件①。夹在楚地之中的湖北随县曾侯乙墓出土漆器更达 200 余件②。就种类来说，包括有家具、炊厨用具、饮食器、妆奁器、陈设器、仿铜礼器、乐器、兵器、交通工具、丧葬用器等类别，每一类中又有许多品种，可以说遍布了社会生活的各个领域。

战国漆器的工艺技术亦达到了一个新的水平。这主要是指在传统的厚木胎漆器外，出现了用薄木胎及用夹纻胎（即纻麻布胎）制造的漆器。这项工艺主要出现在战国中期以后，它的采用，使漆器逐渐脱离木器制造业而发展成一个独立的手工部门。有些薄木胎和夹纻胎的漆器显得格外轻巧，为使胎体更加牢固，往往用金属箍镶在器表上，人或称之为"扣器"。战国漆器大多施以各种形式的彩绘，一般是器里髹红漆，外面在黑色或褐色的漆底上绘以各种云气纹、几何纹、龙凤纹、人物纹等，色泽鲜艳，绘工精细，许多漆器如同一件件精美的艺术品。

---

① 湖北荆州地区博物馆：《江陵天星观 1 号楚墓》，《考古学报》，1982 年第 1 期。
② 湖北省博物馆：《曾侯乙墓》，北京：文物出版社，1991 年。

第六章　货币、城市与商业的繁荣

农业及手工业的发展，尤其是私人经济的崛起，促进了战国商业的繁荣。尽管其时商品经济的份额尚不足以突破整个社会以自然经济为主的架构，但战国商品经济的发展确实是空前的。商人的活跃尤其是富商大贾的出现、金属铸币的广泛流通以及高利贷的产生、作为商业都会的一大批城市的兴起，这一切，在很大程度上改变了古代社会的面貌，标志着战国社会进入了一个新的历史时期。

一　商业的繁荣及富商大贾的活动

战国时期的商业十分繁荣。《史记·货殖列传》称"天下熙熙，皆为利来；天下壤壤，皆为利往"，反映了社会各阶层与商业贸易活动密不可分的关系。不仅农民要在集市上出卖多余粮食以换取货币，然后用以纳税和买回所需生活用品，一般手工业者也需在市场上出卖自己的手工产品以实现其价值。由于从事工商业较从事农业可以获取更多的利益，社会上便有越来越多的人为追逐利润而专门从事各种贩卖和商业活动。《史记·苏秦列传》记"周人之俗,治产业,力工商,逐什二以为务",大约其时各地操"周人之俗"而致力于工商,尤其是商业活动者不在少数。如"邹、鲁滨洙、泗……地小人众,俭啬,畏罪远邪。及其衰,好贾趋利,甚于周人";又"陈在楚、夏之交,通鱼盐之货,其民多贾";"宛亦一都会也。俗杂好事,业多贾"(以上皆见于《史记·货殖列传》)。这些"趋利"的商贾,多数属小本经营,其中包括从事手工业兼营商业的个体工商业者,但也有不少与农业、手工业完全脱离关系的专门的商人。他们人数众多,以至于被列为社会上的"四民"(士、农、工、商)之一。《管子·小匡》谈到这些商民须按国家的政令统一居住在市井之中,"群萃而州处",要能够"观凶饥,审国变,察其四时而监其乡之货,以知其市之贾,负任担荷,服牛辂马,以周四方,料多少,计贵贱,以其所有,易其所无,买贱鬻贵"。《管子》一书实齐稷下学士所为,其所称国家对商人的管理是否得到执行可存而不论,其所描述的战国商人肩负的社会职能却是十分形象而生动的。这些商贾的活动促进了社会商品的流通和经济的繁荣,因而战国诸子中一部分人主张对关市"幾而不征",即只进行监察而不征税,以便利商业往来。荀子便是这种主张的积极倡导者,他认为此项政策能够起到"通流财物粟米,无有滞留,使相归移"而致"四海之内若一家"的作用。他曾具体描绘当时中原地区与所谓"四海"物资流通的情况:

> 北海则有走马、吠犬焉,然而中国得而畜使之。南海则有羽翮、齿革、曾青、丹干焉,然而中国得而财之。东海则有紫

绤、鱼盐焉，然而中国得而衣食之。西海则有皮革、文旄焉，然而中国得而用之。故泽人足乎木，山人足乎鱼，农夫不斫削、不陶冶而足械用，工贾不耕田而足菽粟。……故天之所覆，地之所载，莫不尽其美，致其用。（《荀子·王制》）

值得注意的是一批大商人即所谓"富商大贾"的兴起。他们拥有雄厚的资本，经营规模巨大，或囤积居奇，垄断一方市场；或"周流天下"，贩贱卖贵，从事远程贸易，给社会以很大影响。

这些大商人的社会地位或阶级出身各不相同。有出身官僚贵族者，如越王勾践的谋臣范蠡。其助越灭吴以后，即隐身而退，转而从事商业。《史记·货殖列传》描述其经商致富的过程：

（范蠡）乃乘扁舟浮于江湖，变名易姓，适齐为鸱夷子皮，之陶为朱公。朱公以为陶天下之中，诸侯四通，货物所交易也。乃治产积居，与时逐而不责于人。……十九年之中三致千金。

看来，自称陶朱公的范蠡是利用自己做官积攒的财富作为资本，选择在货物流通的中心城市，采取囤积居奇的手段而富至千金的。

战国前期任魏惠王宰相的白圭也是一位著名的商人。《货殖列传》说他"乐观时变，故人弃我取，人取我与。夫岁熟取谷，予之丝漆；茧出取帛絮，予之食……趋时若猛兽鸷鸟之发"，也是使用囤积居奇的手法。但他似乎更善于把握商业时机，如同时人所称的"夫良商不与人争买卖之贾，而谨司时。时贱而买，虽贵已贱矣；

时贵而卖，虽贱已贵矣"（《战国策·赵策三》）。这样经营的结果，使他获得巨大的成功，以至"天下言治生祖白圭"，称他是从事商业活动的鼻祖。

孔子学生子贡亦是一名官、商两栖的商人。《史记·仲尼弟子列传》称其小孔子 31 岁，是其处在春秋战国之交的年代。子贡在当孔子学生时便开始从事商业活动，孔子曾说他"不受命而货殖焉，亿则屡中"，即不安本分去经商，然对商业行情却每每评估得很准（《论语·先进》）。孔子去世后，子贡继续从事仕宦兼商贸活动，一方面"仕于卫"，一方面"废著鬻财于曹、鲁之间"，富至千金，财富与势力均炙手可热，据说达到"结驷连骑，束帛之币以聘享诸侯，所至，国君无不分庭与之抗礼"的地步（《史记·货殖列传》）。子贡的后裔继续从事他开创的事业，《列子·杨朱》记载"卫端木叔者，子贡之世也。藉其先赀，家累万金"，其生意 做得比子贡还大。

战国平民出生的大商人也不少，他们多属工商业兼营者，尤多兼营盐、铁业，以把持这类关系国计民生的物资生产及销售而致富，如上举邯郸郭纵、蜀卓氏之先、宛孔氏之先等人。

一些商人致富之后，不甘寂寞，仗恃财力，力求在政治上得到发展。战国后期著名的大商人吕不韦是其典型。据载，吕不韦是阳翟（今河南禹州市）大贾①，以"往来贩贱卖贵，家累千金"。经商至邯郸（今河北邯郸），发现在那里留作质子的秦公子为异人，觉得是"奇货可居"，于是采用金钱收买等手段，为之邀誉，使之回国被立为太子，不久又继承秦的王位，是为秦庄襄王，吕不韦自己

---

① 按《战国策·秦策五》称"濮阳人吕不韦贾于邯郸"，与《史记》记载相异。

则因此项政治投机成功而获取了秦相国的位置，被封为文信侯，执掌秦的大权（《史记·吕不韦列传》）。

富商大贾的活动给社会以巨大影响，相关内容将在《商品经济带给社会的重要变化》一节中一并叙述。

二　金属铸币及黄金的广泛流通

战国商业发展的一个重要标志，是金属铸币及作为货币使用的黄金的广泛流通。

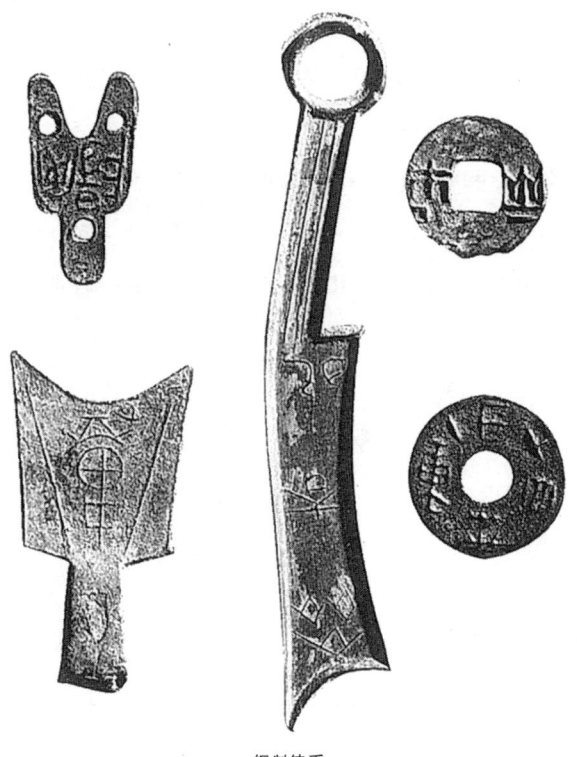

铜制铸币

我国货币制度肇始于夏、商，其时用作货币之物有贝、玉、龟甲等，它们都属于实物货币。西周时期的人们始以金属铜作为货币，但只是一种称量货币，即以用作货币的铜块的重量（孚）作为衡量其价值的单位。到春秋后期，出现了用铜铸造的具有固定形状及重量的货币。铸币携带方便，便于计量，更适合流通的需要，是适应商业发展而产生的。考古发现的东周及三晋地区的"空首布"，是目前所见我国最早的金属铸币。战国时期，商品经济大发展，各国都大量铸造货币，但因政令不统一，各国所铸造的铜币的形状、大小、轻重亦不相统一，大致说来，共有布币、刀币、圜钱及铜贝四种形制。

布币的形制源于青铜农具镈（即铲），"镈""布"二字音同通用。最早的布币即春秋时的"空首布"，其首部中空，如同铜铲首部纳柄的銎，形制颇大，与实用的较小一些的青铜铲相差无几。因其携带不够方便，后发展成所谓"平首布"。这类布币不再空首，体型及重量也较小，携带使用较为方便。其在战国时期主要流行于三晋，以其肩部、足部及跨部的不同形状，又可细分为若干种类。这些布币上多铸有铭文，一般为该布币铸造的城市，如魏的"安邑""梁""共""长垣"，赵的"甘丹（邯郸）""晋阳""离石"，韩的"平阳""屯留""卢氏"等，也有连带铸造上此类布币的重量的，如魏国的"安邑一釿""梁正币百尚（当）孚"，赵国的"兹釿""兹氏半"之类。

刀币显而易见脱胎于青铜的刀削，主要流行于齐、燕、赵三国。齐国的刀币形体较大，尖头，其铭文多为"齐法化（货）"，也有称"齐建邦造法化（货）"或"节（即）墨之法化（货）"

"安阳之法化（货）"的。即墨、安阳为齐境内之城邑，分别在今山东平度东南及曹县东。燕国与赵国所铸刀币形体较小，多为方头，或为直背，或为折背。燕刀上多铸以"明"字，俗称"明刀"，近学者或以为此字乃"匽（即燕）"字的简化。赵国的刀币仍多铸造上赵地城邑的名称，有"甘丹（邯郸）""闵（蔺）""白（柏）人"等。

圜钱早期作圆形圆穿状，或说其形取自纺轮，或说取自玉环。后期出现圆形方孔钱。流行区域主要在秦国及东周、西周等地，后来赵、魏、齐、燕等国皆有所铸造。秦国在公元前 336 年（秦惠文王二年）"初行钱"（《史记·秦始皇本纪》），盖即以此圜钱作为其通行的货币。今所见秦钱上铸有铭文"文信""长安"者，当为文信侯吕不韦及长安君成蛟所铸[1]；另有标明其重量的，主要为"半两"，俗称"秦半两"或"半两钱"。

铜贝，旧称"蚁鼻钱"，或"鬼脸钱"。仿小型贝壳铸造，为楚国通用货币，多发现于楚地。这种铜贝上面一般也铸有文字，有许多种，最多的一种释为"贝"字。

上述各色战国铜制铸币，历年各地多有出土，有些窖藏一次出土数量达上万枚，重达数十上百斤。如 1980 年河南宜阳出土一批空首布，共 1 789 枚，重达 61 千克[2]；1963 年山西阳高出土 13 000 余枚布币，排列整齐，系窖藏[3]；1960 年河北沧县出土一批战国

---

① 杨宽：《战国史》，第 137 页，上海：上海人民出版社，1998 年。
② 赵安杰、张怀银：《河南宜阳花庄村出土一批空首布》，《文物》，1986 年第 10 期。
③ 山西省文管会：《山西阳高天桥出土的战国货币》，《考古》，1965 年第 4 期。

"明刀"，除去残碎的，尚有 10 339 枚①；1972 年山东曲阜出土一批蚁鼻钱，计15 978枚，储于陶罐之中②。这样大量和频繁地出土战国铸币，表明其时各国对于货币的大量需求，亦是社会商品交换活动繁盛的体现。此外，在各地出土的货币中，往往同时发现有几个国家的货币，如上述山西阳高出土的一批布币，就既有赵国的铸币，也有魏国和韩国的铸币；1963 年山西原平出土的一批货币，包括刀币和布币两种，其上地名，既有属赵的，亦有属韩、属齐和属燕的③。这表明战国时期各国货币是可以互相流通的，它体现了各国间商业往来的状况。大概那时各种货币间应有一种相对固定的比值，这种比值或是按其轻重比例确定的。当然，各种币制的不统一总会给流通带来不方便。战国晚期，为适应各国经济联系越来越紧密的情况，一些地区已开始出现以某种货币统一的趋向。如在北方地区，使用圜钱的范围便越来越大，因为这种形状的钱币更便于携带与保存。秦始皇统一六国后，下令统一货币，以秦"半两"为划一的货币，就更是可以理解的事了。

战国时期各国除使用铜质铸币外，还普遍使用黄金作为货币。其中最典型的是楚国。其将黄金制作成金币，这种金币最通常的形式是扁平形状的金钣，上面钤有一个个排列紧密的小印。印文以"郢爯""陈爯"为多见，"郢""陈"皆楚都邑名，"爯"大约是货币的名称，旧释作"爰"是不对的④。使用时，按所需重量从金

① 天津市文管处：《河北沧县肖家楼出土的刀币》，《考古》，1973 年第 1 期。
② 孔繁根：《曲阜董大城村发现一批蚁鼻钱》，《文物》，1982 年第 3 期。
③ 山西省文管会：《山西原平县出土的战国货币》，《文物》，1965 年第 1 期。
④ 李学勤：《东周与秦代文明》，第 319 页，北京：文物出版社，1984 年。

钣上一部分一部分地切割下来。因此，此所谓金币，仍是一种称量货币。

考古发掘中未见其他各国的金币，但文献却屡有那时黄金被用作馈赠、赏赐的记载，或被当作财富的标志及价值尺度等。这种情况一般出现在战国时期①，如：

> 陈臻问（孟子）曰："前日于齐，王馈兼金一百而不受；于宋，馈七十镒而受；于薛，馈五十镒而受……"（《孟子·公孙丑下》）
>
> 赵王……乃封苏秦为武安君，饰车百乘，黄金千镒，白璧百双，锦绣千纯，以约诸侯。（《战国策·赵策二》）
>
> 诸吏卒民有谋杀伤其将长者，与谋反同罪；有能捕告，赐黄金二十斤。（《墨子·号令》）
>
> 卫嗣君之时，有胥靡逃之魏，因为襄王之后治病。卫嗣君闻之，使人请以五十金买之。（《韩非子·内储说上》）
>
> 郢之登徒……见孟尝君门人公孙戍曰："臣，郢之登徒也，直送象床。象床之直千金。"（《战国策·齐策三》）

以上记载表明，战国时期黄金往往以斤、镒为计量单位。镒，一般认为当20两，或说重24两。这种计量单位比较大，因为上面记述的皆非普通民间的交易。《云梦秦简》所见秦国的《效律》记

---

① 按《国语·晋语二》记有晋公子夷吾赂秦使者以"黄金四十镒"之事，或据此认为春秋较早时期已有使用黄金事，但《国语》一书成书较晚（晚于《左传》），材料来源复杂，考虑到《左传》中尚无使用黄金的记载，此节记叙难保不是后人虚拟之辞。

载，有关官吏机构掌握的衡量黄金的衡器如果误差在半铢以上，就要被罚出一件盾①。其时一铢只相当于 1/24 两，可见黄金作为贵金属，其使用时是锱铢必较的。

三　城市的发展

伴随着工商业的发展，战国时期的城市也空前地繁荣起来了。值得注意的是，这个时期的城市已不仅仅是各国的政治中心，不只是因为要设立政治、军事的据点而建立和发展起来的，而主要是作为经济中心，适应社会商品经济的发展而得以发展和兴旺起来的。作为政治中心的各国都城多数仍具相当规模，但其经济功能同时得到显著的加强。此外，还兴起了一批以工商业繁盛著称的人口众多的商业城市。西汉桓宽所作《盐铁论·通有》称，其时的商业都会，如"燕之涿、蓟，赵之邯郸，魏之温、轵，韩之荥阳，齐之临淄，楚之宛陈，郑之阳翟，三川之二周，富冠海内，皆为天下名都"。桓宽所说是西汉时期的情形，但亦可视作战国时期的情景。这些所谓"天下名都"，有的是过去列国的国都，如燕之蓟（今北京市西南）、赵之邯郸（今河北邯郸）、齐之临淄（今山东临淄）、二周（今河南洛阳）等，但非政治中心的都邑亦不在少数，如所举涿（今河北涿州）、温（今河南温县）、轵（今河南济源西）、荥阳（今河南荥阳）、宛（宛丘，今河南南阳）、阳翟（今河南禹州市）等。它们之所以成为"天下名都"，纯粹是因其"居五诸之冲，跨

---

① 《睡虎地秦墓竹简》，第 114 页，北京：文物出版社，1978 年。

街衢之路"的商业优势。像这样著名的商业都会，战国时期还有宋的陶邑（今山东定陶西北），魏的大梁（今河南开封）、安邑（今山西夏县西北），韩的郑（今河南新郑）、宜阳（今河南宜阳西南），秦的咸阳（今陕西咸阳）、雍（今陕西凤翔），楚的郢都（今湖北江陵）、寿春（今安徽寿县），卫的濮阳（今河南濮阳）等。其中最有名的是陶邑，号称"天下之中"，向东可以通向齐、鲁，西连韩、魏，北上通过卫国可联系到赵国乃至燕国，南方则可与楚、越相交通，名副其实是一个"诸侯四通，货物所交易"的商业中心，故而范蠡能在此"治产积居"而"三致千金"（《史记·货殖列传》）。与它相距不远的卫都濮阳也是一个工商业发达的城市，《战国策·秦策》记大商人吕不韦就是濮阳人。战国时期的人们常以陶、卫并称，如《战国策·齐策六》记："请裂地定封，富比陶、卫"，"卫"当即指濮阳。

以上战国时的城市都具有相当众多的人口而显得十分繁庶。特别是几个主要国家的都城，更是热闹非凡。如齐都临淄，据《战国策·齐策一》引苏秦的话说，共有 7 万户人家，每家有 3 个当兵的丁男，合计之便有 21 万丁男，那里"车毂击，人肩摩，连衽成帷，举袂成幕，挥汗成雨；家敦而富，志高而扬"。楚郢都的人口没有记载，但据宋玉《对楚王问》："客有歌于郢中者，其始曰'下里巴人'，国中属而和者数千人"（梁萧统《文选》卷四十五），仅郢城中的和歌者即有数千，则其全城居民数之众可想而知。至其繁华程度，亦有桓谭《新论》的记述可资参考："楚之郢都，车毂击，民肩摩，市路相排突，号为朝衣鲜而暮衣蔽。"（《新论·谴非》）因为城市拥挤，早晨穿出去的新衣服，到晚上就被挤破了，说明其繁庶的程度不亚于齐都临淄。此外，作为周都的洛阳的人口亦有 10 万户①。非仅国都，其他商业城市亦同样人数众多。如韩国的宜阳城，便有"城方八里，材士十万，粟支数年"的规模（《战国策·东周策》）。

人口的增加与城市规模的扩大是成正比的。据说古时"城虽大，无过三百丈者；人虽众，无过三千家者"，而战国时则是"千丈之城，万家之邑相望也"（《战国策·赵策三》）。此可以从考古发掘的东周列国都城为例。如上举临淄故城，考古发现其建筑在淄河西岸，分为大、小二城，大城南北约 4 500 米，东西约 4 000 米；小城为其王宫所在地，建在大城的东南角上，南北约 2 200 米，东西约 1 400 米②。此规模已远远大过"三百丈"了。赵都邯郸亦由大、小二城组成，大城俗称大北城，呈不规则的长方形，南北约 4 800 米，东西约 3 200 米；小城俗称赵王城，位于大城西南，由 3 座更小的城组成，略呈品字形结构，总面积约 505 万平方米③。燕国的国都之一武阳（即燕下都，在今河北易县东南）由紧密相连的东西两城组成，全长东西约 8 000 米，南北约 4 000 米④。其他一些大国都城的规模大致相仿，不烦一一赘举。

适应城市工商业发展的需要，城市的布局也起了很大的变化，除居民住宅和手工业作坊外，还有"市肆"即货物交易场所的设

---

① 《史记·吕不韦列传》："庄襄王元年，以吕不韦为丞相，封为文信侯，食河南雒阳十万户。"

② 群力：《临淄齐故城勘探纪要》，《文物》，1972 年第 5 期。

③ 河北省文物管理处、邯郸市文物保管所：《赵都邯郸故城调查报告》，载《考古学集刊》第四辑，北京：中国社会科学出版社，1984 年。

④ 河北省文化局文物工作队：《河北易县燕下都故城勘察和试掘》，《考古学报》，1965 年第1 期。

置。那时不少城市都划出一定地段，专门设立为"市"，"市"中按商肆性质划分作若干列，故文献多有"列肆"之称。"市"中有道路交错，将诸肆划作井字形，故而又有"市井"的称谓，如《管子·小匡》称"处商必就市井"。山东临沂银雀山出土竹书中有《市法》一节，专谈城市中"市肆"的设立。它谈到"市必居邑之中，令诸侯、外邑来者毋（远）"；又言"国市之法；外营方四百步，内宫再（称）之，为凿四达之（衢）"，400步约合今552米，可见城市中商贸场所规模之大。它还谈到"为肆"即对市中商肆的划分，要按商品的贵贱给予各种商肆不同的占地面积，谈到"市啬夫"对整个市场的管理，等等。

1986年，考古工作者在陕西秦雍城遗址发现了战国时期该城的"市"的遗迹。这片商市位于城西的东北部，平面呈长方形，南北长约160米，东西宽约180米，总面积约3万平方米。其四周有夯土围墙，每面墙的中央各有市门一座。市的西边发现有南北向的四条大街，和东西向的大街交错成井字形[①]。雍城的"市"的规模没有银雀山竹书《市法》所说的大，这或许是因为《市法》所言乃是针对齐国都城的设计，而齐国的工商业本来就较秦国更为发达。

四 社会经济领域因商业发展出现的重要变化

战国商品货币关系的迅猛发展，导致社会经济领域出现了一系

---

① 《秦古雍城发现市场和街道遗址》，《人民日报》，1986年5月21日第三版。

列的重要变化。

首先是高利贷的盛行。高利贷的产生可以追溯到很早的古代，但是它的发展却是和货币经济的活跃联系在一起的。马克思说："高利贷资本的发展，和商人资本的发展，并且特别和货币经营资本的发展，是联系在一起的[①]。"由于货币的广泛流通，战国时期的商人积聚了大量的货币资本，以致"富至千金""家累万金"。一些贵族官僚手中也掌握着大量的货币财富。由于货币给借贷提供了更加方便的条件，他们可以很方便地持之以进行高利贷活动。

战国高利贷贷放的对象主要是小农和城市小生产者。小农和小生产者由于经济力量薄弱，当遭遇天灾人祸，或某种不时之需的时候，往往被迫向高利贷者借贷。《管子·治国》说："凡农者，月不足而岁有余者也，而上征暴急无时，则民倍贷以给上之征矣。耕耨者有时，而泽不必足，则民倍贷以取庸矣。秋籴以五，春粜以束，是又倍贷也。……关市之租，府库之征，粟什一，厮舆之事，此四时亦当一倍贷矣。"以上提到农民不得不举借高利贷的四种情形：一是官府徭役不以时；二是雨水不足而致灾害；三是商人操纵谷价，农民春天须以高价籴谷度过饥荒；四是农民身负各种赋税之繁重。这里还提到当时高利贷者的利息之重，所谓"倍贷"即借一还二，同于《汉书·食货志上》所说的"倍称之息"。这样苛刻的高利贷往往逼使农民沦于破产的境地，如《孟子·滕文公上》所言："为民父母，使民盼盼然，将终岁勤动，不得以养其父母，又称贷而益之，使老稚转乎沟壑。"

---

① 马克思：《资本论》第三卷，第 671 页，北京：人民出版社，1975 年。

文献记载了当时一些高利贷者的活动，如记范蠡"后年衰老而听子孙，子孙修业而息之，遂至巨万"（《史记·货殖列传》），范蠡子孙在他积攒的"千金"资本的基础上，通过贷款生息，竟富至"巨万"。另一位贵族兼高利贷者齐国的孟尝君在其封地薛邑（今山东滕州市南）大放高利贷，一次就收取"息钱十万"（《史记·孟尝君列传》）。

高利贷的横行往往导致小生产者走向破产。《史记·孟尝君列传》谈到农民身上所负的"息愈多，急，即以逃亡自捐之"。上引《孟子·滕文公上》亦谈到高利贷致使农民家庭转乎于沟壑。由于许多高利贷直接出自富商大贾，封建国家为了保护自己的经济基础，往往采取一些抑制甚至打击商人的政策。当然，重农抑商政策的施行还有着更为复杂的社会背景，但高利贷的横行恐怕是官府采取此类措施的一个最直接的动因。

商品经济的发展及高利贷的盛行，还促使雇佣劳动的产生及奴隶制的发展。小生产者在破产逃亡以后，唯一的出路就是出卖自己的劳动力。这种劳动力的零星出卖就是雇佣劳动制，一次性全部出卖就是奴隶制①。在战国商品交换普遍盛行的社会条件下，无论是作为零星劳动力买卖的雇佣劳动制，还是作为一次性劳动力出卖的奴隶制，都很容易滋生并发展起来。文献记载战国时期的雇佣劳动制已不是个别现象。《韩非子·外储说右下》假托齐桓公时期一位"年老而自养者"的口吻说"臣有子三人，家贫，无以妻之，佣未及反（返）"，是其时家贫无以为业者，往往外出雇佣于人。战国

---

① 傅筑夫：《中国封建社会经济史》，第 343 页，北京：人民出版社，1981 年。

时期有被雇佣于农作者，如《韩非子·外储说左上》："夫卖庸而播耕者，主人费家而美食，调布而求易钱者，非爱庸客也，曰：如是，耕者且深，耨者熟耘也。庸客致力而疾耘耕者，尽巧而正畦陌畦畤者，非爱主人也，曰：如是，羹且美，钱布且易云也。"也有被雇佣于修缮房屋者。《商君书·垦令》称："无得取庸，则大夫家长不建缮……而庸民无所于食，是必农。"政府为使受雇佣的农民复归于农，下令不准雇工，致使"大夫家长"不能雇人修缮房屋，此反衬平时雇工被投入修缮之类作业乃是较为普遍之事。此外，社会上还有"买庸而决窦"（《韩非子·五蠹》），即用于开挖沟洫的雇工，有为人家"溉园"的"庸夫"（《战国策·齐策六》）等等。那时集市上往往聚集有不少的佣工等待人们雇用，文献中屡屡提到所谓"市庸"，即此。《荀子·议兵》："齐人隆技击，其技也，得一首者，则赐赎锱金……是其去赁市佣而战之几矣"，言齐国的"技击"（武士名）如同在市场上雇来的佣作之人。这样看来，战国时期的雇佣关系不可谓不发达。

战国的奴隶制关系也在商品经济的作用下比过去有了更大的发展。以前的奴隶多数来自战争中的俘虏，战国时期的奴隶则大部分来自于买卖。战国文献中记载人口买卖的事例比比皆是，如：

> 相怜以衣食，相惠以佚乐，天饥岁荒，嫁妻卖子者必是家也。（《韩非子·六反》）
>
> 象床之直千金，伤此若发漂，卖妻子不足偿之。（《战国策·齐策三》）
>
> 隶臣将城旦，亡之，完为城旦，收其外妻、子。子小未可

别，令从母为收。可（何）谓"从母为收"？人固买（卖），子小
不可别，弗买（卖）子母谓殹（也）。（《云梦秦简·法律答问》）

这些普通平民家的妻、子被贩卖以后必然都成为奴隶。一些文
献更直接谈到当时仆妾的买卖，如：

陈轸曰："……卖仆妾售乎闾巷者，良仆妾也。"（《战国
策·秦策一》）

成书于战国时期的《周礼》亦反映其时奴隶买卖之普遍，其
《地官·质人》称："（质人）掌成市之货贿、人民、牛马、兵器、
珍异。"郑玄注："人民，奴婢也。"此可见战国奴隶已公开在市场
上出卖。与《周礼》的记载相类似，考古发掘的云梦睡虎地秦简
《日书》中有许多将"人民"与"马牛""畜生（牲）""禾粟""货"
等相提并论作为买卖物品的文字记载。如称：

可以入人民、马牛、禾粟。（简 752）
入人民、畜生（牲）。（简 779—780）
出入人民、畜生（牲）。（简 952）
利居室、入货、人民、畜生（牲）。（简 955）

所谓《日书》是讲"建除"，即选择日期办理某事以趋吉避凶
的数术。简文中的"出入"主要是指买卖，"出入人民"即指买卖
奴隶。《日书》中有这么多买卖奴隶的文句，充分表现奴隶交易在

当时是极为普通常见的行为①。

以上奴隶买卖之事皆与战国商品货币关系的发展有着直接的关系。奴隶买卖的盛行，也决定了战国奴隶的使用，包括奴隶的数量远远超过从前。如《史记·吕不韦列传》所称的吕不韦"家僮万人"，"嫪毐家僮数千人"这类现象，是过去没有过的。

不过，战国奴隶制较前代发达的更显著体现，却是劳动奴隶制的出现。按照奴隶制的发展规律，各地较早时期采用的奴隶制多属所谓"家庭奴隶制"，即"家长制的以生产直接生活资料为目的的奴隶制度"②，而后才出现所谓以生产剩余价值为目的的"劳动奴隶制"。战国时期的奴隶制多属前者，但是也有了以生产剩余价值为目的的"劳动奴隶制"，这也无疑是与战国商业尤其是私营工商业的长足发展有密切关系的。《史记·货殖列传》载，大商人白圭在经营活动中"与用事僮仆同苦乐"，这些"用事僮仆"就是用于获取剩余价值的奴隶。《史记·货殖列传》还记载，"齐俗贱奴虏，而刁间独爱贵之……使之逐渔盐商贾之利"，刁间使用奴隶"逐渔盐商贾之利"的行为也属"劳动奴隶制"。刁间是西汉初年人，与之相去不远的战国时期存在类似做法是无疑义的。

战国商品货币关系的发展对土地制度也产生了一定影响。《韩非子·外储说左上》谈到战国之初已有了中牟之人出卖"宅圃"的现象。之后，在一些国家或地区，土地买卖的现象有可能得到发展，前述湖北荆州地区发现的《包山楚简》中就记有当地一位楚国居民将自己的"食田"出卖给他人的事件，"食田"可能属于授田。

---

① 李学勤：《简帛佚籍与学术史》，第138页，南昌：江西教育出版社，2001年。
② 《马克思恩格斯全集》第25卷，第321页，北京：人民出版社，1979年。

不过，由于国家对土地的控制十分严格，战国时期以国家授田制为主的土地制度总的说来受商品经济的冲击还是较小的，到汉代以后，才出现土地大量被买卖和被兼并的情形。

总之，战国社会的经济基础在发生着巨大的变化，这一点是无可否认的。

第七章　社会结构的变迁

战国时期经济基础的变革，同时影响到社会结构的变迁。这种变迁主要表现在以下两个方面：一是人们的社会组织的性质普遍发生了变化，由原来按血缘亲属关系组成的人群结构进化为按地区划分的组织，即地域组织；其次是人们从事经济生活的关系即阶级关系也有了很大变化，出现了新的格局。

一　宗族组织的解体及姓氏制度的变化

社会组织的变化首先体现在旧的按血缘亲属关系组成的宗族组织的解体上。

清朝初年的顾炎武曾论及春秋与战国两个时代不同的社会风俗，其中最主要的一点是"春秋时犹论宗姓氏族，而七国则无一言及之矣"（《日知录》第十三卷"周末风俗"条）。所谓"春秋时犹论宗姓氏族"，表明其时社会上宗族结构犹然是人们主要的社会联系；"而七国则无一言及之矣"，则表明战国时期宗族结构已然解体。

　　顾氏所称的"宗姓"，是一种古老的族姓，它当是若干具有血缘亲属关系的宗族亦即氏族的共同标识。春秋时期及其以前，人们很重视自己的族姓。论姓的目的，一是为了团结同姓，所谓"同姓则同心，同心则同德"；二是为了"别婚姻"，防止将同一血缘关系的女子娶进家门。同时人们也很重视自己的氏族出身，因为不同的氏族有贵贱亲疏之别。无论是论宗姓还是论氏族，都是以社会上广泛存在氏族组织为前提的。但是自春秋末期以来，各个宗族组织纷纷趋于解体。表现在上层社会，一是不少氏族贵族在激烈的国内兼并斗争中遭遇失败，"坠命亡氏"，其氏族不复存在；再则，少数在兼并斗争中站稳脚跟并获得壮大发展的世家大族为适应新的形势，亦不再在家庭内部采取旧的分封制，这就杜绝了新的氏族的产生。到战国时期，过去曾在各国社会生活中十分活跃的世家大族，竟至消逝得无影无踪，这不能不说是宗族结构退出历史舞台的一个表征。

　　宗族结构的解体不仅见于社会上层，更主要的是表现在民间，表现在众多家长制家族的解体上。春秋以前，社会上存在的血缘组织除了宗族（氏族）之外，便是这些家长制大家族。这些家长制大家族作为宗族下面的一个层级的血缘组织，与现代家庭（核心家庭）相比较，规模依然不小，依旧体现了社会以血缘为纽带的组织原则。但是，随着生产力的提高和个体劳动的普遍，这种实行"异居同财"并仍然采用某种"公作"性质劳动的大家族很快面临被瓦解的危机，到战国时期便基本为以个体劳动为基础的小家庭所取代。文献言及战国时的家庭，或称"五口之家"，或称"八口之家"，或笼统称"数口之家"，要之，皆属一般人所称之核心家庭或个体家庭。如前面的内容所述，这种小型的个体家庭不仅仅是作为一个生育单位，还作为一个财产单位或经济单位构成社会的经济基础，是社会的基本细胞，且专制主义国家按地区行政区划将它们编进各个乡、里组织。随着社会人员的流动，一个里邑中的家庭，已再不像过去那样并皆具有血缘亲属关系。《庄子·则阳》就说："丘里者，合十姓百名而以为风俗也。"而原本具有血缘亲属关系的家庭，却因相互间不再具有共同的经济利益，往往变得关系疏远，亲戚之情日渐淡薄。《汉书·贾谊传》说秦人风俗："借父耰锄，虑有德色；母取箕帚，立而谇语"，可见父子之间对各自财产，哪怕像锄头、箕帚这样的工具杂物，也是区分得很清楚的。至于兄弟、亲戚之间，则有如《吕氏春秋·高义》所谓，往往出现"以小利之故，弟兄相狱，亲戚相忍"之事。《墨子·耕柱》篇引鲁儒者巫马子之语，言其"爱我乡人于鲁人，爱我家人于乡人，爱我亲于我家人，爱我身于吾亲"，此实代表了彼时多数人们对待个人家庭及其亲属间关系的态度。

在这样的社会背景下，人们自然不会再像过去那样去论什么宗姓氏族。首先，七国的统治者就不再讲究各自的姓氏，称自己是姬姓国、子姓国、姜姓国等，或者严格区分其他国家是自己的"同姓"还是"异姓"，更没有了基于这种"同姓"或"异姓"间相互关系的聘问或赴告之类的礼仪行为；而其时士人求取官职亦无须限定在自己的宗国，而往往游历四方，选择适合自己的君主而事之。此即顾氏所谓的"邦无定交，士无定主"。那时人们在介绍某个人时，并不去注重他的氏族出身，而径称其人的乡里籍贯，如"洛阳乘轩里苏秦"之类。此亦决定了过去社会上用作标示父系出身的姓氏，逐渐演变为一种虚化的血缘标识符号，不再含有显示个人氏族出身和身份贵贱的意义了。

这里顺便叙述一下我国早期姓氏制度及演变情形。我国姓氏制度起源甚早，文献记载黄帝、颛顼、祝融等传说时代的著名人物就已有了不同的姓、氏。实际上，姓与氏都是古代血缘群团的标识，姓来源于更古老一些的氏族集团的称呼，氏则是这些古老氏族部落发生分化后新产生的氏族或宗族的名称。因此，一个姓族下面往往涵盖了许多个氏族（或宗族）。姓的数目有限，就目前文献所见，先秦古姓大约仅 30 个左右，如姬、姜、姒、妘、嬴、姞、妫、任、僖、己之类，而氏则有许许多多。命氏的原则，可以国为氏，或以官为氏，以邑为氏，以职为氏，但更多的似乎是以"王父字"即祖父的字作为氏名。西周、春秋时期，姓、氏二者区分得很清楚："姓所以别婚姻，氏所以别贵贱"。究其所以然，就是因为一个姓族下面包含有众多的氏族（或宗族），各氏族（或宗族）在宗法等级制下的地位相差甚巨，故须以具体的氏名来标示各个氏族（或宗族）的贵贱，而姓就只能起到防止这些具有共同血缘关系的氏族（或宗族）之间互通婚姻的作用了。也就是在这种背景下，才有了社会上"男子称氏，女子称姓"的习俗——男子称氏以表示自己宗族的社会地位，女子称姓以表示自己所属的婚姻集团。

但是，随着宗族结构的解体，社会不再讲求人们的血缘出身，"皮之不存，毛将焉附"，建立在氏族血缘关系基础之上的姓氏制度自然也发生了质的变化。从战国时期开始，姓和氏都不再作为各种血缘组织的标识存在，姓的别婚姻作用日渐消失，氏则更无区别人们贵贱的功能，姓和氏都成了反映个人父系小家庭出身的标识符号。在这种情况下，姓、氏二者也不再有所区别。人们笼统地称某人姓某氏，姓的范围已包括了过去的氏名。如《战国策·赵策一》记知伯谋臣知过为避祸"更其姓为辅氏"。其后司马迁在《史记》中称秦始皇"姓赵氏"，称汉高祖刘邦"姓刘氏"，皆表明姓、氏二者已混而为一。

二　编户与户籍制度的实行

战国时期社会结构发生变化的更重要的依据，是编户制的实行。所谓编户，就是将人口编制于户籍之中，这是国家对自己的国民按地区进行划分的一种具体做法，是适应社会氏族组织解体后而采取的对于民众的新的管理制度。

按照我国古代社会结构演变与发展的逻辑进程，这种编户制或曰户籍制在我国的施行，应发生在春秋战国之际。《国语·周语上》有周宣王"料民于太原"的说法，论者或解释"料民"为户口登记，认为周代就已有了户籍制度。此实不可取。《国语》一书，许多篇章乃是属于后代人说前代事的性质。"料民"之说，不见于西周其他典籍。其时氏族组织尚未解体，人们生活在宗族或家长制大家族中，以个体家庭为对象的户口登记尚无从谈起。这种性质的户口登记，实应起于春秋后期，此即《左传》诸书记载的当时一些国家出现的"书社"制度。《左传》哀公十五年记子贡对陈成子之语："昔晋人伐卫，齐为卫故，伐晋冠氏，丧车五百，因与卫地，自济以西，禚、媚、杏以南，书社五百。"杜预注："二十五家为一社，籍书而致之。"据此，"书社"即一社之户口皆书于版籍之谓。"书社"一词广见于战国时期各种文献，如《管子·小称》《晏子春秋·内篇杂下》《荀子·仲尼》《商君书·赏刑》《吕氏春秋·慎大》等篇，说明此项户口登记的做法已为多个国家采取，殆已成为固定制度。大约那时一个"社"涵盖的户口有一个定数，二十五家为一社应是常见的编制。其实，"社"原本指土地神，从很早的古代起，人们便在自己的邑落中立有土地的神主，故邑皆有社，社亦成了邑落的代名词。从其他文献可知，那时一个小的里邑（或里闾）也有25家人口，如《周礼·地官·遂人》："五家为邻，五邻为里"；《周礼·大司徒》亦云："令五家为比……五比为闾"，故一社二十五家的编制不难理解。

进入战国以后，户口编制更趋细密，一些国家采取"什伍"的户口编制，对民众的控制更加严格。《管子·度地》记："常以秋岁末之时阅其民，案家人比地，定什伍口数，别男女大小。"秦国在继秦献公实行"为户籍相伍"（《史记·秦始皇本纪》）的基础上，商鞅变法复"令民为什伍，而相牧司连坐"（《史记·商君列传》）。所谓什伍制就是将居民按五家编为一伍，十家编为一什，并使之相互监督和相互告发，一家有罪，其余家庭连坐。这样国家就通过各级行政机构，层层控制到每一家民户头上。

战国时期，各国对户籍的管理都十分严格，所有居民都逃不过户籍的管理。《商君书·境内》就说，秦"四境之内，丈夫女子皆有名于上，生者着，死者削"，这里的"名"指名籍，也就是户籍。户籍的内容包括每个人的姓名、年龄、性别、身体状况及所从事的职业。每位地方官要对自己辖区内的户籍情况随时进行调查和统计，"三月一复，六月一计，十二月一着"（《管子·立政》），以摸清辖区内"壮男壮女之数，老弱之数，官士之数，以言说取食者之数，利民之数"（《商君书·去彊》），并且要将这些情况随时上报，如有差错，将受到严厉处罚。如《云梦秦简·秦律杂抄》所收辑的秦国的《傅律》就规定，有隐匿成童，及申报废疾不实的，里典及伍老应受到"赎耐"（秦刑罚名，即以赎金代替去除鬓须的处罚）的惩罚；百姓不应免老，或已免老而不加以申报，敢于弄虚作假的，罚二甲；里典、伍老不加以告发的，各罚一甲；同伍之人，每家罚一盾，并皆加以流放①。秦律还谈到，民户有迁居者，必须向地方官吏报告，请求重新登记户口，谓之"更籍"，如官吏拒绝，也要受到处罚②。

对民众的户籍严加管理的目的，很大程度是为了给国家征派租赋徭役提供保障，因为这些征派都必须依据户籍。特别是对于成年男子年龄、身体状况的登记，更明显是为了使这些已达到"傅籍"（即附籍，指成人）年龄之人尽数承担起为国家提供兵（徭）役和缴纳户赋的责任。

由于户籍制度的实行，每一个家庭都成了国家的编户，每个居民也都成了编户之民。文献又或称此编户之民为"编户齐民"（《汉书·食货志》）。"齐民"在字面上是说专制君主下万民的身份地位一律平等，实际上，他们主要还是指下层的普通农民。《管子·君臣》以"齐民"与"君子"对言，称"君子食于道，则义审而礼明"，"齐民食于力，则作本，作本者众，农以听命"，是"齐民"为受"君子"统治的务本的农民。

---

① 见《睡虎地秦墓竹简》第143—144页。
② 见《睡虎地秦墓竹简》第213—214页。

编户制的实质，是使广大编户民的人身依附于封建专制主义国家。专制主义国家既通过授田制将农民固定在小块土地上，并对之进行役使和剥削，复通过编户制牢牢地控制住广大小农的人身，使其不得流徙和逃亡，从而实现对他们的超经济剥削。如上所述，战国时期各国都设立有与编户制配套施行的法律制度，如魏的《户律》、秦的《傅律》等，它们都显示了编户制所具有的强制性质。然而尽管如此，从社会发展史的角度看，我们仍应承认编户制在当时历史条件下对于组织社会人群所起过的重要作用，在宗族社会及因宗法制度形成的社会各阶层人们的身份印记消失后，这种国家与众民结成的特殊关系是历史的唯一选择。

三　阶级结构的新格局

在以血缘关系为基础的社会结构瓦解以后，人们之间的阶级关系可以说是更清晰了，这标志着社会进入了一个新的历史时期，战国是这个新时期的开端。

在战国社会里，作为统治阶级的是以各国专制君主为首的封建地主阶级，它包括各国王室、封君、官僚、高爵拥有者及部分享有国家赐田者。被统治阶级主要是广大自耕小农及普通工商，它们被统称为庶民。奴隶作为贱民当然也属于被统治阶级。此外，还有作为社会中间阶层的士、门客等，他们在统治者与被统治者之间游动。

各国君主是本国土地的最高所有者。由于实行土地国有制，他有权对土地作出任何处置：可以颁布法律确定将哪些人排除在授田范围之外①；可以将国有土地任意颁赏给臣下、近亲乃至自己宠爱的幸臣，如赵烈侯出于"好音"，便欲赐给自己宠爱的歌者枪、石二人田，"人万亩"（《史记·赵世家》）。同样，君主也可以以封建国家的名义向百姓征收田租、户赋及山泽、关市之税，亦得以向人民摊派各种繁重的徭役。君主在将一部分赋役用于公共开支及维持国家机器的运转之外，将其余部分用于个人及其家族的挥霍，包括为自己修建豪华而巨大的宫殿、陵墓。其时国家财政尚未有对于王室费用及政府开支两者间比例的规定或限制，国库在某种意义上等同于王家私人的库藏，以此，国君及其家族过着十分奢华的生活。《墨子·辞过》称："当今之主……必厚作敛于百姓，暴夺民衣食之财，以为宫室、台榭曲直之望，青黄刻镂之饰……以为锦绣文采靡曼之衣……以为美食刍豢，蒸炙鱼鳖……以饰舟车，饰车以文采，饰舟以刻镂。"今考古发现战国诸侯规模巨大的宫殿遗址、陵墓，如河北邯郸赵王城宫殿遗址、赵王陵、河北平山中山王陵、湖北随州曾侯乙墓，以及这些陵墓出土的众多精美的随葬品，皆可与《墨子》之言相互印证。

封君为拥有封邑或封地的国王近亲、宠臣和有功之臣。他们一般都具有封号，或称某某之君，如著名的战国四公子：齐孟尝君（田文）、赵平原君（赵胜）、魏信陵君（魏无忌）、楚春申君（黄歇）；或称某某侯，多见于秦国，如秦之应侯（范雎）、文信侯（吕不韦）、长信侯（嫪毐）等。其封号名称多数与封地地名相一致，

---

① 《云梦秦简·为吏之道》所附《魏户律》称："廿五年闰再十二月丙午朔辛亥，□（王）告相邦……自今以来，叚（假）门逆吕（旅），赘婿后父，勿令为户，勿鼠（予）田宇。"

如秦之商君（商鞅）封于商（今陕西丹凤），齐安平君（田单）封于安平（今山东淄博东北），魏信陵君封于信陵（今河南宁陵东北），秦应侯封于应（今河南鲁山）等等；亦有不相一致者，其封号多据受封者所谓"功德"而起，如上述春申君、文信侯、长信侯便是。封君的封地多寡不等，多者可占到十余个乃至数十个县邑。如吕不韦任秦相后，被封为文信侯，"食河南洛阳十万户"（《史记·吕不韦列传》），后又"食蓝田十二县"（《战国策·秦策五》）；少者仅千余户食邑。所谓食邑，指占有封邑内居民应交给国家的租税。其时封君已不像过去那样拥有对封邑内居民的行政权和司法权，更没有征发邑兵的权力，并且在多数情况下不得世袭①。然尽管如此，封君仍不失为一个权力与地位仅次于国君的重要社会阶层。依靠对封邑内众多百姓的租赋剥削以及其他一些方面（如经商、放高利贷）的收入，封君仍过着锦衣玉食的生活。如平原君，当秦围邯郸，赵甚危急之时，仍"后宫以百数，婢妾被绮縠，余粱肉……器物钟磬自若"（《史记·平原君虞卿列传》）。战国中后期，一些封君动辄收养门客数百上千人，如果没有雄厚的财势，那是不可想象的。

将相等高官受封为封君，未得受封之普通官僚的收入便主要仰赖于国家颁发给他们的俸禄。其时百官俸禄也是来源于国家统一征收的百姓的租税，因而普通官僚与封君的经济来源实际并无二致。各国官吏的俸禄一般都用谷物来支付，其中齐魏等国以"钟"为计

---

① 《战国策·赵策四》及新出《战国纵横家书》记赵左师触龙说赵太后曰："今三世以前，至于赵之为赵，赵主之子孙侯者，其继有在者乎？""微独赵，诸侯有在者乎？"按触龙的说法，诸国君主之子孙为侯者没有几个能传袭下来，遑论其他将相大臣出身的封君。

量单位，官俸多者可达上千钟；秦以石、斗为计量单位，文献中有禄五百石、六百石、七百石、八百石及一千石的官吏（《史记·秦始皇本纪》，又见《商君书·境内》）。《韩非子·定法》称，"商君之法曰：斩一首者爵一级，欲为官者，为五十石"，"五十石"大约是最低等的官俸。与普通官吏地位差不多的，是一批因军功事功被赐以高爵之人。近学者或称之为"军功地主"。这类人皆依靠对普通民众的租税剥削为生，但他们实际并不直接经营土地，称之为"地主"似乎不大妥帖。战国时期的爵级制度，目前以对秦国的记载最为充分。秦爵二十级，到第九级五大夫，"则税邑三百家"；到第十级庶长以上至十六级大良造，不仅可以"有税邑六百家"，还可以收养门客（《商君书·境内》）。

战国时期亦有因军功（或其他原因）而受到国家赐田者，不过，国家赐给这些人的土地的性质并不完全相同。一种是由受赏赐者直接占有并经营。如《商君书·境内》称"能得甲首一者，赏爵一级，益田一顷，益宅九亩"，此获得赐田的对象为普通士卒，其斩获一名敌方甲士的首级，即能获得国家赏给的土田一百亩及宅基地九亩，等于是多获得一份普通自耕农的授田，这份土地无疑是归他直接经营的。可以设想，他斩获越多，则当有越多的土地。《荀子·议兵》记魏国实行募兵制，"中试则复其户，利其田宅"，这些魏国的武卒若立有军功，无疑也会得到较好的田宅。以上这些因杀敌立功的士卒看来都可以成为某种性质的小土地经营者，或可称为小地主。他们大概就是文献所称的地方上的"富人""豪杰"。不过他们的土地不会很多，并可能也要为国家提供租税或提供部分徭役，与占有上万亩乃至上百万亩土地的国王宠臣或高官不可同日而语。后者见于文献记载的，如魏公叔痤因将兵有功被赐以田百八十万亩（《战国策·魏策一》）、卫嗣君为挽留薄疑仕卫而欲赐之田万顷（《韩非子·外储说右上》）、赵烈侯欲赐歌手枪、石二人田各万亩。这种占有大面积土田的性质皆属占有国家在该片土地上应征收的租税，魏王赐予公叔痤赏田又被说成是"以赏田百万禄之"，可以为证。至于这类赏田是否可以传之子孙，文献记载不一，此殆与战国各时段各国的具体情况有关。近学者或强行认为一律，似可不必。

在战国各封建君主和官僚贵族之下，尚有依附于他们的"士"和门客这两个社会阶层。"士"本为男子的通称，又或为下层贵族的专称。春秋战国之际，"士"从贵族阵营中游离出来，成为依靠自己知识与技艺谋取仕进的一个特殊人群。他们的出现适应了新时期专制君主对于官僚的需要，"士"由是成为封建国家官僚的后备军。许多庶人为谋求仕进也加入了这一行列，这使士人的队伍大大扩充。据说，战国初期赵国中牟（今河南鹤壁西）耕田的农夫因为看到邑内两位文学之士一夜之间便当上了"中大夫"，于是纷纷"弃其田耘，卖宅圃而随文学"，其人数竟达到"邑之半"（《韩非子·外储说左上》）。门客的出身、性质与"士"相似，但专指依附于当时某些贵族官僚门下者。盖士人欲求仕进，往往需人引荐，自不得不投靠于达官贵人门下，久之，竟发展成一群奔走于贵人门下为其效劳以谋取衣食的"食客"。战国中后期，各国显贵养客成风，致使门客的数量大增，以致成为一个引人注目的社会群体。

战国时期被统治阶级的主体是广大自耕小农，亦即各专制主义国家的授田农民，这是由各国普遍实行授田制决定的。前面有关专题已言及授田农民领受国有土地及其所负担的租赋徭役情况，此不赘述。可以说，正是广大自耕小农所提供的剩余劳动，才得以维持各封建国家机器的正常运转；其时封建统治阶级各个阶层所剥削的对象，也主要是这些自耕小农。正是考虑到这个情况，战国各封建政权才施行对自耕小农的扶持政策，以避免他们的破产流亡。如下列专题所述，战国时期各主要国家实行的变法运动都包含有这方面的内容。以后秦汉时期一些著名的政论家亦多提到封建国家应当实施这样的政策。

由于土地私有制发展不充分，战国时期尚未有土地出租，以致造成大批佃农之事，至少文献中未见有此记载。战国后期，文献记载有相当多的自耕小农因逃避官府徭役而投靠于"有威之门"的门下（《韩非子·诡使》），这些人中的多数应是充当权势者门下的门客或私卒，但亦不排除有人充作了主人家的佣客或雇工。上引《韩非子·外储说左上》即谈到其时有为主人"致力而疾耕耘"的庸客，《史记·陈涉世家》亦谈到陈涉少时"尝为人佣耕"。不过，当时政府似乎并不鼓励这种雇佣行为，甚或明令"大夫家长""无得取庸"（《商君书·垦令》）。因而这种农业中的雇佣行为也是较为有限的。

战国时期的手工业者即所谓"百工"也不在少数。成书于战国时期的记述其时手工作业的专书《考工记》将"百工"与其他从事农业、商业之人及供职于国家上层机构的"王公""士大夫"等并列为"国之六职"之一，即显示了百工阶层在社会上重要地位。百工所生产的手工产品一般由他们自己拿到市场上去出卖，故文献有"百工居肆"（《论语·子张》）之说。这些手工业者的人身是自由的。《韩非子·说林上》曾记"身善织屦，妻善织缟"的鲁人"欲徙于越"，表明其时手工匠人具有迁徙的自由。如果官营手工机构要雇佣他们，也要给予其报酬。当时各国官营手工机构中都有不少外来的雇工。据学者研究，见于战国楚国青铜器铭文上的"铸客"，就是这类被雇佣的工人[①]。从事手工作业比从事农业有更多的收入。《管子·治国》谈到其时所谓"为末作奇巧者"能够"一日作而五日食"，较之"终岁之作不足以自食"的农夫，景况自是好得多。这导致社会上不少人"舍本事而事末作"，《管子》作者因而建议治国者"禁末作，止奇巧而利农事"。不过，尽管不少国家都有这种崇本抑末之举，然而从实际效果看，收到的效果并不是很大，因为社会发展和社会分工需要越来越多的手工业者。总的看来，手工业者阶层的数量是在不断壮大的。

由《考工记》等书同时也可以了解到，战国商人也是一个重要的社会阶层。他们亦可归于所谓从事"末作"之人。他们多数是些"坐列贩卖"、本小利微的"贩夫贩妇"，也有少数从事长途贩运，依靠囤积居奇而获取利润的资本雄厚的大商人。从事商业比从事手工业能带来更多利润，更能吸引一些人弃农经商，《史记·货殖列传》就说，"用贫求富，农不如工，工不如商"，因而统治者对从事商业者往往采取更为严厉的限制措施。上面提到《云梦秦简·为吏之道》引《魏户律》就明白记载国家将商贾与赘婿等人同列为不被允许自立门户，不被授予田宇的对象，其所引《魏奔命律》更有命令将商贾之人发派充军，并要求带兵官吏不得怜恤他们，包括不允许他们食肉及给予较少口粮等内容[②]。这无疑是将商人视为贱民。其他各国也有类似做法。不过，国家对付商人最有效的办法还是加

---

① 李学勤：《东周与秦代文明》，第 212 页，北京：文物出版社，1984 年。
② 《睡虎地秦墓竹简》，第 292—294 页，北京：文物出版社，1978 年。

重对商人征收的关市之税。在秦国推行变法的商鞅就主张"重关市之赋",认为此可使"农恶商,商有疑惰之心"(《商君书·垦令》)。然而无论何种限制措施,皆未能遏制住商人求取富贵的步伐。战国中后期,一批财力雄厚的大商人结驷连骑,僮仆成群,富比封君,力能交通王侯,显示了商人阶级的成长。

战国社会真正的贱民是奴隶阶级。上面已经谈到,由于商品经济的发展,战国奴隶制比过去有了较大的发展,奴隶使用的情况更加普遍,奴隶数量也比过去有了较大的增长。就奴隶的属性来说,战国奴隶可分为官奴与私奴两大类。官奴由战俘、罪犯及罪犯家属转化而来。在《云梦秦简》中,他们被称作"隶臣"或"隶妾",在有关政府机构的监督下从事各种劳役,包括从事建筑、官营手工业、放牧和农作。由于列国间战争频繁,战俘来源充足,加上各国刑罚苛严,沦为官奴者当不在少数。私家奴隶也很普遍,不仅官僚贵族拥有奴隶,一般富裕平民及富商大贾也多有使用奴隶者。这些私家奴隶多属于家庭奴隶性质,他们多数仍被称作臣、妾,也有被称作僮仆或奴竖的。《尸子·发蒙》称:"家人子侄和,臣妾力,则家富,丈人虽厚,衣食无伤也。"这位普通家庭的"丈人"所拥有的奴隶看来即属于家庭奴隶性质。近出《云梦秦简》及《包山楚简》中也都记有不少这样的私家奴隶,如《包山楚简》记一名叫做"臧王之墨以"的"邦人"一人即拥有三名奴隶。如上所言,私家奴隶多数来源于买卖。他们不仅被用作家务和仆从,也用于生产领域。《云梦秦简·封诊式》即记有"某里士伍甲"将其臣丙用于田作的例子[1]。更

---

[1] 《睡虎地秦墓竹简》,第259页,北京:文物出版社,1978年。

值得注意的是，战国奴隶不仅限于为其主人家庭生产直接生活用的物质资料，也被用于手工作业及商业领域以求取剩余价值。这些，都标志着战国奴隶制较前有了显著的发展。当然，从战国社会经济总的构成看，奴隶制仍只占其中的一小部分，奴隶也只是被压迫阶级中的一个次要的层级。

第八章　战国变法运动

战国时期，为了配合激烈的兼并战争，达到富国强兵的目的，同时也为了适应正在发生深刻变化的社会政治经济，各国统治者都在不断调整自己的政策，自上而下地实行各种改革。反映在文献记载上，就是各国纷纷出台的一系列变法。这一系列变法，不仅使各国达到了富国强兵的效果，更使各国新的政治经济秩序得以确立，从而加速了整个社会前进的步伐。

一　变法运动的背景

"变法"这个词汇，还在战国时期就已广泛被人提及，尤见于当时政治家和诸子的各种政治议论，如《商君书·更法》记秦孝公之语：

> 今吾欲变法以治，更礼以教百姓。

《吕氏春秋·慎大览·察今》亦议论道：

> 治国无法则乱，守法而弗变则悖，悖乱不可以持国。世易时移，变法宜矣。

《慎子》（《慎子》逸文）则谈到变法是"君长"本来应操持的事情：

> 以力役法者百姓也，以死守法者有司也，以道变法者君长也。

一些政治家的议论虽未直接提到"变法"这个词汇，但议论的内容仍围绕变法这个中心，如《战国策·赵策二》记赵武灵王之语："……及至三王，观时而制法，因事而制礼，法度制令，各顺其宜；衣服器械，各便其用。故礼世不必一其道，便国不必法古。"凡此议论，皆将"变法"与"治世"联系在一起，说明变法是战国时代各国政治家讨论的一个中心议题，是一股澎湃于各个国家的政治潮流。看来，今学者所称的变法运动，在战国时期确实是存在的。那么，战国时期各国纷纷实行变法的原因和社会背景是什么呢？

所谓变法，即变更现行法令制度，包括使用法律手段对社会进行移风易俗的改造。这样做的目的，首先是为了适应经济及上层建筑领域正在发生的巨大变革。如前面的内容所述，春秋战国之际，我国社会经济已实现了结构性变革，由原先各种家族的集体性质的劳动过渡为个体小农家庭的独自劳作。然而这种个体小农经济的实力薄弱，在遭遇天灾人祸时往往难以抵御，再加上商人对农产品的买贱卖贵及高利贷者的重利盘剥，小农极易破产，这样，势必对封建国家的经济基础造成破坏，因而封建国家必须要考虑采取新的立法来解决这一现实问题。

在政治领域，虽然旧的封建制和宗法制已渐被历史所淘汰，旧贵族的势力受到很大打击，建立起了有利于中央集权的新的官僚制度及相关俸禄制度，但专制主义中央集权的政治制度并不完善，世卿世禄制尚未完全废止，新的官僚制度亦未健全，特别是各国宗室贵族倚仗与公室的宗亲关系，无功受禄，"不佐公家之急"的现象十分突出。在楚国，便存在着如著名政治家吴起所说的"大臣太重，封君太众"，以至"上逼主而下虐民"的弊端（《韩非子·和氏》）。这些，也都需要通过变法加以解决。

在社会风俗及相关社区管理方面，亦迫切需要进行改革以适应新的社会机制。最为明显的是，旧的大家族制度虽已遭到破坏，但旧家长制家族的风俗习惯犹然存在，如秦人的"勇于私斗，怯于公战"、"父子兄弟同室内息"，楚国官场上"私门之请"盛行等，这些，便无疑是需要采取适当措施加以革除的。此外，对于社会众多的编户家庭，也应当施行更有效的管理方法。这实际涉及国家的行政制度和居民编制问题，可见，在创建新的国家政治体制方面，各国都还有不少的路要走。

战国时期各国纷纷实行变法，还有着更直接的功利上的考虑，那就是为了各自国家的富国强兵。战国时期的兼并战争异常惨烈，如张仪所谓："夫战者，万乘之存亡也。"（《战国策·秦策一》）战争胜负决定着各国的生死存亡，也关系到一些雄才大略的君主所追求的"霸王之业"成功与否。而战争胜负的决定因素在于国家的实力，包括国家的兵力与经济实力，也就是国家的富强。国家怎样才能富强？当时的政治家多数认为，需要实行变法。《史记·秦本纪》记秦孝公为改变"国乱兵弱而主卑"的状况而下达的求贤令称："宾客群臣有能出奇计彊秦者，吾且尊官，与之分土。"所谓"出奇计彊秦"，就是通过变法强秦。《韩非子·奸劫弑臣》为之称赞前往秦国实行变法的商鞅："商君说秦孝公以变法易俗而明公道，赏告奸、困末作而利本事……是以国治而兵强，地广而主尊。"

战国时期的变法都是自上而下施行的，这说明变法是各国统治者主动采取的一种社会改良行为。尽管如此，变法所涉及的有关社会改革的内容仍是十分深刻的，从而造成的改革的社会效果亦是十分明显的。这场变法运动自战国初期起，直至战国中期，席卷了当时各主要国家。尤其在魏、楚、秦等国，变法造成了十分广泛的社会影响。

二　李悝在魏国的变法和社会改革

率先进行变法的，是战国前期独霸中原的魏国。

公元前 445 年，魏文侯即位。文侯以礼贤下士著称，曾先后任用魏成子、翟璜、李悝为相，任用乐羊、吴起为将，并拜孔子学生子夏为师。还有一些著名的文臣武士，也都集中在文侯麾下，魏国朝廷可谓集一时之人才。魏国的变法暨各项改革，便是在李悝任相国时进行的。李悝为战国法家的鼻祖，《汉书·艺文志》载有《李子》三十二篇，被列为法家之首，可见李悝在魏国的变法确实是开风气之先。李悝的变法和社会改革主要有以下内容：

1. 废除世卿世禄制。关于这点，汉刘向所著《说苑》一书记载了李悝与魏文侯的一段问对之语①：

> 魏文侯问李克曰："为国如何？"对曰："臣闻为国之道，食有劳而禄有功，使有能而赏必行，罚必当。"文侯曰："吾赏罚皆当而民不与，何也？"对曰："国其有淫民乎？臣闻之曰：夺淫民之禄以来四方之士；其父有功而禄，其子无功而食之，出则乘车马衣美裘以为荣华，入则修竽琴、钟石之声而安其子女之乐，以乱乡曲之教，如此者夺其禄以来四方之士，此之谓夺淫民也。"（《说苑·政理》）

这里被李悝斥之为"淫民"的，指的是"其父有功有禄"，自己却无甚功劳，仅仅依靠世袭爵禄地位仍旧享有荣华富贵之人。李悝主张剥夺他们的禄位，将国家供养他们的钱财转用于招徕四方的贤才，或颁赏给为国家立有功勋和作出贡献的人。这样一种"食有劳而禄有功"的政策，正是战国主张加强君主专制统治的改革派人物在政治上追求的首要目标。李悝将之作为"为国之道"建议魏文侯首先加以施行，亦不是偶然的。看来，魏国在文侯统治时期能罗致那么多人才，正与此项政策的施行有关。

2. "作尽地力之教"。这句话见于《汉书·食货志》，其字面上

---

① 《说苑》记此番问对之语出自李克，学者多认为李克即李悝，"克""悝"一声之转。但也有学者认为李克、李悝为二人，前者属儒家，后者是法家，不能混为一谈。二说均有文献依据。今按，无论二说孰是孰非，将《说苑》此处所记李克的问对之语视为李悝的主张均无可非议，一则，此番议论与李悝的法家主张无异，与其他主张变法者的理论亦出自一辙；二者，此"李克"所与问答的对象为魏文侯，与李悝辅佐文侯实行变法的背景相同。

的意思是，教导各级政府尽力挖掘土地潜力，以增加粮食产量。由于魏国是一个地少人多，人口密度较高的国家，挖掘土地潜力，提高单位面积的粮食产量，对于增强国家的经济实力是十分重要的。李悝要求各地方核算出本地的种植面积和增产潜力，他认为，方圆百里的范围内共有九万顷土地，除去山林、川泽和村落所占的三分之一面积外，当整理出六百万亩耕地。若是"治田勤谨"，就会"亩益三斗"；要是"不勤"，则"损亦如之"。这样，地方百里的粮食（粟）增减数一共是百八十万石，这对于国家是一个不小的数目，因此应当认真对待。具体到每个农户，李悝亦对之做了"务尽地力"的规定，如"必杂五种，以备灾害""力耕数耘，收获如寇盗之至"（《太平御览》卷八二一引《史记》《通典·食货二·水利田》）；"还（环）庐树桑，菜茹有畦，瓜瓠果蓏，殖于疆场"（同上）。这些做法都属于专制主义国家利用行政力量对社会经济生活进行直接干预，然而在当时，却不失为改革的创举，并且显然收到了很大效果。司马迁在《史记·平准书》中就说："魏用李克（悝），尽地力，为强君"，给予李悝尽地力之教以高度的评价。

3. 实行平籴法。所谓平籴法，是针对个体小农易受天灾人祸的影响，而粮食投机商乘机操纵粮价，造成"谷贱伤农"，或者"谷贵伤民"的弊端，而采取的由国家平抑粮价的方法。其具体做法是，按照"取有余而补不足"的原则，在丰收年成，由国家以平价购进农民手中的粮食；遇荒年的时候，国家仍按平价出售粮食给百姓。这样，不仅"使民不伤而农益劝"，兼顾各阶层民众的利益，更防止了商人在粮食问题上进行的投机活动，使农民不致因粮价的暴涨暴跌而遭受商人的巧取豪夺，"虽遇饥馑水旱，籴不贵而民不散"（《汉书·食货志》）。这项政策的实际意义，显然在于稳定以个体小农为主的封建国家的经济基础。

4. 制定《法经》，加强封建专制主义统治的法制建设。《法经》乃李悝撰著的一部法律著作。此书今已不传，据《晋书·刑法志》记载，知其包括有《盗法》《贼法》《囚法》《捕法》《杂法》《具法》六篇内容。所谓"盗"，即偷盗，是对私有财产的侵犯；"贼"，为贼杀人，是对人身的侵犯。李悝"以为王者之政，莫急于盗贼"，故列《盗法》《贼法》于《法经》之首。其下《囚法》《捕法》讲劾捕盗贼的方法，《杂法》是惩治"轻狡、越城、博戏、借假、不廉、淫侈、逾制"等六种违法行为的法律条文，《具法》则是根据不同情况对违法者加重或减轻处罚的具体规定。《晋书》称，所有这些法律条文，都属于"罪名之制也"，即今所称之刑法的范畴，这无疑是为着加强专制主义统治的目的。李悝的《法经》是我国第一部有文字可考的比较系统的刑法法典，为以后封建法典的制定提供了依据。后来的商鞅就是接受了这部法典到秦国去实行变法的，汉初萧何制定的《汉律》九章，也据之补充修改而成。

李悝在魏国的变法及社会改革收到了明显成效，《汉书·食货志》记其行尽地力之教和平籴法以后，"国以富强"。魏在战国初年长期占据中原霸主地位，不能不说与李悝变法所造成的国力强盛有直接关系。

三 吴起在楚国的变法

在魏国变法后不久，楚国在吴起的主持下掀起了一场更为激进的变法。吴起，卫人，曾师事孔子学生曾参，又曾求将于鲁，为鲁大破齐军。后适魏，事魏文侯，为魏取秦西河（今陕西东部华阴以北，黄龙以南，黄河以西，洛河以东地区）之地，被任为魏西河守。文侯去世后，吴起因为人构陷而受到继位的魏武侯的猜疑，遂去魏至楚。楚悼王素闻吴起贤能，待吴起到来，即任之为宛（今河南南阳）守，一年后，又任之为令尹（楚最高行政长官），主持楚国变法。

吴起的变法集中在政治领域，其重点仍放在废除旧的世卿世禄制上面。针对"楚国之俗"，"大臣太重，封君太众"的弊病，吴起建议楚王"不如使封君之子孙三世而收爵禄"（《韩非子·和氏》），即在贵族传至第三代就将其爵禄收回。比较起李悝在魏国施行的同类措施来，吴起采取的做法更为严厉，他不仅要采取措施"废公族疏远者"（《史记·孙子吴起列传》），而且趁楚国开发边远地区的机会，"令贵人往实广虚之地"（《吕氏春秋·开春论·贵卒》），也就是强迫这些贵胄子弟迁往人口稀少的边远地区，开发荒地，自食其力。这项举措有力地打击了旧贵族，使其远离其势力盘根错节的故地，也有利于楚国边远地区的开发。然而对于旧贵族来说，这种打击确实令他们难以忍受，他们一个个"皆甚苦之"，对吴起满怀怨恨。吴起在楚国的变法也充满了危机。

吴起变法的另一项要点是整饬楚国的吏治。《战国策·秦策三》称："吴起为楚悼罢无能、废无用"，《韩非子·和氏》称吴起"绝灭百吏之禄秩，捐不急之枝官，以奉选练之士"，表明吴起整饬楚国吏治的矛头主要是指向那些"无能""无用"的冗官，通过罢免他们和裁减掉一些"不急"即可有可无的官僚机构，将节省下的钱

财用来供养"选练之士",以达到强国强兵的目的。此外,吴起还注意整饬官场上的腐败,"塞私门之请,一楚国之俗","使私不害公,谗不蔽忠,言不取苟合,行不取苟容,行义不顾毁誉"。他认为一些游说之士,特别是那些操纵横之术的游说者徒事口舌之辩,只会败坏官风,因而主张"破横散从(纵),使驰说之士无所开其口"(以上皆见《战国策·秦策三》)。这些主张不乏激进的成分,却都具有极强的针对性,切中旧贵族把持下的楚国官场积弊的要害。

吴起在楚国的变法应当说还是收到一定成效的。《史记·孙子吴起列传》记吴起相楚,明审法令,采取一系列改革措施后,楚势迅速崛起,"于是南平百越;北并陈、蔡,却三晋;西伐秦。诸侯患楚之彊"。然而遗憾的是,吴起变法在楚国推行的时间不长,仅仅数年光阴,便因楚悼王的去世而中止了[①]。这使吴起所期望的改变楚国旧俗的目的未能从根本上实现。由于吴起变法严重地损害了旧贵族的利益,"楚之贵戚尽欲害吴起"(《史记·孙子吴起列传》),悼王一死,他们便群起作乱,围攻吴起。吴起走避到悼王尸体旁,贵族射杀吴起,并中王尸,结果贵族因此而被治罪的达七十余家。

吴起变法在楚国的不幸夭折,使楚旧贵族得以继续维持其势力,楚国吏治亦未得以真正改观,楚国因此长期处于政治上的不振作状态。尽管楚国地大物博,人口众多,然终战国之世,一直未能

---

① 《韩非子·和氏》言吴起教楚变法,"悼王行之期年而薨",此"期年",当是形容变法时间短暂之词。或以为"期年"指十年,似难取信。《史记·魏世家》记魏武侯九年使吴起伐齐,至灵丘,其年当楚悼王十五年,而悼王二十一年去世,是吴起在楚时间必不很长。钱穆《吴起去魏相楚考》以为"起之在楚,盖不出三四年",殆近于实。参阅钱穆《先秦诸子系年》,商务印书馆,2001年,第219—221页。

成为真正的强国。情况正如韩非子所谓："楚不用吴起而削乱，秦行商君而富强。"（《韩非子·问田》）

四　商鞅在秦国的变法

著名的秦国商鞅变法发生在吴起死难之后二十五年。

秦在战国初年社会发展较为迟缓，以其僻处关西，又"杂戎狄之俗"，中原国家与之较少往来。在社会改革方面，秦至公元前408年（秦简公七年）才实行相当于鲁国"初税亩"性质的"初租禾"；至公元前375年（秦献公十年）才"为户籍相伍"，即实行户籍编制。其他国家都是在春秋后期或战国初年实行过的。秦的国力因此不振作，长期受制于三晋，甚至在战国初年，大片领土让魏国夺去。直到进入战国中期后的秦献公时期，才因在政治上实行一些新举措而在军事上有所起色。公元前361年，秦孝公继献公之后即位，因痛感"诸侯卑秦，丑莫大焉"，决心继承献公，进行改革。就在这一年，孝公下令在国中求贤："宾客群臣有能出奇计彊秦者，吾且尊官，与之分土。"（《史记·秦本纪》）商鞅就是在这个时候听到秦的求贤令，西入秦而谋展其才的。

商鞅出生卫国，本为卫"诸庶孽公子"，人称公孙鞅，亦名卫鞅。后因功被秦封于商（今陕西丹凤），号商君，故又被称为商鞅。商鞅"少好刑名之学"，曾为魏相公叔痤家臣，未得魏王任用，乃入秦，因孝公宠臣景监求见孝公，以强国之术说动孝公。后又在秦朝廷上折服甘龙、杜挚二位大臣阻止变法的议论，强调"治世不一道，便国不法古"（《商君书·更法》），由是坚定了孝公变法的决心。公元前 356 年，秦孝公任命商鞅为左庶长，进行首次变法。据《史记·商君列传》等书，这次变法的主要内容有：

1. 编制户籍，实行什伍连坐法。定居民五家为一伍，十家为一什，使之互相监督，告发奸人。规定："不告奸者腰斩，告奸者与斩敌首同赏，匿奸者与降敌同罚。"此举实是加强对人民的控制。

2. 奖励耕织，抑制商业，鼓励个体小农经营。变法规定："僇力本业，耕织致粟帛多者，复其身。事末利及怠而贫者，举以为收孥。"就是说，努力务农，生产粮食和布帛多的农户，可免除其徭役；从事商业以及因懒惰而致贫穷者，连同妻子儿女罚为官奴。同时规定，家有两个成年男子的，必须分别立户，否则"倍其赋"。这实际是以立法的形式保障一家一户的个体小农生产，以增加为国家纳税服役的人口。此外，孝公还根据商鞅的建议，发布了"垦草令"（《商君书·垦令》），从税收、粮食收购、关市与物价管理，以及对社会各类人员的监管等方面，鼓励人们开垦荒地，发展农业生产。

3. 奖励军功，禁止私斗。规定"有军功者，各以率受上爵；为私斗者，各以轻重被刑大小"。所谓"率"，就是所立的军功的大小程度，国家据此赏赐给立功之人以相应的爵级。按秦爵共分为二十级，斩获敌甲士一颗首级者，可获赐爵一级，并相应获得赏田一顷，宅地九亩，还可以获得一名号称为"庶子"的无爵级的农民为之服役（《商君书·境内》）。

4. 废除宗室贵族的世袭特权。变法规定："宗室非有军功论，不得为属籍"，即宗室贵族非立有军功，不得列入宗室的簿籍。考虑到变法随之规定"明尊卑爵秩等级，各以差次名田宅，臣妾衣服以家次"，则此等非立有军功的贵族丧失掉其原先享有的田宅、臣妾、衣服之类，当是不言而喻的。

商鞅用严厉的手段推行新法，使得"秦人皆趋令"。据称，新法"行之十年，秦民大说（悦），道不拾遗，山无盗贼，家给人足。民勇于公战，怯于私斗，乡邑大治"（《史记·商君列传》）。新法取得成功，商鞅亦因此升任为秦的大良造（相当于各国的相职）。公元前350年，已渐富强起来的秦国将都城迁徙到咸阳（今陕西咸阳），商鞅乘机在新都发布第二次变法令，这次变法的主要内容有：

1. 普遍推行县制，"集小都、乡、邑聚为县"，即将地方各种小型聚落合并为县。各县置令、丞，全国共设41县（此据《史记·秦本纪》，《商君书》作31县）。这项举措的目的，如前所述是为了整齐中央集权的地方行政体制。

2. 推行统一的国家授田制及相关赋税制度。《史记·商君列传》谈到商鞅的这一举措是"为田，开阡陌封疆，而赋税平"。"为田"即建立新的田亩制度，也就是将原来的步百为亩的亩制改为二百四十步为一亩；"开阡陌封疆"则是根据新亩制的需要决裂国有土地上旧的阡陌封疆，从而国家按此亩制标准授予农夫一百亩之地；"赋税平"自然是指农户从此为国家缴纳的赋税均平。这项改革的目的明显是为着保障个体小农的产业，同时也是为了增加农民实际耕种的土地的面积，从而增加国家的赋税收入。据1975年云梦所出秦简中的《秦律十八种·田律》："入顷刍稾，以其受田之数"，知秦在商鞅变法后一直实行授田制，所授之田以百亩为单位，并按此授田数征收刍稾（草料、饲料），当然也应包括征收其他赋税项目。

3. 统一度量衡。即所谓"平斗桶权衡丈尺"。传世文物中有商鞅方升，证实商鞅主持了这项工作。这是在经济上加强国家管理的措施。

此外，本次变法还对首次变法中的某些措施进行了补充和完善。如"令民父子兄弟同室内息者为禁"，实际便是对"民有二男以上不分异者，倍其赋"的补充规定，其目的仍是要运用国家的力量促进对社会结构的改造。他书记载商鞅制定的法令还有"燔《诗》《书》""塞私门之请""禁游宦之民"（《韩非子·和氏》）等，这些规定除分别有着整饬吏治、驱民务农的目的外，还含有愚民和对民众进行思想文化专制的意图，说明它和以后秦始皇加强专制统治的措施是有前后继承关系的。

商鞅变法是战国时期持续时间最长，涉及面最广，对社会触动最大的一次变法。它进一步完善了秦国封建专制主义的政治经济制度，使秦国迅速实现了富国强兵，一跃成为战国七雄中最为强盛的国家，这就为日后秦统一六国打下了坚实基础。但是，同吴起的遭遇一样，由于商鞅变法损害了旧贵族的利益，这些人一直处心积虑地反对商鞅，包括太子及太子师傅都成了商鞅的反对派。公元前338年，秦孝公去世，太子继位，是为秦惠王，反对派乘机诬告商鞅谋反，惠王下令拘捕商鞅，商鞅被迫起自己封邑之兵抵抗，失败被杀。不过商鞅虽死，其法却因在秦施行日久而未被废止，这就使变法的成果最终被保留下来了。

五　其他各国的变法和改革

受战国变法运动的驱动，在战国中前期，其他一些国家也相继发生了程度不同的社会改革。虽其激烈程度不如魏、楚、秦三国，且未采取三国变法中经常采用的立法形式，但其性质是相同的，都属于自上而下地对社会的改良运动。

距李悝在魏国实行变法不久，赵国在其相公仲连的倡导下曾发起过一场很有影响的政治改革。据《史记·赵世家》记载，赵烈侯"好音"，要求公仲连赏赐给歌者枪、石二人田各万亩。公仲连口头上答应照办，却故意不付诸实现。不久，他推荐三位贤人给烈侯，其中，"牛畜侍烈侯以仁义，约以王道"，使得烈侯"逌然"（油然有所感悟之意）；荀欣说烈侯"以选练举贤，任官使能"，徐越教烈侯"以节财俭用，察度功德"，均得到烈侯的赏识。于是烈侯终于认识到自己的错误，主动撤回给歌者的赏赐，宣布起用牛畜为"师"，拜荀欣为中尉，徐越为内史。而由这几项任命推断，上述三位贤臣的建议也都得到很好的施行。这些建议中，如"选练举贤，任官使能"，"节财俭用，察度功德"等内容，应当说与李悝变法中的"食有劳而禄有功"，吴起变法中减省旧官俸禄，"以奉选练之士"的精神是一脉相通的。

与商鞅变法几乎同时，还有韩国申不害和齐威王进行的政治改革。

申不害，郑之京（今河南荥阳）人，以所学黄老刑名之术游说韩昭侯，被任命为相。据载，他曾教韩昭侯"循功劳，视次第"（《战国策·韩策一》），即实行各国变法中普遍采取的"食有劳而禄有功"的官吏任用制度。而其中独具特色的，则是他在韩国采取的一套"修术行道"（《史记·韩世家》）的做法。所谓"术"，即黄老刑名之术中主张君主集权、君主驾驭臣下的一套治术。申不害应是通过有关政治制度的改革，使韩国中央集权的君主专制制度得到加强，从而令韩国取得"国治兵强"的效果。

齐威王于公元前 356 年即位。即位之初，威王不理国政，积弊甚多。后在邹忌、淳于髡的讽喻下，始振作精神，励精图治。其改革措施集中在整顿吏治、严肃赏罚及任用贤能上面。史载他曾召集全国 72 位地方官前来京城，首先给予卓有政绩却不事巴结的即墨（今山东平度东南）大夫以万家之邑的奖赏，然后将不敬职守，荼毒百姓，肆行贿赂以求升迁的阿（今山东阳谷东北）大夫当众烹杀，王左右曾受其贿赂为之求誉的赃官亦同时被烹，"于是齐国震惧，人人不敢饰非，务尽其诚，齐国大治"（《史记·田敬仲完世家》）。齐威王任用的贤能有相国邹忌、术士淳于髡、将军田忌、章子、军师孙膑等，皆一时之选。齐以此威势复振，成为战国中期东方诸侯的霸主。

第九章 专制主义中央集权政体的形成

　　随着各国变法的成功施行，专制主义中央集权的政治体制最终在各国得以确立。

　　春秋以前，我国政治组织的形式总体上是一种以君主为首并包括各级宗法血缘贵族的共同专政。这种政治体制承认君主至高无上的权威，但由于各级贵族世袭权力尚存，亦造成君主权利的分散和贵族对君主权力的制约。在中央与地方的关系上，亦因为地方氏族组织的存留，尚未形成中央对地方的绝对控制，包括没有一套有逐级隶属关系的地方行政系统和由中央直接任命的地方行政官吏。由于这些原因，学者或将我国春秋以前的政治组织形式归于早期国家范畴。

　　促使我国早期国家组织形式向成熟的中央集权的国家组织形式过渡的是春秋战国之际的社会大变革。如以上各题内容所示，随着春秋至战国生产力水平的提高和社会阶级关系的变动，各地区新的地域行政组织逐渐取代了传统的宗法血缘组织，各级贵族的世袭权力在失去依托的情况下亦渐被废除，一套新的高效能的由国君直接控制的官僚机构，以及从中央到地方进行垂直管理的行政系统由此建立。战国时期各国的变法不过是对上述一系列变化在法制上做出的归纳和总结而已。

下面要讨论的是这套新的专制主义中央集权的政治体制所包含的具体内容，及其产生过程。

一 专制主义官僚制度的建立

春秋以前，各级贵族同时兼任着周朝廷或各诸侯国的官职，国家赏赐给他们的封邑便是他们为官的俸禄。封邑可以世代传承，作为封邑主的贵族亦可凭借其贵族地位世代担任朝廷官职，此即所谓世卿世禄。世卿世禄制是氏族贵族特权的残余，亦是对君主任免官吏权力的一种限制。因此，君主在加强自己权力的过程中，必然要将之作为革除的对象。

新型的完全由国君掌握任免权力的官僚制度，起源于春秋中后期一些有势力的卿大夫之家的家臣制。由于社会动荡和宗法制的没落，春秋中后期各国都有一大批没落中小贵族离开其原来的宗族，凭借其个人才能，以单纯士人的身份投身于有势力的卿大夫之家，为其充当家臣。他们与投靠的卿大夫家族没有血缘宗法关系，仅仅是凭着对新主的忠心而受新主人的豢养。通常他们的地位明显较低，有如仆隶。家主对他们的酬劳（即俸禄），一般也不采取封邑的形式，而多使用禄田或粟米。于是，在这些强势卿大夫与其家臣之间就结成了一种新型的政治关系。后来这些强势大夫家有的发展成了正式的国家，如赵魏韩三家及齐国的田氏，其所维持的与家臣之间的政治关系便自然发展成了新的与世卿世禄制完全不同的官僚制度。

战国时期，这种官僚制度由于士阶层的壮大而获得发展。国君通过"任贤""举能"而扩大了官僚队伍的基础，同时也使旧的世卿世禄制成为被批判的对象。从战国初期到战国中期，社会上可以说是一片举贤任能的呼声，诸子百家中几乎每一家都有此类似的主张。它们实际上反映了新崛起的士阶层跻身政治舞台的迫切要求，而专制君主亦乐得将之作为加强自己专制权威的手段。其时教育制度亦正发生着根本变化，各地如雨后春笋般兴起的私学一批接一批地培养着官僚的后备人才，如孔墨等著名先师都有不少弟子直接进入官僚队伍。最后，这个时期各国轰轰烈烈的变法，更是从法治角度对官僚体制作了制度上的规定，并最终宣告了世卿世禄制的退出舞台。清人赵翼曾论及战国布衣将相的崛起及"数千年世侯世卿之局"的消亡，认为战国士人"游说则范雎、蔡泽、苏秦、张仪等，徒步而为相；征战则孙膑、白起、乐毅、廉颇、王翦等，白身而为将，此已开后世布衣将相之例"①。所谓"布衣将相"，就是新型官僚，可见前人也是认为战国时期开创封建专制时代官僚制度的先河。

若论战国官僚制度的具体内容，则其要有四：

一是将相分立、文武分职的官僚机构的设置。各国（除楚国外）在国君下皆分设主管行政的相和主管军事的将。相的正式名称叫"相邦"，后世文献因避汉高祖刘邦讳，改称"相国"。将即将

---

① 赵翼：《廿四史札记》卷二"汉初布衣将相之局"。

军，沿自春秋晋卿的称号（晋卿分别为其三军之将）。将、相下面分别有众多文、武官员各司其职。这既是为了适应当时政治军事的需要，也是为了分散大臣的权力，使他们互相牵制，便利于国君对臣僚的控制和对权力的把握。鉴于当时各国官制不完全统一，这里不便细述各国官吏设置的具体情形，但通过考察，还是可以看出战国官制与春秋时期的某些差别的（当然也有继承）。除上面所述文武分职的将、相的设置外，战国时期各国还出现了许多的职能部门。如秦、赵二国的内史，掌国家财政；秦、齐、楚、赵诸国的郎中，随侍国君左右，备差遣；赵之中尉，掌"选练举贤，任官使能"；秦、齐、楚诸国的谒者，掌王之威仪，传达王命；秦、韩二国的少府，掌税收，兼制作兵器及其他器用；魏、韩二国的虞吏，掌治仓廪。在武职方面，各国往往于将军之下设有其副贰或佐助之职，称裨将军；又或设有各种尉职，如国尉、都尉、卫尉之类。这些，都反映了战国社会某些新的特征，反映了中央集权的权力的加强，反映了官吏职能的更细的分工和有关机构的专业化程度的提高。

二是对官吏的任免制度。其时考试制度尚未建立，国君主要通过招贤和德高望重人士的举荐来选拔官吏，所有官吏的任免权一概掌握在国君的手中。对于所任命的官吏，国君授之玺印作为凭证，官吏依凭玺印行使权力。而一旦国君失去对某官员的信任，便要收回其玺印，这意味着该官员丢官免职。

第三，是实行新的俸禄制度。战国时期，官吏的俸禄一般用谷物来支付。这种支付方式便于施行，且与世卿世禄不发生干连。由于各国量制不统一，对于俸禄的计算单位也各不相同，有用"钟"

来计算的（齐、魏），有用"石"和"斗"计算的（秦、燕），也有用"担"来计算的（楚）。魏文侯时魏成子作为相国，"食禄千钟"（《史记·魏世家》），算是俸禄之高者。齐宣王为使孟子留仕于齐，曾答应给予孟子以"万钟"的俸禄（《孟子·公孙丑下》），这恐怕只是一种特殊的待遇。此外，各国都还有一批由高官、功臣转化成的封君，其所获得的封地上的租税收入实际上也是一种俸禄①。这种封君已不同于过去那种既食邑又临民的封建采邑主，他们中除少数宗室贵族外，一般都不能世袭继承封地，有的在离职时必须将封地交回②，其为俸禄的性质是很明显的。然无论采取何种俸禄形式，君主与臣僚之间都实质上是一种"主卖官爵，臣卖智力"（《韩非子·外储说右下》）的雇佣关系，国君作为雇主，可随时任免、升迁官吏，或增其俸，或减其禄，主动权完全掌握在国君手中。

第四，官吏考核制度。作为专制统治下官僚制度的重要一环，并且作为上述官吏任免、升迁的重要依据，因此官吏考核相当重要，其事由相邦亲自掌管。《荀子·王霸》称："相者，论列百官之长……岁终奉其成功以效于君。当则可，不当则废。"是官吏每岁皆须通过由相邦亲自主持的考核，称职者留任，不称职者则罢免。其考核的结果皆须呈报于君，由国君审阅而后做出最后裁定。对于地方官吏来说，这种考核谓之"上计"。"计"指"计簿"，即统计的簿册，其上记载着某官所辖地区的人口、垦田数、钱粮出入、盗

---

① 《战国策·魏策一》记魏公叔痤为魏将，战胜而归，魏王"以赏田百万禄之"，是赏田对于封君，实等于俸禄。

② 《孟子·离娄下》："今也为臣……去之日，遂收其田里"，田里，即臣下受封时的封地。

贼、狱讼等事项，年初由地方官逐项对之作出预算，书写在木券上，一式两份，上呈朝廷，国君执右券，臣下执左券。年终时，朝廷即据以对官吏各项政绩进行考核。对于其他官吏的考核，也采取类似的方法。

以上诸项，可见战国时期的官僚制度从根本上不同于旧的世卿世禄制，它保障了整个官僚机构完全操纵于国君一人之手，使之有效地行使专制主义国家的各项职能，从而奠定了我国传统官僚制度的基本格局。

二　郡县与乡里——地方行政系统的建立

战国时期各国皆已成为地广千里的领土国家，并皆建立了一套完善的地方行政系统。由于各国传统存在差异，其所采用的地方行政区划的名称也有所不同。但是随着各国间交流的日渐频繁及兼并战争的加剧，各地方行政系统也出现了统一的趋势。总的看来，各国行政系统最常见的地域组织，仍是郡、县、乡、里这几个层级。

作为国家最基本的地方行政区划，县的设置已很普遍。不仅各大国，就连中山这样由白狄族建立的小国也都有县的建制。《韩非子·难二》记"李克治中山，苦陉令上计而入多"，"令"是其时县级行政长官的称呼，苦陉为县名（今河北无极县东北），可见中山已有县一级地方行政区划。战国史籍谈到其时一些县城在列国中的易手，或称这些县城为若干县，或称之为若干城①，据此，学者推

---

① 如《战国策·赵策三》言"秦攻赵于长平，大破之，引兵而归，因使人索六城于赵而媾"。下接言赵"使赵郝约事于秦，割六县而媾"，是"县""城"二名可以互换。

知当时设有城市的都邑一般都已建立为县。照此计算，齐有"地方千里，百二十城"（《战国策·齐策一》），则齐当有百二十县。以地方千里而设百二十县，知齐所辖地域已普遍设立为县。齐地如此，其他国家当不致有异。至于县的规模，各国间尚有差异。《战国策·魏策三》谈到魏国有"百县"，《史记·秦本纪》称秦商鞅变法"并诸小乡聚，集为大县"，共建"四十一县"，比较起来，秦的这种"大县"显然要大于齐、魏二国的县。《战国策·赵策三》中谈到"今千丈之城，万家之邑，相望也"，考虑到文献中"县""邑"亦往往互称，估计一般国家的县多为一万户左右的规模。然无论各国所设县的规模如何，其作为中央政府属下的纯粹地方行政区划的性质，则是一致的。县的长官（称县令或县大夫）均由代表中央政府的国君直接委派并对中央负责，国君可随时对之升迁罢免，并有一套对之进行考核的制度。县不仅已看不到旧时封邑制度的痕迹，县的长官亦不再与世官或世族有任何干连了。

郡作为县的上一级行政区划亦已明确。战国时期的郡初亦沿袭春秋之旧，设置在各国的边地，郡的长官称作"守"或"太守"。随着边地人口的增加和城邑的出现，各国为加强管理，遂于郡下分置若干县，这样就形成了郡县两级制的行政系统。郡的规模皆大，如魏所设上郡有15县，赵所设代郡有36县、上党郡24县，燕所设太原郡36县，等等。由于兼并战争日渐剧烈，郡的设置已不仅仅限于周边新开辟的土地了，中原地区得自邻国的土地，各国为了管理的需要，亦皆设立为郡。如《史记·楚世家》载："二十三年，襄王乃收东地兵，得十余万，复西取秦所拔我江旁十五邑以为郡，距秦。"其后秦向东蚕食六国，每得新地，即设为郡，如汉中郡、南郡、南阳郡、三川郡、太原郡、东郡、颍川郡、会稽郡等，都是如此设置。至秦灭六国时，天下共设有 36 郡，这其中有些郡的设置应出自秦国，多数的郡则当沿袭六国旧有的设置。

郡、县之下，最普通的行政组织是乡、里。但也有一些国家在乡、里之外多出一两个层级的行政组织，或采取其他一些地方行政组织的称呼。如《墨子·尚同》谈到当时的行政组织，在"天下"和"国"以下，便只有乡、里这两个层级。不过《墨子》成书的时间较其他诸子书为早，所言或是战国初期一部分地方的情形。《吕氏春秋·怀宠》所提到的行政系统为国、邑、乡、里。此外，《鹖冠子·王铁》所载的行政系统为郡、县、乡、扁、里，在乡、里之间多出扁这一级行政组织。论者或以为《鹖冠子》出自楚人之手，但近出《包山楚简》所见楚的行政系统却未有扁这一级行政组织，其在县以下只见州、里，扁与州之间是否可以画上等号，难于确知。又 1972 年山东临沂银雀山出土竹书中的《田法》谈到齐国县以下的地域组织为里、州、乡三级，其与《管子·立政》所述大致相同，可看作是齐国的实际情况。不过《银雀山竹书》和《包山楚简》所记都是战国中期前后齐、楚二国的情形，到战国后期，其地方行政区划恐亦渐与他国趋于一致。

总的看来，里作为最基层的行政单位是各国共有的，故战国时期的文书、档案乃至一般典籍言及某人的出身，往往都要提到其人是某里之人。如云梦简中便有"某里士伍甲""某里公士甲""某里五大夫乙"之类人物的称呼。《包山楚简》于记某人所居里邑外，还常常提到该居里所属之县邑名称，如"正阳之酷里人邵某""繁丘之南里人龚某""罗之壖里人湘某""下蔡山阳里人邽某"之类。文献中类似记载则可举出"洛阳乘轩里苏秦"(《战国策·赵策一》)、"轵深井里聂政"(《战国策·韩策三》)等。这样一种表示个人名籍的方式，说明战国时期各个地方的居民都已被编制在以里为单位的基层政区组织之中。实际上，里既是国家的基层行政单位，也是居民的基本自治组织。里之有司，如里正(或称里典、里长、里宰、里公等)、父老(或称伍老)、里尉等，多出自里中豪强[①]，他们或是里中"有辩护伉健者"，或是里中之"耆老有高德者"(《公羊传·宣公十五年》何休注)，既掌管一里之户籍，劝课农桑，代官府督促徭役，催收赋税，亦负责里中之教化、治安等等。每个里邑中往往立有"社"，即土地神祠，为全里邑之人聚会活动的场所，故文献往往"里社"连称。结合"里社"名称及其所肩负的社会功能看，它实有类于马克思在许多著作中提到的广泛地存在于古代东方社会中的农村公社(简称"村社")组织[②]。

为了更好地控制里中居民，里中还实行什伍制，将居民按什、伍编制起来。前面所列有关战国社会结构的专题中已对此作了叙述。这样专制主义国家就通过层层地方行政组织，控制到每一个国民的头上，此实为专制主义中央集权国家政体最本职的功能。

---

① 《睡虎地秦墓竹简·法律答问》中云：可(何)谓"衙(率)敄"？"衙(率)敄"当里典谓殹(也)。整理小组认为："古书豪帅同义……当时以乡里中豪强有力的人为里正。"见该书第237页，文物出版社，1978年。

② 关于农村公社既为国家基层组织，又为村民自治组织的性质，马克思在《科瓦列夫斯基的〈公社土地占有制、其解体的原因、进程及结果〉一书摘要》及《不列颠在印度的统治》等著作中有过很好的论述。请参阅拙著《亚细亚生产方式在中国的产生及相关历史问题》，《天津社会科学》，1991年第2期。

三　法制的严密与完善

我国春秋后期始有成文法的公布，其目的在于使法律为社会公众广泛知晓，从而起到限制贵族对法律进行垄断和随意解释的作用。这是传统贵族政治走向没落的一个表现。但其时各国公布的成文法的具体内容，却因文献缺载而不得为人所知。从《左传》一书提到当时晋、郑二国皆将此法律条文铸造在鼎上这一情况看，大约其时各国制定并予以公布的这类成文法不会十分缜密而详细，因为一个鼎上所容纳的法律文字毕竟有限。入战国后，随着贵族政治走向崩溃和各国变法运动如火如荼的进行，有关法律制度应进一步向社会公开，法制内容也应更加缜密和完善，并涉及社会的各个方面。

从文献和考古发现的古文字资料来看，战国时期各国确实都在不断制定新的法律制度，或进行法律的补充与更新。战国初年李悝在魏国实行变法，便制定有《法经》六篇（见上一专题"战国变法运动"中有关叙述）。商鞅在秦国变法，亦在李悝《法经》的基础上制定了秦国的法律，不过却改"法"为"律"（《唐律疏议·序》）。楚国吴起亦曾"为楚悼王立法"（《史记·范雎蔡泽列传》），后来楚怀王又使屈原制为"宪令"（《史记·屈原贾生列传》）。已出土的包山竹简所载楚法律制度的片断可为楚法之严密提供佐证。在其他各国，赵国制定有《国律》（《韩非子·饰邪》），齐国据《吕氏春秋·贵直》所言，有包括"哭国之法"在内的刑法。近出银雀山竹书亦记有可能属于齐国的《守法》《库法》《市

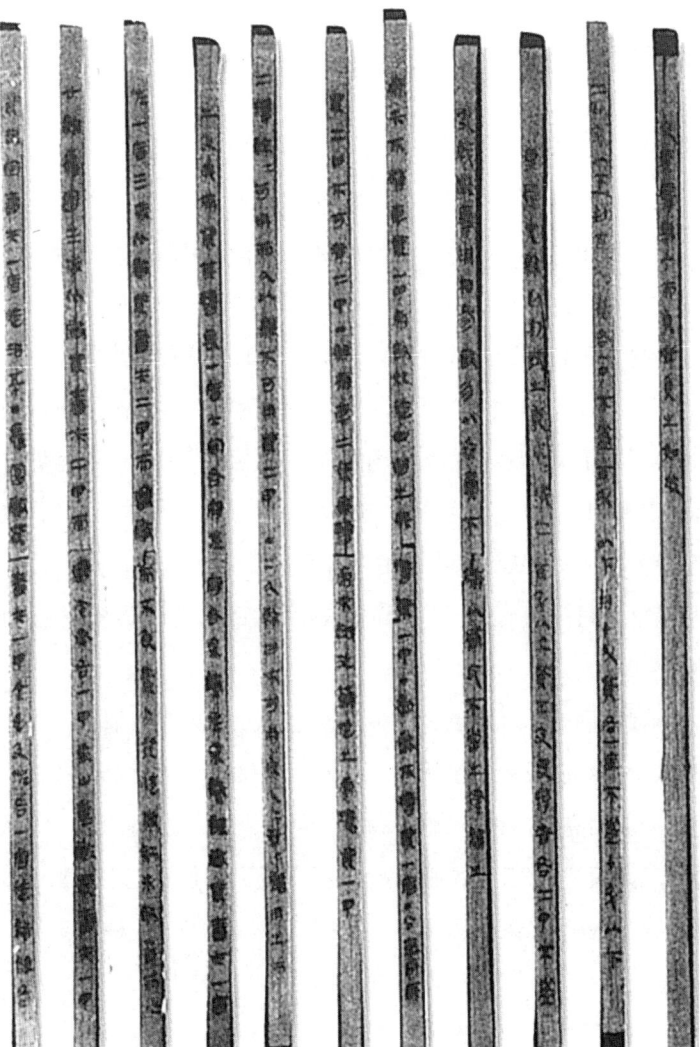

秦律竹简

法》《李法》《田法》和《委法》等法令①。总之，从有限的战国史料看，战国时期各国皆有比较完备的法律制度，是可以下断语的。

20 世纪 70 年代在湖北云梦睡虎地发现了大量记有秦国法律制度的竹简，使人们得以较多地了解秦律的面貌。这里仅以秦律为例，以见战国时期法律制度的一般情形。

云梦所出秦律，有不少是与商鞅变法所制定秦律的精神相一致的，它们很可能出自商鞅之手。有的从内容上分析，应出自商鞅以后的秦惠文王直至秦王政时期，这说明秦国的法律制度是不断补充和更新的。就秦国法律的形式看，云梦秦简既含有各种基本的法律条文，也有对秦律进行解释和补充的《法律答问》，还有供有关司法部门或地方官吏学习参考用的治狱案例《封诊式》（或称《治狱程序》）。学者认为，秦国的法律形式虽尚无汉代的科、比、例或唐代的律、令、格、式那样繁多的名目，但已具备了它们的雏形②。

秦律的内容十分丰富，律条的设立十分具体而又细密，涉及秦国的政治、经济及社会生活的各个方面。仅云梦秦简中的《秦律十八种》，就列有《田律》《厩苑律》《金布律》《关市》《仓律》《工律》《工人程》《均工》《徭律》《司空》《军爵律》《置吏律》《效》《传食律》《内史杂》《尉杂》《行书》《属邦》等 18 种 125 条，此外，在《秦律杂抄》中还提到有《除吏律》《游士律》《除弟子律》《中劳律》《藏律》《公车司马猎律》《牛羊课》《傅律》《屯表律》《捕盗律》《戍律》等 11 种，在《秦律十八种》中的《工律》里面

---

① 《银雀山汉墓竹简》，北京：文物出版社，1985 年。
② 林剑鸣：《秦史稿》，第 225 页，上海：上海人民出版社，1981 年。

提到有《赏律》，总计秦简所提到的律目共有三十来种。考虑到秦简中的律条只是秦律的一部分，则全部秦律的规模，当是十分可观的。

就上述秦简中的法律内容分析，这些法律条文已经包括了诸如今所谓刑法、民法、行政法、诉讼法等数种法律的内容，尽管这些法律的体式在整个秦律中还被混淆在一起而未有所分别。从法律所体现的阶级实质上讲，秦律着重维护的，乃是封建专制主义的国家利益及其政治经济秩序。如对于各国最看重的对外战争，秦律规定："从军当以劳论及赐"（《军爵律》），即从军当按照功劳授爵及给予赏赐；还规定："隶臣斩首为公士，谒归公士而免故妻隶妾一人者，许之，免以为庶人"，即官奴隶斩获敌人首级者可获得自由并得受爵为公士，如其请求退还公士的爵位，则可赎免其为官奴婢的妻子一人（《军爵律》）。对不用命者，例如在攻取敌人城池时掉在队伍后面的违反军纪者，则要处以"耐"刑（剃去胡须及两鬓以示耻辱）（《屯表律》）；而对那些"誉适（敌）以恐众心者"，更要处以"戮"刑，即先刑辱示众而后斩首（《法律答问》）。在治安方面，秦律规定："内（纳）奸，赎耐"，即对容纳奸人者，要处以"赎耐"①（用钱赎其所应受到的"耐"刑）的惩罚（《法律答问》）。与文献记载商鞅变法对于"为私斗者，各以轻重被刑大小"相应，秦律中亦有不少惩治私斗行为的条款。这些条款规定得十分细密，见于秦简中的《法律答问》，其对在斗殴中伤及对方身体的各个部

---

① 按《史记·商君列传》记商鞅变法规定："不告奸者腰斩"，"匿奸者与降敌同罚"（《索隐》："降敌者诛其身，没其家"），此仅言纳奸者被处以"赎耐"的刑罚，不知二者所谓"奸"是否同一概念。

位，如"斗夬（决）人耳""拔其须麋（眉）""啮断人鼻，若耳、若指、若唇""斩人发结""啮人额若颜，其大方一寸，深半寸"等等，都有不同的惩罚规定。对于各种盗窃行为，秦律更是不稍宽贷，不仅是盗窃钱财，包括盗窃牛、羊、衣物、公私器具，乃至盗采他人桑叶者，皆要受到惩处，且惩罚极严。如"或（盗）采人桑叶，臧（赃）不盈一钱，可（何）论？赀繇（徭）（罚服徭役）三旬"（《法律答问》）。在保障封建国家对于广大劳动人民的剥削压榨方面，秦律规定亦甚具体。上举《田律》《徭律》《仓律》《工律》《工人程》等律文中，都有对于民众应缴田租、赋税，应服徭役，以及手工匠服于官手工业之类事项明确的规定。在《法律答问》中，亦曾专门提到要对于"逋事"（逃避官府差事）、"乏徭""匿户"（隐匿户口）等逃避赋税徭役的行为进行惩处。甚至对押送服役者"失期"（迟到）之人，也要进行惩罚（《徭律》）。最后，为了保障各种规章制度的施行和国家机器正常有效的运转，秦律还对各级政府官员的任免、行为准则及其具体职责做了许多规定。例如对于官吏的任用，法律规定，某部门主管官吏调往他处，"不得除其故官佐、吏以之新官"，即不得任用其原先的部下一起赴任（《置吏律》）。对于官吏的法纪要求尤为严格，规定：对于"为（伪）听命书，法（废）弗行"，即装作听取朝廷命书，实际废置不予执行之人，要给予"耐为侯（候）"（处以"耐刑"，并罚为伺望敌情的刑徒）的处罚。甚至对于听命书时"不辟（避）席立"者，也要给予"赀二甲"（出两副甲的资财）的处分，并撤职永不叙用（《秦律杂抄》）。至于对一般失职、失刑、为吏不直、贪污、假公济私、弄虚作假等行为的惩处，律文的规定就更具体了。

秦律以刑法为主，所使用的刑罚手段多且残酷。学者从史籍和秦简律文中统计，这些刑罚大体分为死刑、肉刑、徒刑、笞刑、髡（耐）刑、迁刑、赀刑（罚出钱财）、赎刑、废（革职）、谇（申斥责骂）、连坐、收（籍没妻子）等十二类，其中仅死刑就有戮、弃市、磔（碎裂肢体）、定杀（抛入水中淹死）、枭首、车裂、腰斩、体解、囊扑、剖腹、凿颠、抽胁、镬烹等十余种，肉刑也有黥、劓、刖、宫等多种①。此反映秦的刑法尚有某些野蛮与原始的性质。但秦法中大量使用徒刑，即将犯人罚作劳役，这种惩罚方式适应了社会对劳动力的需求，较将犯人单纯处死或施以肉刑，又来得进步。从有关史籍看，徒刑的广泛采用似乎就在战国时期，此亦反映了某种时代的特征。

① 刘海年：《秦律刑罚考析》，《云梦秦简研究》，北京：中华书局，1981年。

第十章　兵制与战争方式的变化

　　随着经济的发展和政治的变革，战国时代各国的军事制度和战争方式也在发生着深刻的变化。在郡县中广泛征兵导致军队人数迅速增加，步兵、骑兵的灵活作战代替了车战的冲击，筑城与攻城成为相当重要的防御和进攻手段，军队的选拔和训练更加严格，高标准的奖赏激励着军队作战的积极性，这一切都促使战国时期的战争进入到一个更高的历史阶段。

一　赵武灵王胡服骑射的改革

　　面对日益激烈的兼并战争形势，各国都在进行军事方面的改革，以谋求强兵之策，从而在兼并战争中占据优势地位。其中以赵武灵王胡服骑射的改革最为著名，取得的效果也较明显。

　　赵国地处今陕西、山西、河北、河南、山东之间，疆域弯曲分散，四面受敌。它西面与秦、韩为邻，西北有林胡、楼烦等少数部族，北面的中山国深入中心，东北与东胡、燕相接，东南为齐、魏两个大国。正如赵武灵王所说："今中山在我腹心，北有燕，东有胡，西有林胡、楼烦、秦、韩之边，而无疆兵之救。"(《史记·赵世家》)形势十分紧张。赵武灵王元年（公元前325年），齐军攻打赵国，占领平邑（今河南南乐），俘虏赵将韩举。九年（公元前317年），赵与韩、魏联合攻秦，被秦击败而斩首八万。次年，秦又攻取赵的中都和西阳（今山西中西部）。至十三年（公元前313年），秦再次攻取赵国的蔺，俘虏赵将赵庄。北面的中山国，也多次出击赵国，侵略赵地，成为赵国的心腹之患。

在这样危急的关头，赵武灵王决心改革，提出了改变传统华夏服装而采用少数民族"胡服"的主张。他说："观时而制法，因事而制礼，法度制令，各顺其宜；衣服器械，各便其用。故礼世不必一其道，便国不必法古。"(《战国策·赵策二》)显然，赵武灵王的改革思想直接受到了秦国商鞅变法的影响。具体说来，传统的华夏礼服，宽袍大袖，不便于攻战骑射，因此屡战屡败。而邻近各国，特别是北方以游牧为主的少数民族，他们军队的主力早已是快速灵活的骑兵部队。赵武灵王决心改革习俗，他说服王室的许多成员，动员军队士兵和百姓大众，改穿"胡服"短衣长裤，以便骑马驰射。

赵武灵王十九年（公元前307年），开始下达命令，进行"胡服骑射"的改革。他采取了以下措施：1.招骑射，即以优厚的待遇招募会骑马射箭的人充当骑兵。2.在原阳建立骑兵集中训练基地，训练出一支具有过硬骑射本领的骑兵部队。3.收编胡兵，招引楼烦等地胡人加入赵国的骑兵队伍，实行以胡制胡的政策。4.用胡马，即使用北方游牧民族放养的马匹作为赵国骑兵的战马。这些马匹长得剽悍，善跑、机灵而有耐力，增强了赵国骑兵部队的战斗力。

5.配备骑兵的武器长弓和剑矛。骑兵与敌人距离远时在马上弯弓射箭，短兵相接时就用剑和矛进行刺杀。

关于胡服改革的内容，约有如下几方面：1.帽子。赵王戴王冠，用野鸡羽毛装饰；军官戴武冠，上插勇猛好斗的鹖的翎子，因此也称鹖冠；士兵戴爪牙帽子，用黑色绫绢制成，以防北方风沙。2.变履为靴，以便于骑马和涉草。3.改重甲为轻甲。把原来铜做的铠甲改用皮革，这样轻装上阵，以利穿越山险，驰骋疆场。4.服装。骑兵上穿夹衣，窄袖；下穿裤子，中间束带。贵族大臣的服装，腰里有一用金做的带钩。这也是胡人贵族的风尚①。

胡服骑射的改革，取得了卓越的成效。就在改革推行的第二年，赵武灵王"略中山地，至宁葭（今河北石家庄市西北）；西略胡地，至榆中（今内蒙古伊金霍洛旗一带）"，迫使"林胡王献马"（《史记·赵世家》）。此后，赵武灵王在二十一年、二十三年、二十六年不断用招募、训练的骑兵，大规模进攻中山，使其频频割地请和。终于在赵武灵王之子赵惠文王三年（公元前296年），攻灭中山，把中山国君遣送到肤施（今陕西榆林市南）。独吞地方五百里的中山，赵国消除了心腹之患，东西领土连成一片。胡服骑射的兵制改革，使赵国由弱变强，四方邻国对之刮目相看。

二 征兵范围的变化和军赋的加重

战国时期兵制的变化，其表现是多方面的。首先是征兵范围的

---

① 参见何清谷《胡服骑射初探》，《史学月刊》，1982年第4期。

扩大。原来春秋时各国的军队一般都由居住在国都郊外的"国人"充当。到战国时，各国的边地普遍设郡，内地也纷纷建县，国野的界限逐渐消失。于是，国家兵员的来源从国都郊外扩大到各郡县的城邑乡村。原来居于都城以外从事农业劳动，没有当兵资格的"野人"，现在也都成了征兵的对象，有大量的农民参军入伍。

服兵役的年龄，各国都规定得相当长，约从 15 岁到 60 岁。百姓到服役年龄就需"傅籍"，即登记在兵役名册上。征兵的数额也可无限制增加，甚至全部征发。秦赵长平之战时，秦王亲自到长平督战，"发年十五以上悉诣长平"（《史记·白起王翦列传》）。楚大司马昭常守在楚之东地，曾对齐使者说："悉五尺至六十，三十余万弊甲钝兵，愿承下尘。"（《战国策·楚策二》）可见当时各国打仗，往往将适龄男子"悉"数而征。《周礼》说："国中自七尺以及六十，野自六尺①以及六十有五，皆征之。"（《周礼·地官·乡大夫》）这个记载，应当是战国时的制度。有些边远地区，服兵役的年龄甚至高达 65 岁。有人曾估计齐都"临淄之中七万户"，按每"户三男子"计，"三七二十一万，不待发于远县，而临淄之卒，固已二十一万矣"（《战国策·齐策一》）。可知战国时征兵，平均每户可征集三男子，大概所有适龄男子都在征发之列。

除男子外，女子在必要时也要应征入伍，特别是在守城过程中担任修筑工事和警戒任务。《墨子》说："守法：五十步，丈夫十人，丁女二十人，老小十人"（《墨子·备城门》）；"诸作穴（地道）者五十人，男女相半"（《墨子·备穴》）；"诸男女有守于城上

---

① 历来注释家以为，"七尺"指二十岁，"六尺"指十五岁，见孙诒让《周礼正义》。

者，……丁女子、老少，人一矛"（《墨子·号令》）。《商君书·兵守》指出："壮男为一军，壮女为一军，男女之老弱者为一军。""壮女之军，使盛食，负垒（背负石块筑防御工事）……客至而作土，以为险阻及耕格阱（即陷阱）。"据《史记·平原君虞卿列传》记载，秦急围赵都邯郸时，平原君"令夫人以下编于士卒之间"。可见战争激烈时，女子入伍参战，担任守卫和后勤工作，在当时确有其事。

在扩大征兵范围的同时，军赋也在不断地加码。春秋时按井田编制单位或按田亩收取军赋，到战国时有的国家改为按户或按人头征收。如秦国用商鞅变法，在孝公"十四年（公元前348年），初为赋"（《史记·秦本纪》）。《索隐》引谯周云："初为军赋也。"这种军赋的征收，就是按人口计算的。董仲舒曾说：秦用商鞅之法，"田租、口赋、盐铁之利，二十倍于古"（《汉书·食货志》）。所谓"口赋"，即按人口数缴纳的军赋。这种军赋按人征收，董仲舒认为其利"二十倍于古"，可见其增长之快和数额之大。孟子指出：当时"有布缕之征，粟米之征，力役之征"。对于这三种军赋的征收，"君子用其一，缓其二。用其二而民有殍，用其三而父子离"（《孟子·尽心下》）。从孟子的这段话中，可以看到当时各国的统治者，对于几种军赋的征收，不但在数额上随意增加，而且往往三管齐下。适龄男子都要应征入伍，剩下的老幼妇女还要负担繁重的力役和布缕、粟米的征收，其生活之艰难可想而知。

三　军队人数的激增与攻守武器的进步

由于生产的发展、人口的增长以及征兵范围的扩大等原因，战国时期各国军队人数比春秋时有了猛烈的增长。春秋时各国军队人数不过几万，最多的有十余万。到战国中期，七大强国都已拥有数十万军队，多者可达百万。

军队人数最多的要算秦国。《战国策·秦策一》谓秦有"战车万乘，奋击百万"；《战国策·韩策一》也称"秦带甲百余万"。楚国的军队人数，可与秦相匹敌。《战国策·楚策一》谓楚有"带甲百万"；《战国策·秦策三》也称"楚地持戟百万"。其他如魏国有"武力二十余万，苍头二十万，奋击二十万"（《战国策·魏策一》）；赵有"带甲数十万，车千乘，骑万匹"（《战国策·赵策二》）；齐、燕、韩都有"带甲数十万"（见《战国策》中的《齐策一》《燕策一》《韩策一》）。

随着军队人数的扩充，每次作战投入的兵员也大量增加。公元前293年，秦将白起攻破魏、韩联军，一次就"斩首二十四万"；公元前260年，秦大破赵于长平，"四十余万尽杀之"（《史记·秦本纪》）。至秦始皇攻楚时，"王翦将兵六十万人"（《史记·白起王翦列传》）。可见参战兵员之多。

在军队人数激增的同时，攻守武器也有了进一步的发展。战国时期冶铁技术更加成熟，并发明了渗碳炼钢的方法。当时制造兵器的官营手工业作坊，遍及各大国都城及郡县城市，作坊中有相当严密的管理监造制度。从出土的战国兵器铭文看，往往有"某某执齐（剂）"字样，"执齐"就是掌握合金的比例。《战国策》《庄子》等著作中，都谈到兵器有"白刃"，可见其已是用"钢"制成。

从攻守武器的种类看，手执而进行交战的兵器，如戈、矛、戟、剑等，当时大多已用铁制，质地坚韧而锋利。《荀子·议兵》篇说：楚国宛地所产兵器，"惨如蜂虿，轻利僄速。"韩国的剑、载，产地众多，"皆陆断马牛，水击鹄雁，当敌即斩"（《战国策·韩策一》）。据说，中山国的力士"操铁杖以战，而所击无不碎，所冲无不陷"（《吕氏春秋·贵卒》）。钢铁制成的兵器，其杀伤力比以前大大提高。

弓矢、机弩等远射杀伤敌人的兵器，制作更加精良。据《周礼》记载，当时的弓有六种、弩有四种、矢有八种（《夏官·司弓矢》）。这些名目繁多的弓弩矢，都有独特的性能，用于战争中各种场合。据说韩国有多种强弓劲弩，"皆射六百步之外"；能用脚踏连续射击，"百发不暇止"（《战国策·韩策一》）。建国后在长沙出土的战国铜弩机，"在结构原理上、制作技巧上，都达到了很成熟的地步①。"孙膑谈到弓弩在战争中的作用时称："发于肩膺之间，杀人百步之外，不识其所道至。"（《孙膑兵法·势备》）当时还有一种"连弩之车"（《墨子·备高临》），是一种安置在车上发箭的大弩，是攻守作战威力极强的武器。

云梯作为攻城的器械，战国时设计更加灵巧。据说，公输般曾"为楚造云梯"，能"九设攻城之机变"（《墨子·公输》）。筑"堙"（土山）挖"穴"（地道）而攻城，比春秋时更普遍。攻守城市时还使用鼓风的"橐"，把制造的烟压送到敌人的地道内，"疾鼓橐以熏之"（《墨子·备穴》），使敌人窒息。在江河湖海的水战中，当时还发明了一种称为"钩拒"的武器。它能对"退者钩之，进者强之"（《墨子·鲁问》），使敌船进退两难，行动受困。

甲胄护身，其质地更加坚韧，并多用铁制。《荀子·议兵》篇

---

① 高至喜：《记长沙、常德出土弩机的战国墓》，《文物》，1964年第6期。

说："楚人鲛革、犀兕以为甲，坚如金石。"据说中山国的力士，作战时"衣铁甲"（《吕氏春秋·贵卒》）。韩军的防御用具有"甲、盾、鞮、鍪、铁幕"（《战国策·韩策一》）等。所谓"铁幕"，就是"以铁为臂胫之衣"（《史记·苏秦列传·索隐》）。当时还出现了一种用铁制的障碍器材"蒺藜"，它有数个锐利的尖角，中央有孔，可用绳串起来，布设在敌人必经的道路上。孙膑在马陵之战时，就以蒺藜当沟池（《孙膑兵法·陈忌问垒》），使敌骑的进攻失利。

四　兵种的发展导致作战方式的多样

车兵和步兵是当时两个主要兵种。春秋时期以车兵为主、步兵为辅，到战国时期逐渐变成以步兵为主、车兵为辅。其原因是多方面的：一是由于征兵范围的扩大，大批原来居于鄙野的农民被征入伍，他们身份较低，宜于编为步兵；二是车兵受地形条件的限制，不能在山林险阻的地区作战，而步兵则行动灵便；三是坚韧锋利的铁兵器和远射有力的机弩广泛使用，往往使排列整齐的兵车受到巨大损失。公元前 405 年，赵国的步兵大败齐国的车兵，"得车二千，得尸三万"（《吕氏春秋·不广》），充分体现了步兵的优势和车兵的弱点。

骑兵是战国时期兴起的新兵种。虽说个别的武装骑手在商代甲骨文中已经出现，但直到春秋中期还没有骑兵集体作战的事。至春秋末年，骑兵开始与车兵联合使用。《韩非子·十过》篇记：赵襄子得悉知伯计谋，"乃召延陵生，令将军车骑先至晋阳。"战国中期，孙膑在齐国大力发展骑兵，曾主张"用骑有十利"（《通典》卷一四九）；并计划"使轻车锐骑冲雍门"（《战国策·齐策一》）。赵武灵王胡服骑射，使骑兵在对外作战中大显神通。

许多使用机弩射击的战士集合在一起组成弩兵，这又是战国时期发展的新兵种，在当时也威力无穷。孙膑在布置马陵之战的阵势时这样安排："长兵次之……短兵次之……弩次之"；"以弩次疾利"，"垒上弩、戟分"（《孙膑兵法·陈忌问垒》）。这里的"弩"，都指弩兵。在这次战争中，齐军弩兵"万弩俱发"而使敌人一败涂地。

在江河湖海上作战的舟师，战国时仍很活跃。南方的楚、越两国经常"舟战于江"，打得火热。秦国因为要对楚及巴蜀作战，也大兴舟师。据说秦的舟师"一舫载五十人与三月之粮，下水而浮，一日行三百余里"（《战国策·楚策一》）。司马错率巴蜀之众伐楚，竟出动"大舶船万艘"（《华阳国志·蜀志》）。从《孙膑兵法》曾大谈"水战之法"来看，齐国当也有一定数量的舟师。

由于步兵、舟师的活跃和骑兵、弩兵的出现，战争的场所就从广阔的平原迅速扩展到山林、江河、沮泽和险要之地，战争的方式也更加灵活多变。《孙膑兵法》说："易（地形平坦）则多其车，险则多其骑，厄（两边高峻的狭窄地带）则多其弩。"（《八阵》）就是讲利用各种不同的地形特点选择不同的兵种作战的方法。运动战和运用骑兵袭击在当时十分盛行，使战争指挥成为一门艺术。如秦赵长平之战，"秦奇兵二万五千人绝赵军后，又一军五千骑绝赵壁间"（《史记·白起王翦列传》），使赵卒成为瓮中之鳖。

春秋末年的孙武还认为"攻城则力屈"（《孙子兵法·作战》），到战国时期由于城市的发展、步兵数量的增多和武器技术的进步，攻城战便成为一种常见的方式。《墨子·备城门》篇曾列举攻城有

"临、钩、冲、梯、堙、水、穴、突、空洞、蚁傅、轒辒、轩车"等十二种方法。战略家尉缭主张作战应把攻城作为主要目标,用兵击敌要"深入其地,错绝其道,栖(包围)其大城大邑",全力进攻,使"敌救未至,而一城已降"(《尉缭子·攻权》)。燕将乐毅伐齐,在数年中"下齐七十余城"(《史记·乐毅列传》)。可见当时攻城战的普遍和激烈。

五　长城和城防设施的兴建

在用冷兵器作战的时代,高大的城墙可以在抵挡强悍的步兵、骑兵、车兵、弩兵的进攻中起相当重要的作用。于是,战国时期各国纷纷兴建为抵御七国互相兼并的内长城和防御北方少数民族侵扰的外长城。

位于东北方的燕国,兴建过南、北两条长城。其南长城又称"易水长城",西起太行山东麓,大部分沿着古易水北岸延伸,主要分布在今河北易县、徐水、安新、文安一带。燕国南长城的兴建,很明显是为了抵御齐、赵两国的进攻。其北长城主要分布在今河北张家口,经内蒙古赤峰市,至辽宁阜新、宽甸一线,全长约1 000千米。据史籍记载,燕昭王派秦开征服东胡,"东胡却千余里"。于是"筑长城",置辽东等郡"以拒胡"(《史记·匈奴列传》)。北长城兴筑在燕昭王时,即公元前311年—公元前279年,南长城的兴筑可能略早一些。

赵国位于战国七雄中的正北方,它也兴建过南、北两条长城。其南长城修筑于公元前333年,由漳水、滏水的堤防连接扩建而成，具体位置在今河北涉县、磁县、肥乡等一带。南长城的修筑目的显然是为了防御魏国的进攻。据《史记·匈奴列传》，赵国的北长城是赵武灵王在胡服骑射改革"北破林胡、楼烦"之后所筑。具体位置由今河北宣化向西，经内蒙古呼和浩特市北郊，止于乌拉特前旗境内，全长约1 000千米。其西段筑于阴山南麓，一般都用夯土，工程极其艰巨①。

位于西方的秦国，战国时修筑过东、北两条长城。其东长城位于今陕西东部的华阴、大荔、蒲城、白水一带，主要利用洛河西岸的堤防扩建而成。这条长城筑于公元前408年，其目的显然是为了防御魏国的进攻。秦国的北长城兴筑于秦昭王三十六年（公元前271年）。据《史记·匈奴列传》，秦昭王"起兵伐残义渠。于是秦有陇西、北地、上郡，筑长城，以拒胡"。其具体位置西起临洮（今甘肃岷县），沿洮水北上，又沿黄河往东北行，经榆中到准格尔旗境内，穿越今甘肃、宁夏、陕西、内蒙古四个省区，全长约1 500千米②。

其他如楚、齐、魏、韩诸国，也都筑过长城。楚的长城称为方城，自今河南鲁山至泌阳一段，春秋时已筑成。楚顷襄王时，又"多筑列城于北方，以敌华夏"（《史记·越王勾践世家·正义》引《括地志》）。这条长城自今河南鲁山向西到达栾川，再向南到邓州市。齐国的长城是在战国初中期陆续筑成的。史载公元前404年，三晋"伐齐，入长城"（《水经·汶水注》引《竹书纪年》）。至公

---

① 沈长云：《赵北长城西段与秦始皇长城》，载《历史地理》第七辑，上海：上海人民出版社，1990年。

② 白音查干：《战国时期燕、赵、秦长城新论》，《内蒙古社会科学》，1999年第5期。

元前 350 年，齐又"筑防以为长城"（《史记·苏秦列传·正义》引《竹书纪年》）。此长城从防门（今山东平阴县东北）起，经泰、沂山区北麓，至胶南市入海。魏国的长城有两条：一在洛水之滨。《史记·秦本纪》载："魏筑长城，自郑（今陕西华县）滨洛以北"，经大荔、澄城、洛川等县。一在今河南原阳县至新密市。《水经·济水注》说："按《竹书纪年》梁惠成王十二年（公元前 358 年）龙贾率师筑长城于西边。自亥谷以南，郑（即韩国）所城矣。"这两条长城都是为防御秦的东进而筑，其中一段是韩国补筑的。

各国在建筑长城的同时，对于都城的建筑也加强了防御设施。例如各国都城一般都有两道城墙：宫城和外城。两城间相距较远，有广阔的回旋余地。在高厚的城墙外，挖有宽深的护城河或壕沟，形成双重防御。城墙每隔一定距离，设有行城一座，横出于城顶之外。守军在行城上，可对进攻城墙的敌军进行交叉侧射。城的四角筑有四座高于城墙的望楼，可以集中弓弩打击两面的攻城者，还能

战国秦长城

作为观察敌情、指挥作战的场所①。

在长城和都城的防御设施之外，各国还在边境和交通要道上利用山水之险设置关、塞、亭、障等据点，平时都有军队防守，设有官吏掌管，并备有战鼓和烽火等设施。一旦遇到敌人进攻，可首先进行抵御，并向都城宫廷通报。

六　军队的选拔、编制、训练、赏罚制度

由于战争的频繁和激烈，各国都特别重视对军队的选拔和训练。如吴起在楚国变法，主张"损不急之枝官，以奉选练之士"（《韩非子·和氏》）。赵将李牧守于北部边境，每天率领战士"习骑射"。为出击匈奴，他"具选车得千三百乘，选骑得万三千匹，百金（能破敌擒将者赏百金）之士五万人，彀（能射）者十万人，悉勒习战"（《史记·廉颇蔺相如列传》附《李牧传》）。当时的军队有所谓"厚禄教卒""精士练材""简选精良"等各种名称。时人评论说："选练角材，欲其精也；统率士民，欲其教也。"（《吕氏春秋·简选》）显然，经过严格"选练"的精兵，具有极强的战斗力，能在战斗中发挥出色的作用。

当时选拔战士，有各种各样的方法。如魏国选拔"武卒"，要通过一定规格的考试：其时令每人"衣三属之甲，操十二石之弩，负服矢五十个，置戈其上，冠轴带剑，赢（装足）三日之粮，日中而趋百里"。如果达到这个要求，即为"中试"而入选部队，便可

---

① 陈绍棣：《战国都城城防体系刍议》，《江汉论坛》，1988年第9期。

免除其户的赋税徭役，还能"利其田宅"（《荀子·议兵》）。成书于战国后期的《六韬》，叙述"选车士之法"说："取年四十以下，长七尺五寸（约合 1.73 米）以上"，能追逐奔马，乘战车急驰时能张大弓朝各个方向快速准确射箭的人，便可成为"武车之士"；又述"选骑士之法"说：要身强力壮，反应敏捷，能在乘马急驰中张弓射箭，并能"越沟堑，登丘陵"，敢于冲击、破坏敌阵的人，便能成为"武骑之士"。这可能是当时许多国家采用的方法。

军队的编制在当时多种多样，有中央和各大都城的常备兵，也有各郡县的地方部队或民兵，作战时由国君统一调遣。如齐宣王伐燕时，不仅调集中央常备的"五都之兵"，还配合以靠近燕国的地方部队和民兵，"因北地之众"（《战国策·燕策一》）。至于兵种的编制，也各有差异。秦国的步兵，五人为"伍"，五十人设一"屯长"①，百人一"将"，五百人一"五百主"，千人设"二五百主"（《商君书·境内》）。骑兵的编制有："五骑一长，十骑一吏，百骑一率，二百骑一将"；战斗时又可编成：五骑一"列"，三十骑为"一屯"，六十骑为"一辈"（《六韬·犬韬·均兵》）。舟师的编制以战船为单位。据说越国的大翼战船可容纳战士二十六人，摇桨的五十人，在船头船尾掌握方向的三人，拿长钩矛、斧等重兵器的四人，再加上各领队的长官，整个战船"凡九十一人"（《太平御览》卷三一五引《越绝书·兵法》）。

训练军队在当时也各有特色。把有各种特长的人编在一起，如"勇力之士""陷阵之士""敢死之士"（《六韬·犬韬·练士》）各编为一队进行训练，这样可发挥其独特的功用。先由少数人进行训

---

① 《商君书·境内》："五人来薄为伍……五人一屯长，百人一将。"按其论述晋级顺序，后"五"字下当脱"十"字。

练，然后再大部队集体演习。如先由"伍长教其四人"，再由什长、伯长、兵尉、裨将逐级进行较多人员的训练。最后"合之大将"，由"大将教之，陈于中野"（《尉缭子·兵教》）。这样的训练，基础扎实，易见成效。

赏罚是提高战士的作战积极性，增强部队战斗力的最有效手段。当时军队的赏罚制度五花八门。据说秦国有"锐士"部队，赏罚特别严明。他们"功赏相长"，斩敌"五甲首而隶五家"（《荀子·议兵》），即杀敌五人可得到五家隶属者为其服役。各国普遍推行军功爵制，即按军功升迁爵级，同时提高其官位和俸禄，给予田地、住宅等待遇。如"楚之法，覆军杀将……官为上柱国，爵为上执珪"（《战国策·齐策二》）。当时三晋、齐、燕等国，一般都有侯（君）、卿、大夫等爵级。如："赵惠文王十六年（公元前283年），廉颇为赵将伐齐，大破之，取阳晋，拜为上卿"（《史记·廉颇蔺相如列传》）。赵孝成王时邯郸之役，"李同战死，封其父为李侯"（《史记·平原君虞卿列传》）。秦国商鞅变法实行自"公士"到"彻侯"的二十等爵制，规定："有军功者，各以率受上爵。"（《史记·商君列传》）《商君书·赏刑》提出要"壹赏"，即"利禄官爵抟（专）出于兵"。同书《境内》篇有许多关于战争中功过赏罚的具体论述。这些都应是秦国在战国中后期的舆论和制度。唯其赏罚如此具体严明，故秦国的军队愈战愈强。

七　军事指挥权的集中及战争规模的扩大

由于各国通过变法改革，废除了西周、春秋以来的分封制和世卿世禄制，同时官僚机构实行文武分职，确立了以"相"和"将"为文职、武职最高官位的国家官吏体系。原来享有世卿世禄特权，不但拥有世袭领地，还有自己私属军队的卿大夫贵族，变成了由国君根据其才能、业绩随意任免的文武官员。这就大大加强了国君的权力。当时有人主张："明主之吏，宰相必起于州部，猛将必发于卒伍。"（《韩非子·显学》）国君可以从基层单位直接选拔有才能和实践经验的高级文武官员，必将迅速促进国家文治武功的发展。

战国时期各国调动军队，大权也完全操在国君之手。国君委任统兵大将调发军队时，都用虎符。其具体办法是，国君将左半个符交与主帅，右半个符由国君掌握。双方虎符会合即可发兵。1978年西安市南郊发现一战国时的秦符，上有铭文曰："兵甲之符，右在君，左在杜。凡用兵兴士被甲，五十人以上，必会君符，乃敢行之①。"国君随时可以任命统兵将帅，用虎符调动全国军队，全国军事指挥权的集中为战争规模的进一步扩大创造了条件。

当时战争规模的扩大首先表现在参战人数的众多。春秋时期一次战争动员的兵力不过几万，到战国时期则动辄数十万。如魏国在秦围大梁时，曾"以三十万之众，守十仞之城"（《战国策·魏策三》）。秦赵长平之战，合计秦"斩首虏四十五万人"（《史记·白起王翦列传》），则赵国参战人数当在五十万左右。

其次是战争地域的广阔。春秋时两军作战，战场往往局限在一个较小的区域。到战国时，步、骑、车、弩四兵配合，行动迅速灵便，军队调遣频繁，战场范围大大扩展，方圆数十甚至几百里之内

① 陈直：《秦兵甲之符考》，《西北大学学报》，1979年第1期。

的山林沼泽，都可能成为战争之地。如秦赵阏与之战，赵将赵奢率兵，先是"去邯郸三十里"而坚壁，后又"卷甲而趋之，二日一夜至"，再"令善射者去阏与五十里而军"，最后赵卒疾趋占领有利地形，终于"大破秦军"（《史记·廉颇蔺相如列传》附《赵奢传》）。孙膑所指挥的桂陵、马陵等几次战争，也是长距离调遣敌人，在广阔的战场上抓住有利时机和占据有利地形而获得大胜的。

三是战争时间的延长。有人曾指出：当时战国七强，皆"能具数十万之兵，旷日持久数岁"。如"齐以二十万之众攻荆（楚），五年乃罢；赵以二十万之众攻中山，五年乃归"（《战国策·赵策三》）。几十万人坚持数年辗转几百里的大规模行动，可见战国时代的兼并战争的白热化程度。

第十一章　七雄兼并与合纵连横

战国初期到中期，七大强国的兼并战争连绵不断，而且愈打愈大，越来越激烈。这期间，有的国家由强盛走向衰落，有的国家由衰弱变得强大；有的国与国之间积怨难平，相互报复。这一时期的外交活动也因此颇为活跃，各国都在结交盟友以扩大自己的势力。弱国对付强国的合纵和强国对付弱国的连横这两种活动的开展，更使当时的兼并战争带有许多谋略的色彩。

一　魏国的衰落与齐、秦二国的崛起

在战国七雄中，魏国由于较早进行变法改革，最先强盛起来。如前面有关专题所介绍的，它曾恃其强盛的国力，在魏文侯及魏武侯时期，向西、北、东、南四邻展开进攻，取得多次兼并战争的胜利，被视为战国初年的霸主。

魏国的这种霸主地位，很大程度上依靠了与三晋中其他两个国家赵、韩的联盟。如公元前405年魏发动的向齐国的进攻，正是因依靠三晋联军的协同作战才取得胜利的。稍后进行的伐楚战争，也是三晋共同进行的，在这次战争中，三晋联军伐取了楚的大梁（《史记·楚世家》），取得了对楚的优势。然而不久之后，三晋却因利害冲突出现了分裂。公元前383年，赵国攻卫，卫向魏求救，魏乃出兵攻赵，大败赵师。赵在危急中向楚求救，于是楚又伐魏，一直攻到黄河边。赵也乘胜向魏反攻，"烧棘蒲，坠黄城"（《战国策·齐策五》）。至公元前362年，魏和赵、韩间的战争再度爆发。魏虽然战胜韩、赵联军，却被趁火打劫的秦国击败，魏将公孙痤被俘。秦献公二十一年（公元前364年），秦又曾攻魏石门，"斩首六万"（《史记·秦本纪》）。三晋的分裂内战和秦、楚的夹击，使魏国丧师失地，昔日霸主威风不再。

为了摆脱秦、韩、赵三国夹击的被动局面，谋求在中原地区的发展，魏国在公元前361年把国都从西部的安邑迁到东部的大梁。同时，设法与韩、赵互相交换土地，使分散的土地变得较为集中。在外交上，也频繁地进行相会、拉拢工作。

公元前354年，因赵国攻卫而魏起兵伐赵，大国间的战争再度爆发。魏将庞涓以重兵围攻邯郸，赵便向齐求救。次年，齐威王以田忌为将，孙膑为军师，发兵八万救赵。齐军听从孙膑之计，直攻内虚之魏，并选择难攻的平陵作为进攻点，用二大夫的败亡造成魏军的轻敌心理。之后，齐军突遣轻车西驰大梁，并以少量士卒跟从。此时进攻邯郸的魏军决定回救，而齐军也调动部队伏于要道。当庞涓的轻骑锐卒行至桂陵（一说为今山东荷泽；一说为今河南长垣西北），孙膑布置的伏卒四面出击，大败魏军而"擒庞涓"（《孙膑兵法·擒庞涓》）。这就是历史上有名的桂陵之战。孙膑继承其祖孙武"兵者诡道"的战术，设计伏击而重创魏军。

就在魏进围邯郸之时，秦乘机击败魏师而取得少梁（今陕西韩城县西南）；楚国也乘齐败魏之机，攻取了魏国的一些土地。公元前352年，魏惠王"以韩师败诸侯师于襄陵"（《水经·淮水注》引《纪年》）；次年，魏国在攻克邯郸的同时，又迫使赵国与之结盟，勉强挽回了败局。

为了在舆论上形成魏国的强大和领导地位，魏惠王听从秦国商鞅的游说，"先行王服"，再图取天下各国。他"广公宫，制丹衣"（《战国策·齐策五》）；"乘夏车，称夏王"（《战国策·秦策四》），在战国七雄中率先称王。同时，魏惠王在公元前344年邀集宋、卫等诸侯及秦公子少官等会于逢泽（今河南开封市南），朝见周天子。魏惠王的这些举动引起了其他大国的不满，于是新的战争再度爆发。

公元前343年，魏纠合赵进攻韩的南梁，韩向齐求救。齐威王命田忌、田盼为将，孙膑为军师，出兵击魏，直逼大梁。魏惠王听说齐师来犯，也调集十万大军，命太子申、庞涓①为将，前来迎击。齐军没有与魏军接触就调头往回走，并逐日递减灶数，造成齐军怯懦并大批逃亡的假象。庞涓求胜心切，乃率轻骑锐卒，兼程倍进，追逐齐军。孙膑计算庞涓的行程，傍晚当到达马陵（今山东郯城县马陵道）②，在那里布置歼灭魏军的阵势。马陵道崎岖狭

---

① 庞涓在桂陵之战时曾被齐军生擒，此次再度为将，当在战后不久被释放回国。其时间可能在公元前352年魏惠王败诸侯师于襄陵，齐请楚将景舍出来调停之时。

② 关于马陵之战的战地，历来都根据《史记》三家注，认为在河北、河南、山东间的平原地带。近年经学者研究，从文献、地形、考古、传说诸方面考定，应在今山东南部郯城县的马陵山和马陵道。详王汝涛等主编《孙膑兵法暨马陵之战研究》，国防大学出版社，1993年。

隘，两旁又多山林险阻，是"隘塞死地"（《孙膑兵法·陈忌问垒》）。庞涓的轻骑锐卒于傍晚行至马陵道时，埋伏于山林的齐军如"万弩俱发"，魏军顿时大乱，四散奔逃。庞涓自知智穷兵败，乃自刭身亡。齐军乘胜进击，尽破魏十万大军，"虏魏太子申以归"（《史记·孙子吴起列传》）。此时已是魏攻韩南梁的次年，即公元前 342 年。

由于魏国在马陵之战的惨败，不得不屈从于齐国的势力。公元前 334 年，魏惠王率领韩国及其他小国诸侯，到齐国的徐州（今山东滕州市东南）会见齐威王，尊齐威王为"王"；而齐威王也承认了魏惠王的王号。史称这一年，"诸侯会徐州相王"①。

乘魏国在东面惨败之机，秦国在西面向魏发动进攻。公元前 340 年，秦将商鞅以计俘虏魏将公子卬，袭夺其军。过了两年，秦又攻魏岸门（今山西河津市南），俘虏其将魏错。公元前 333 年，因秦起用阴晋人公孙衍为大良造（秦最高官职），魏乃于次年把阴晋（今陕西华阴市）献给秦国，但秦仍不领情。明年，秦又攻取魏的雕阴（今陕西甘泉县南），俘虏魏将龙贾，迫使魏交出河西地。到公元前 329 年，秦进一步攻取魏国河东的汾阴、皮氏和河南的焦（今河南陕县）等地。次年，秦起用张仪为相。在张仪的胁迫下，魏又把上郡十五县全部送给秦国。至此，魏国在黄河以西的土地丧失殆尽，并有一部分河东、河南的土地被秦占领。其国土日益缩小，国力也大大削弱了。

---

① 《史记·魏世家》和《史记·田敬仲完世家》记这次事件在魏惠王三十六年"卒"的明年，即"魏襄王元年"。但据《史记索隐》引《竹书纪年》："（魏）惠成王三十六年改元称一年，未卒也。"显然，《史记》所述有误。

二　合纵、连横活动的产生和发展

随着兼并战争的长期进行，在战国七雄中逐渐出现了强国和弱国两种国家。在诸谋士的游说下，形成了合纵和连横这两条完全不同的路线所谓"合纵"，就是"合众弱以攻一强"；所谓"连横"，就是"事一强以攻众弱"（《韩非子·五蠹》）。联合众多弱国而攻击一个强国，就能把强国打败，制止强国的兼并，维护弱国的生存；而一个强国攻击众多的弱国，则要把它们分化瓦解，以便于各个击破。战国中期以后，大国间的兼并战争就围绕着"纵"与"横"这样两种策略而展开外交和军事活动。

当时进行合纵、连横的主要活动家是惠施、张仪和公孙衍。魏相"惠施欲以魏合于齐、楚以按兵"，倾向于"合纵"；而秦相"张仪欲以魏合于秦、韩而攻齐、楚"（《战国策·魏策一》），倾向于"连横"。公元前322年，秦攻取魏的曲沃、平周等地，迫使魏惠王逐走惠施，而以张仪为魏相。秦、魏联合，这对其他各国是很大的威胁。于是又有公孙衍出来游说他的合纵策略，各国纷纷响应。魏国乃于公元前319年改用公孙衍为相，而张仪不得不退回秦国。次年，在公孙衍的策划下，便有魏、韩、赵、楚、燕"五国共击秦"之举。这次合纵攻秦，虽然不胜而还，但在当时的声势是很大的。有人曾评论说："公孙衍、张仪，岂不诚大丈夫哉！一怒而诸侯惧，安居而天下熄"（《孟子·滕文公下》）。可见公孙衍、张仪的合纵、连横活动，在诸侯中有着广泛而深刻的影响。

公元前298年，齐、魏、韩再次形成合纵联盟，向秦的函谷关发起进攻。这次三国合纵攻秦，历时三年之久。公元前 296 年，三国联军终于击败秦军，攻入函谷关。此时，赵、宋两国也乘机夹击秦国，形成"五国共攻秦"的局面。在这样的情势下，秦国不得不出来求和，归还了魏的河外、封陵和韩的河外、武遂等地。此事在《史记》的各《世家》《秦本纪》和《六国年表》中均有记载，是合纵活动开展以来的一次大胜利。

为了施展连横的策略，秦昭王采用相国魏冉的建议，于公元前 288 年 10 月自称"西帝"，而尊齐湣王为"东帝"。秦国欲以这样的手法拉拢齐国，共同进攻三晋瓜分赵国。富于戏剧性的是，这时苏秦出来游说齐湣王，称"齐释帝，则天下爱齐而憎秦，伐赵不如伐宋之利"（《战国策·齐策四》）。齐湣王竟听从苏秦之谋，于这年12 月去帝号，并由苏秦策划，合纵齐、燕、赵、魏、韩五国攻秦。迫于五国出兵的强大声势，秦国也不得不撤销帝号，并以归还魏的温、枳、高平三邑和赵的三公、什清二邑来求和（《战国策·赵策一》）。开始欲以连横攻赵分地的秦国，终因五国合纵而受挫失地。可见当时纵横外交活动的频繁和变化多端。

由于五国合纵而受挫的秦国，于公元前 287 年欲与齐再度连横，由策士韩晷游说齐湣王。双方达成协议：秦让齐攻取宋，而齐让秦攻取魏的安邑。这年，秦攻取了魏的新垣、曲阳；次年又派司马错"攻魏河内，魏献安邑"（《史记·秦本纪》）。齐国经过这两年的多次进攻，终于灭宋。连横使秦、齐两国都得到了很大的好处。

齐国灭宋，疆土扩张许多，构成了对三晋的威胁。上次的连横，齐先去帝号而合纵攻秦，使秦蒙受较大损失，秦便欲乘机"以破宋为齐罪"，主谋合纵伐齐。经过多方外交活动，魏国名将乐羊的后裔乐毅成为燕、赵两国的"共相"，并率领赵、秦、韩、魏、燕五国军队攻齐。公元前285年，秦将蒙骜先伐齐河东，连拔九城，改为九县。接着，乐毅所率五国联军攻齐，"取灵丘（今山东高唐县南）"（《史记·赵世家》）。次年，秦又派尉斯离与三晋、燕联合伐齐，在济西地区大败齐师。由于这次秦国主谋合纵攻齐，大大削弱了齐的力量。天下形势由齐、秦二强对峙变成秦国独强的局面。

在谈论战国时代的合纵、连横活动时，有一个人物值得注意，那就是苏秦。据《战国策》和《史记》的记载，苏秦的活动时间长达七八十年，这是不可能的。司马迁早就指出："世言苏秦多异，异时事有类之者，皆附之苏秦。"（《史记·苏秦列传》）1973年，湖南长沙马王堆汉墓出土一批帛书，其中有一种定名为《战国纵横家书》。该书的第一至十二章和第十四章都是苏秦对燕昭王和齐湣王的献书和游说词，乃知苏秦确是五国合纵伐齐的策划者。银雀山竹简《孙子兵法》有增出的"燕之兴也，苏秦在齐"等语，说明苏秦是为燕国的复兴而潜伏于齐国刺探情报，最后被齐湣王以反间罪"车裂"于市（《战国策·楚策一》）。苏秦的真实生活时代和活动情况的发现，乃知其前众多的合纵游说辞和"佩六国相印"的经历，都是后世好事者的编造①。

战国中后期的合纵、连横活动是由一批策士的游说而展开的，他们在各大国的君主之间，进行策划、鼓动，翻手为云，覆手为

---

① 车新亭：《〈战国纵横家书〉与苏秦史料辨正》，《北京师范大学学报》，1990年第3期。

雨，使当时的局势波澜起伏，在短时期内出现重大转折。他们宣传："外事，大可以王，小可以安"（《韩非子·五蠹》），是有一定道理的。秦国就是因为在当时的合纵、连横活动中，采用策士之谋，"散六国之从（纵），使之西面事秦"（《史记·李斯列传》载李斯语），所以在兼并战争中经常处于优势，进展顺利。

三　秦国向四面开拓疆土

处于西部地区的秦国，由于地理位置的优越、变法改革的成功，以及各种政策、计谋的得当，在战国中期得以向四面开拓疆土，实力大增，成为七雄中的最强者。

秦西南的蜀国，一直与秦有摩擦，是秦国的边患。公元前 387 年，蜀攻取秦的南郑（今陕西汉中市西南）。同年秦伐蜀，夺回南郑（《史记·六国年表·秦本纪》）。公元前 316 年，由于蜀王伐苴侯，苴侯奔到巴国，向秦求救，秦乃派司马错、都尉墨等伐蜀，杀蜀王而灭其国。接着，把苴与巴也一并攻取（《华阳国志·蜀志》）。秦兼并巴、蜀后，起初实行民族自治政策，封蜀王子弟为"侯"，巴统治者为"蛮夷君长"，实行优惠的赋税制度（《后汉书·南蛮传》），并多次派兵镇压当地的叛乱。其后，改置巴郡、蜀郡，派遣郡守，进一步加强对西南地区的开发。

位于秦西北的义渠国，经常侵扰秦地。公元前 444 年，秦讨伐义渠，俘虏其国王。至公元前 430 年，义渠再次伐秦，深入渭南。公元前 335 年，义渠再次于洛水一带击败秦师。四年后，义渠发生内乱，秦惠王派庶长操带兵前往平定。公元前 327 年，义渠君向秦称臣。公元前 320 年，秦伐义渠，攻取郁郅（今甘肃庆阳县东）。过了两年，东方五国合纵攻秦，义渠又乘机袭击，"大败秦人"（《战国策·秦策二》）。公元前 315 年，秦大举伐义渠，攻取二十五个城。秦昭王初年，义渠王来秦朝见，与昭王母宣太后私通。至公元前 272 年，"宣太后诱杀义渠王于甘泉宫，因起兵灭之"（《后汉书·西羌传》）。经过长期的攻伐斗争，秦终于把西北面的强敌义渠兼并，设置陇西、北地等郡，其疆土又大大扩展了。

对于东面的三晋，秦国也伺机出击。公元前 315 年，正当燕国内乱、齐国出兵攻燕之时，秦国也出兵攻韩，战于浊泽（今河南长葛市西北）。到次年，秦于岸门（今河南许昌市西北）大败韩军，"斩首万"（《史记·秦本纪》）。同年，秦又派樗里疾攻取魏的焦和曲沃（今河南三门峡市西）。公元前 313 年，秦袭取赵国的蔺地（今山西离石市西），俘虏将军赵庄。这次秦国乘齐破燕、东方混乱之机，向韩、魏、赵三国发起猛烈进攻，取得不少土地。

此时，楚、齐两国正结成联盟准备伐秦，并且齐已经助楚攻取秦的曲沃。秦惠王忧虑之际，秦相张仪乃南去游说楚怀王，称秦王最尊崇楚王而最恨齐王，现在秦王准备伐齐，若楚与齐绝交，他能使秦王献给楚商於之地方六百里。老实的楚怀王信以为真，果然与齐绝交。当楚派使者至秦接受献地时，张仪诡称只有六里。楚怀王大怒，大举攻秦（《战国策·秦策二》）。公元前 312 年，楚派将军屈丐进攻丹阳（今河南西南部丹江以北地区，即所谓"商於之地"）；因韩已折入秦的怀抱，又派景翠围攻韩的雍氏（今河南禹州市东北）。面对楚的进攻，秦一面派庶长魏章在丹阳大败楚军，斩首八万，虏其将屈丐，乘胜向西攻取楚的汉中，得地六百里，置汉中郡；一面又派樗里疾助韩反击，助魏击败齐军于濮水一带。楚怀王因汉中失守而大怒，再次兴师袭秦，深入到蓝田（今陕西蓝田县），结果又被秦大败。韩、魏乘机击楚，"南袭至邓（今湖北襄樊市北）"（《战国策·秦策四》）。第二年，秦又攻取楚的召陵（今河南漯河市东北）。这次秦与韩、魏结盟，离间了楚、齐的关系，在南方和东南方向楚国攻取大量土地，秦的疆域进一步得到扩展。

公元前308年，秦武王欲"车通三川，窥周室"，发兵进攻韩的宜阳（今河南宜阳县西）。宜阳是韩的大县，据说"宜阳城方八里，材士十万，粟支数年"（《战国策·东周策》）。秦军经过长期的苦战，终于在次年攻取宜阳，斩首六万。公元前294年，因齐、秦联合，并对各自攻略的土地达成协议，秦就派向寿攻取韩的武始，白起进攻韩的新城（今河南伊川县西南）和伊阙（今河南洛阳市东南）。次年，魏派公孙喜会合周军前来助韩御秦。当时韩、魏联军在数量上大大超过秦军，但两军互相推让，谁也不愿当先锋。秦军以疑兵对韩，而出其不意集中精锐破魏主力。"魏军既败，韩军自溃，（秦）乘胜逐北"（《战国策·中山策》），连拔五城，斩首二十四万，俘虏魏将公孙喜；又渡过黄河，攻"取韩安邑以东，到乾河"（《史记·白起王翦列传》）。公元前292年到公元前290年，秦先后攻取了魏的垣、魏、轵、邓、蒲阪、皮氏，迫使魏献出"河东地方四百里"（《史记·魏世家》）。同时，秦又连续攻韩，迫使韩"与秦武遂地方二百里"。公元前289年，秦再次攻魏，"取城大小六十一"（《史记·六国年表》）。这样，秦在短短几年时间内，向东夺得韩、魏的大块土地，其攻伐所向披靡，势不可挡。

四　齐破燕和燕破齐的相互报复

田氏齐国自公元前 386 年由周天子任命列为诸侯后，经过齐威王的改革，国力逐渐强大，曾经在公元前 353 年的桂陵之战和公元前 342 年的马陵之战两次大败魏军，成为与西方秦国并列的头等强国。

公元前 318 年，燕王哙把王位禅让给相国子之。过了三年，燕国大乱。太子平、将军市被攻子之却不胜而亡，死者数万。齐宣王乃于公元前 314 年令匡章"将五都之兵"，并征发"北地之众以伐燕"（《战国策·燕策一》）。只用了五十天便攻下燕国都城，杀子之。后来由于齐军的暴行而"燕人畔（叛）"（《孟子·公孙丑下》），齐军不得不撤退归国。

此后，齐国于公元前 301 年与魏、韩联合攻楚，大败楚军于垂沙（今河南唐河县西南），杀楚将唐蔑。公元前 298 年，齐又与魏、韩合纵攻秦，入函谷关，迫使秦割地求和。同时，齐又"北与燕战，覆三军，获二将"（《战国策·燕策一》），取得大胜。

然而齐国的目标是西南面的宋这块肥肉。宋王偃曾"灭滕、伐薛，取淮北之地"（《战国策·宋卫策》），国土不小，但其性格昏庸暴虐，国内局势不稳。赵、秦二国都想攻宋，赵相李兑和秦相魏冉更欲夺取宋的陶邑（今山东定陶县西北）这个繁华都市作为自己的封地。

再说燕昭王自公元前 314 年即位以来，经过近二十年发愤图强的改革，国力大增，一心要报齐的破国之仇。当时有策士苏秦向燕昭王游说献计，要使齐攻宋而疲其力，然后离间齐与秦、赵的关系，再借秦、赵之力攻破齐国。为实施这一计划，苏秦愿当间谍游说并进驻齐国。公元前 294 年，燕昭王派苏秦游说齐湣王，称宋为"中国膏腴之地"，"伐之，名则义，实则利"（《战国策·燕策二》）。齐湣王听信了苏秦的建议，燕昭王则派兵助齐攻宋。

齐国倾全力三番四复的进攻，终于在公元前 286 年把宋国攻灭，宋王偃出逃而亡[①]。齐的灭宋，引起秦、赵等国的不安。特别是秦国，认定这是一个打击齐国的好机会，便主动谋划合纵攻齐。当齐国形势危急之时，苏秦自感罪责难逃，曾上书赵王，指出秦的野心，而赵齐"宜正为上交"（《战国纵横家书》二十一、《赵策一》）。但为时已晚，五国联军开始攻破齐国，苏秦便被车裂而死。

联军在济西大败齐师、齐湣王亡走至莒（今山东莒县）后，各诸侯国军都罢兵西归。唯有乐毅率领的燕军乘胜追击，攻入齐都临淄，尽取齐的财物、祭器，运到燕国，并留齐五年，"下齐七十余城"（《史记·乐毅列传》）。齐湣王在莒被楚国派来救助的淖齿杀死。

在乐毅独率燕军深入攻齐之时，秦、魏、楚等国就忙着攻取齐刚得的宋地。秦攻取了陶邑，后来成为了秦相魏冉的封地。魏攻取宋地较多，设立了大宋、方与两郡。楚也攻得被宋夺取的淮北地。就连国力较弱的鲁国，也乘机攻"取徐州（今山东滕州市南）"（《吕氏春秋·首时》）。

乐毅攻齐五年，唯莒与即墨（今山东平度市东南）二城坚守，久攻不下。公元前 279 年，燕昭王去世，子惠王即位。燕惠王不信

---

① 《史记·宋世家·索隐》："《战国策》《吕氏春秋》皆以偃谥曰'康王'也。"但宋王偃是亡国之君，不得善终，而"康"是善谥、美谥，故此谥号是有问题的，司马迁没有采用。

任乐毅，恐有变，乃使骑劫代乐毅为将。齐即墨守将田单估算反攻的时机已到，于是令老弱女子登城，遣使者出城约降；又令即墨富豪送燕将千金，希望不要掳掠妻妾，燕军因此戒备松懈。在麻痹燕军的同时，田单在城中收得千余头牛，披上画有五彩龙纹的缯衣，角上缚着尖刀，尾上缚着灌油脂的芦苇。夜晚燃烧其尾而纵牛狂奔，壮士五千人随后冲杀。燕军大惊，死伤惨重。齐人遂杀燕将骑劫，乘胜追击，七十余城很快全部收复。齐破燕和燕破齐的相互报复，导致两败俱伤。齐国虽然得以复国，但其力量再也无法与秦国抗衡，为秦国日后削平六国创造了有利条件。

五 楚国政治腐败导致农民大起义

楚国在公元前381年因楚悼王去世而吴起变法失败后，军政大权长期掌握在昭、景、屈三家贵族手中。他们反对革新，排斥贤人，政治愈趋腐败。楚怀王时屈原曾主张改革，制订新的法令，以达到国家富强的目的，终因统治集团内腐朽势力的排挤而遭流放。于是，贪婪的贵族更加肆无忌惮，"好伤贤以为资，厚赋敛诸臣、百姓"，使楚国"食贵于玉，薪贵于桂"（《战国策·楚策三》）。处于水深火热之中的广大人民对于贵族统治者的残酷剥削早就恨之入骨，纷纷起义抗争，因而"楚国多盗"，"盗贼公行而弗能禁"（《战国策·韩策二》）。在这样的形势下，楚国随时都有爆发大规模农民起义的可能。

但楚毕竟是个大国，在战国中期的兼并战争中曾经取得过一些胜利。公元前333年，楚威王因对齐、魏"徐州相王"不满，曾亲率大军伐齐，在徐州击败齐军。公元前 323 年，楚国为了送流亡在楚的魏公子高回国为太子，乃派柱国昭阳击败魏军于襄陵（今河南睢县)①，取得八个邑。公元前 306 年左右，楚曾趁越国内乱而伐越，取得大片土地并建立江东郡②。

然而在很多场合，楚都以丧师失地而告终。公元前 313 年，楚怀王因受张仪之骗而攻秦。次年，楚军大败，被斩首八万，丧失汉中六百里地。楚怀王再兴师出击，结果又大败。韩、魏乘机袭邓，秦与韩师又"取上蔡"（《水经·汝水注》引《纪年》）。公元前 311 年，楚又被秦攻取召陵。至前 301 年，齐、魏、韩三国联合攻楚，大败楚军于垂沙，杀楚将唐蔑，宛、叶以北地被韩、魏袭取（《战国策·西周策》）。同年，秦伐楚，斩首二万。次年，秦复攻楚，斩首三万，拔新城，杀楚将景缺（《史记·六国年表》）。

接二连三的失败，不仅增加了农民的赋役负担，更使其饱受惨杀和掳掠之苦。公元前 301 年垂沙之役惨败，庄蹻农民起义随之爆发。《荀子·议兵》说："（楚）兵殆于垂沙，唐蔑死；庄蹻起，楚分而为三四。"《商君书·弱民》亦述："唐蔑死于垂涉（即垂沙），庄蹻发于内，楚分为五。"当时"庄横行天下，聚党数千"（《论衡·命义》），并一度攻入郢都。《吕氏春秋·介立》把"庄蹻之暴郢"与"秦人之围长平"相提并论，认为这些皆"相暴以相杀"，可见这次起义战斗之激烈。

---

① 徐少华：《昭阳伐魏及其相关问题辨析》，《江汉论坛》，1993 年第 4 期。
② 有著作认为此时楚已"灭越"，不确。因越旧都会稽及其周围地区尚未被占，越人此后活动不断。越国是在公元前 222 年被秦攻灭的。参见杨善群《楚未灭越考辨》，《史林》，1986 年第 1 期；何浩：《楚灭国研究》，第 311 页，武汉：武汉出版社，1989 年。

后来，由于形势的不利，起义军无法在郢都地区立足，为打开一条生路，遂向封建统治力量较薄弱的西南地区转移。起义军经过艰苦战斗，通过楚黔中郡（今湖南西部），溯沅江而上，到达且兰（今贵州东南部），又击败夜郎部族（今贵州西部），约于公元前286年到达滇池地区①。庄蹻以其起义部队在这里称"王"，建立了政权，并尊重当地风情习惯，"变服，从其俗"（《史记·西南夷列传》）。庄蹻率部入滇，加强了中原华夏族和云南少数族的文化交流。

庄蹻农民起义军转入西南地区后，楚国的政治更加腐败，秦便开始向楚发动更大规模的进攻。公元前279年，秦派白起用水灌城的方法攻克鄢（今湖北宜城市南），军民死者数十万（《水经·沔水注》）。然后乘胜进军，于次年攻取楚都郢而置南郡。楚顷襄王只得出逃，迁都至陈（今河南淮阳）。秦国之所以能长驱直入，势如破竹，在一两年内攻取楚数百里的广阔地区，据后来白起的分析，是因为楚"谄谀用事，良臣斥疏，百姓心离，城池不修"（《战国策·中山策》）。公元前277年，秦又攻取楚的巫、黔中，设置黔中郡。从此，楚国西部的半壁江山为秦所得，其颓败之势已难以挽回。

六　赵国在战国后期的强大及与秦的对峙

赵国在公元前307年由赵武灵王进行胡服骑射的改革后，军队

---

① 庄蹻率部转战到达西南滇池地区，乃农民起义的战略大转移，而非变为楚国将军。参见谢照明、王予民：《庄蹻农民起义初探》，《史学月刊》，1982年第1期。

的战斗力大为增强。为消除心腹之患，赵武灵王首先向北面的中山国发动进攻。中山国在公元前406年曾被魏攻灭，但不久因魏忙于战争，难以控制而复国。当时的中山奋发图强，咄咄逼人，曾"南战于长子"（今山西长子县），击败赵军（《战国策·齐策五》）；又乘燕内乱而攻燕，夺得疆土"方数百里，列城数十"（《中山王𰯼鼎》铭文）。赵武灵王在推行改革的那年，又攻中山到房子（今河北高邑西）；次年攻到宁葭（今石家庄市西北），又西略胡地至榆中，迫使"林胡王献马"，又"致其兵"（《史记·赵世家》），即收编林胡的军队。公元前305年、前303年、前300年，赵多次大举攻中山，取得大片土地，设置了云中郡和九原郡。公元前297年，赵武灵王西出楼烦，又收编了楼烦的军队。次年，攻灭中山。在短短十余年时间内，赵国攻得中山及西北少数族的大片疆土，又收编了它们的军队，一举成为足以与齐、秦抗衡的强国。

不久，齐国因为灭宋而遭到五国合纵攻伐，燕独深入破齐。在这样的形势下，秦就大举攻魏，企图吞灭魏国。公元前283年，秦军取魏安城（今河南原阳西南），兵至大梁，并一直向东深入到"陶、卫之郊"（《战国策·魏策三》）。由于赵、燕大军的解救，秦不得不退兵。过了二年，秦再次围攻魏都大梁。赵、燕两国又出兵救魏，因秦"兵困于林中"（《战国策·燕策二》），才被迫讲和。自公元前276年至公元前274年，秦继续向魏进攻，取得卷、蔡阳、长社等八城，迫使魏投入赵的怀抱。公元前273年，赵、魏联合进攻韩的华阳（今河南新郑市北），韩向秦求救，秦派白起击赵、魏联军，魏不得不割南阳予秦以请和。秦乃于次年把新攻得的楚、魏、韩地，合建为南阳郡。

在战国后期的兼并战争中，能与秦抗衡的只有赵国了。继赵武灵王之后的赵惠文王，同样是一个励精图治、奋发有为的君主。他重用廉颇、蔺相如、赵奢等一批文武兼备的将相之才，使国家的经济、政治、军事都保持强盛的势头。虽然赵国在西面与秦的交锋中曾不断失利，丧失了一些土地，但在东面和南面连续向齐、魏进攻，雄风依旧。公元前 283 年，赵攻取齐的阳晋（今山东郓城）；公元前 280 年，又攻取齐的麦丘（今山东商河西北）。公元前 276 年，赵攻取魏的几；次年又攻取魏的防陵、安阳（《史记·廉颇蔺相如列传》）。到了公元前 274 年和公元前 271 年，赵继续攻下了齐的不少城邑。

公元前 270 年，秦因赵违背交换城邑的协议，向赵的阏与（今山西和顺）进攻，赵派赵奢率军前往救援。赵奢故意在离赵都邯郸三十里处停留二十八天，造成赵军胆怯、不敢趋战的假象。在秦派间谍将情况回报后，赵军出其不意，疾行两天一夜到达离阏与五十里处而筑军垒。秦人前来围攻，赵军又先占据北山，自高向下冲杀，大破秦军（《史记·廉颇蔺相如列传》附《赵奢传》），此时已到公元前 269 年。在阏与之役后，秦又进攻赵的几，廉颇率军来救，又"大败秦师"（《战国策·赵策三》）。秦国的进攻两次遭到赵军的冲击，大败而归，遏制了其嚣张气焰。兼并战争在秦、赵对峙中持续着。

第十二章　从长平之战到秦的统一

这是战国七雄兼并战争的最后阶段。在这一时期，六国在救亡图存的战争中作最后的拼搏，秦国更是多用谋略攻灭六国而统一中国。雄才大略的秦始皇在治理秦国和兼并六国的战争中表现出的刚毅决心、非凡胆识，为战国的结局历史抹上浓重的一笔。秦之所以能统一中国有它各方面的深刻原因，中国从此成为统一的、中央集权制国家，历史又展开新的一页。

一　长平之战赵国的惨败

公元前 268 年，魏人范雎入秦见秦昭王，说了两件大事：一是在国内要加强王权，认为太后、穰侯、华阳君"三贵竭国以自安"，而王只"处三分之一""恐后世之有秦国者，非王之子孙也"。其后，昭王即夺太后权，逐穰侯、华阳君。二是在对外战争中要"远交而近攻"，如此则"得寸则王之寸，得尺亦王之尺也。"当时秦国越过韩、魏而攻齐国，"战胜攻取，利尽归于陶"（《战国策·秦策三》），扩大了穰侯的封地，这对秦国是很不利的。秦昭王悉听范雎的计谋，并于公元前266年拜范雎为相。

按照范雎的谋略，秦于公元前268年和公元前266年，攻取魏的怀和邢丘。公元前265年，又攻取韩的少曲和高平，同时伐赵"拔三城"（《史记·赵世家》）。次年，秦又"攻韩，拔九城，斩首五万"（《史记·秦本纪》）。公元前263年，秦攻取韩的南阳；次年又攻取韩的野王（今河南沁阳市）等十城。韩上党郡与韩本土的交通也因此阻断了。上党郡守冯亭眼看秦兵日进，而韩无力抵抗，乃以上党郡十七城邑献给赵国，与赵一起抗秦。赵即发兵取上党，并派廉颇将军驻守长平（今山西高平市西北）。

自公元前262年赵将廉颇驻守长平后，即修筑防御工事，准备长期固守。秦闻韩上党郡归赵后，也派左庶长王龁领兵进攻长平。两军在长平相持三年之久，由于廉颇的坚固防守，秦军竟不能有所得。公元前260年，秦赵决战，是年四月，赵军与秦侦察兵遭遇，秦兵斩赵裨将茄；六月，秦攻取赵的二障四尉；七月，赵军筑垒壁而守，秦又攻破其垒，取二尉。廉颇采取了坚壁固守的策略，"秦数挑战，赵兵不出"（《史记·白起王翦列传》），秦军也无可奈何。

这时，秦相范雎派人至赵施反间计，告诉赵孝成王，秦最怕的是赵奢之子赵括为将，廉颇容易对付，而且快要投降了。赵王信以为真，即派赵括代廉颇为将。赵括一到前线，即出兵击秦。秦军假装败走，而张开两支奇兵包抄敌后。赵军追逐至秦壁垒，不得入，而秦奇兵二万五千人断绝了赵军的退路和粮道，又一军五千人插入，把赵军分而为二。赵军出战不利，在围困中坚守。至九月，赵兵四十六天没有粮食接济，以致内部自相残杀而食。赵军分数队攻秦垒，欲突围，皆不得出。赵括亲自率锐卒搏战，被秦军射杀。于是赵军四十万人降秦。秦将白起恐赵卒反复为乱，乃设诈而将其全部坑杀，只留下小兵二百四十人归赵（《史记·白起列传》）。战国末年两强相争的长平之战以赵国的惨败而告终。

长平之战赵国真有四十万降卒被活埋吗？历来有学者对此表示怀疑①。近年考古工作者对山西高平市永录村的一长平战址尸骨坑进行实地发掘，该坑埋葬个体约130多个，绝大部分为被杀后乱葬。在该村周围，已知有18个尸骨坑，未发现大量被活埋的证据②。以上实地发掘考察的情况，与史书所说是有出入的。

赵国之所以在长平之战中惨败，除了赵王中反间计而撤换将领外，不会在外交上进行合纵也是一个重要原因。当秦、赵战于长平而赵不利时，虞卿曾向赵王建议："发使出重宝以附楚、魏。……赵使入楚、魏，秦必疑天下合从（纵）也，且必恐。"（《战国策·赵策三》）当时楚、魏、齐都有救赵的意向，若三国发来救兵，情况当会大不一样。可惜赵王不听虞卿的建议而一味欲与秦媾和，以致大败。相反，秦国为了防止魏国在秦、赵对峙时合纵攻秦，乃许割垣雍之地以安魏，人称"以垣雍饵（魏）王"（《战国策·魏策四》）。外交策略上一个精明一个愚蠢，也决定了战争的结局是秦胜赵败。

① 宋裕：《白起坑赵卒有"四十万"吗?》，《晋阳学刊》，1983年第3期。
② 山西考古研究所等《长平之战遗址永录1号尸骨坑发掘简报》，《文物》，1996年第6期。

二　魏、楚联合解救邯郸之围的胜利

秦国在长平之战大胜赵国后，于公元前259年迫使韩献垣雍，又兵分两路继续攻赵：司马梗北上攻取太原郡和上党郡；王龁东进攻取皮牢和武安。这年九月，又派五大夫王陵进围邯郸，准备一举攻下赵国。当时赵国在大败伤痛之余，正奋发振作，救亡图存，"臣人一心，上下同力"（《战国策·中山策》末章），使战斗力量大增。至次年正月，王陵战斗失利，损失五校之兵。秦又以王龁代王陵为将，围邯郸八、九个月仍不能攻下。

公元前257年，邯郸已被围三年，形势危急。赵王弟平原君率门下食客往楚讨救兵，毛遂自荐同往，果使楚王歃血结盟，发兵救赵。平原君夫人是魏信陵君之姊，曾多次给魏王及其弟信陵君写信，要求发兵来救。魏派将军晋鄙率十万兵出发，因怕秦报复，滞留于途不敢前进。信陵君用门客计谋，请魏王宠妃偷得发兵虎符，又带大力士朱亥用铁锥击杀晋鄙，于是"得选兵八万人，进兵击秦军"（《史记·魏公子列传》）。同时楚派景阳率大军前来会合，形势立刻变得对赵极为有利。

围攻邯郸的秦军在赵军与魏、楚联军的夹击下，迅速瓦解。秦将郑安平被赵军围困，率所部两万人降赵。王龁所率秦军也在夹击中溃退，逃回汾城（今山西临汾市）。魏、楚联军乘胜追击，"攻汾城"（《史记·秦本纪》），收回了一些河东的失地。《韩非子·有度》曾说魏安厘王"取地河东"，即指此役。这时，韩也参与合纵伐秦，攻取汝南（今河南宝丰县南）。汝南又称应，是秦相范雎的封地。《战国策·秦策三》谓"应侯失韩之汝南",就是说应侯的封地也丧失了。

楚国乘合纵攻秦胜利的余威,继续进攻鲁国。早在公元前261年,当秦、赵相持作战于长平时,楚就乘机攻取鲁的徐州。公元前256年,趁楚、魏合纵解邯郸之围取得胜利、秦军狼狈撤退之际,楚就一举将鲁攻灭(《史记·鲁世家》)。

乘着解救邯郸之围、胜利击退秦军的余威,魏国也在公元前256年至公元前254年,攻得秦国孤立在东方的陶郡以及卫国的大片土地。《韩非子·饰邪》说魏安厘王"数年东乡(向),攻尽陶、卫";《吕氏春秋·应言》也说魏安厘王"举陶削卫,地方六百"。楚、魏两国都在这次解围胜利中取得了一些成果。

然而邯郸之围的失败并没有使秦国遭受多少损失,在稍作休整后,秦国又于公元前256年"攻韩,取阳城、负黍,斩首四万;攻赵,取二十余县"(《史记·秦本纪》)。因为西周君参与东方诸国的合纵抗秦活动,秦于此年又攻西周。西周君奔秦,"尽献其邑三十六城,口三万"(《史记·秦本纪》)。当年周赧王去世,秦便"取九鼎宝器"(《史记·周本纪》)。这样,西周灭亡,徒有虚名的"天子"也正式消失。

三 东方六国相互征战与信陵君合纵攻秦

面对秦国要吞灭六国的威胁,东方六国不是团结起来一致抗秦,而是在钩心斗角,互相残杀。公元前251年,燕国见"赵民其壮者皆死于长平,其孤未壮",以为有机可乘,乃发兵六十万分两路攻赵（《战国策·燕策三》）。赵派廉颇大破燕军于鄗（今河北高邑东南），杀燕将栗腹；又派乐乘大败燕军于代（今河北蔚县东北），俘燕将卿秦（《史记·赵世家》）。廉颇乘胜追击五百余里，进而包围燕都，一直围攻到明年，"燕割五城请和"（《史记·廉颇蔺相如列传》）。公元前249年，赵大将乐乘再次攻燕，围燕都进行报复。

当时各国又乘齐被燕破、国势虚弱之机，纷纷攻取齐的土地。燕在攻赵的同时，又派燕将攻取齐的聊城，后因燕屡被赵破而退兵。楚在攻取鲁国后又乘胜北进，"攻齐之南阳（泰山西南地区）"（《史记·鲁仲连邹阳列传》）。魏在攻得定陶和卫的大片土地后也乘胜东进，攻下齐的平陆（今山东汶上北）。平陆原是齐西南的别都，地位十分重要，故《韩非子·有度》称魏安厘王"攻尽陶、卫之地，加兵于齐，私平陆之都"。

东方六国以强攻弱，互相征战，这正是秦国向东兼并的好机会。公元前249年，秦同样以"与诸侯"合纵为罪名，把建都于巩的东周攻灭，尽并其地。同年，秦将蒙骜又攻取韩的成皋、荥阳，将其与西周、东周一起合建为三川郡。次年，秦再攻取赵的榆次（今山西太原市东南）等三十七城，并攻拔魏的高都和汲（《史记·秦本纪》）。公元前247年，秦又攻占韩上党郡的全部土地，并在这一带再建太原郡。

魏信陵君自窃王兵符、救邯郸之围取得胜利后，因不便回国就一直在赵居留已有十年。此时秦又连续攻取三晋之地，国家危在旦夕，魏安厘王只得请信陵君回国主持抗秦大计。赵、楚等国由于形势所逼，亦纷纷参与计谋。公元前247年当信陵君回到魏国，就率领东方五国（除齐国外）之兵击破秦军于河外，并乘胜追逐至函谷关。信陵君所率联军威震天下，士气高昂，"秦兵不敢出"（《史记·魏公子列传》）。

为了魏国的安全，信陵君还曾率魏军攻韩，取得管城（今河南郑州市）。因为管在荥泽东南，若为秦军攻取，即可"决荥泽水灌大梁"（《史记·魏世家》）。魏攻得管城，有力地保护大梁的安全。此时魏还为争夺睢阳、上蔡、召陵一带土地而击破楚军，当然也是信陵君的功绩。《韩非子·有度》说魏安厘王"攻韩拔管，胜于淇下；睢阳之事，荆军老而走；蔡、召陵之事，荆军破。"可知魏安厘王晚年得信陵君之助，获取不少胜利。

四　秦始皇登位及其治国策略

公元前 246 年秦庄襄王去世，秦王政（即秦始皇）继位，当时他只有 13 岁，军政大权都由相国吕不韦操持。吕不韦原是濮阳大商人，家累千金。他到邯郸经商，遇到秦孝文王的中子异人，以为"奇货可居"，用金钱为其活动立为太子而改名子楚。吕不韦又玩邯郸舞姬，知其怀孕后献给子楚。舞姬至期而生子政，遂立为子楚夫人。公元前 250 年秦孝文王去世，太子子楚即位，就是秦庄襄王。同年吕不韦为丞相，权倾朝廷。庄襄王三年亡故后，太子政为王，相国吕不韦继续掌权，号称"仲父"（《史记·吕不韦列传》）。

秦始皇即位初年，吕不韦仍与原为舞姬的太后保持着淫乱关系。为防止隐私被揭露，吕不韦又给太后献上身强力壮的嫪毐，太

秦始皇像

后与其私通并生二子。太后乃封嫪毐为长信侯，把山阳（太行山东南地区）与河西、太原二郡作为嫪毐的封国。秦始皇对吕不韦、嫪毐的淫乱、腐败行为早有察觉，决心除掉这股恶势力。公元前238年，二十二岁的秦始皇在旧都雍举行冠礼，准备亲自执政。嫪毐乘机在雍发动武装叛乱，秦王发兵打，擒获嫪毐，其私党二十人皆枭首车裂，宗族皆灭（《史记·秦始皇本纪》）。次年，秦始皇免去吕不韦相国职位，令其迁居河南食邑。后因与宾客来往甚密，秦王恐有变，又令其迁往蜀。吕不韦自知罪责难逃，乃饮鸩自杀。年轻的秦始皇以铁血手段，铲除了与母私通的两大势力，初显坚强干练的治国才能。

秦始皇在位期间，统一六国的条件已经成熟。他的思想和策略得益于以下四人：韩非、尉缭、李斯、姚贾。韩非是韩国的公子。秦王曾见韩非所著主张富国强兵的法家著作，非常赞赏地说："寡人得见此人与之游，死不恨矣！"（《史记·韩非列传》）

尉缭是来自魏国的游说者，也是个军事谋略家。他告诫秦王：现在秦国天下最强，就怕诸侯合纵而发生智伯灭亡的事。他建议秦王派遣间谍以"赂其豪臣，以乱其谋"（《史记·秦始皇本纪》），这样便"诸侯可尽"。秦王很赏识他的计谋，任为国尉，是秦国最高的军事长官。

李斯是楚人，他主持执行尉缭的计谋，派遣间谍以金玉和利剑离间各国君臣。李斯的工作促使秦国的兼并战争快速发展：赵国晚期名将李牧就是因为秦"多与赵王宠臣郭开等金，使为反间"（《战国策·赵策四》）而被害死的；齐国末年也是因为相国后胜"多受秦间（间谍）金玉"而"不修攻战之备"（《战国策·齐策六》）而被灭亡的。

姚贾亦是魏人而仕于秦者。战国末期，燕、赵、楚、越"四国为一，将以图秦"，作最后的搏击。姚贾自请出使四国，以"车百乘，金千斤"游说各国权臣，结果"绝其谋，止其兵"，免除一场恶战。姚贾因此"封千户，以为上卿"①。可见这些谋士在紧急关头的重要作用。

---

① 《战国策·秦策五》。所谓"四国"，有著作以为"赵、魏、燕、楚"，不确。姚本注："四国，燕、赵、吴、楚也。"下文又有韩非曰："贾以珍珠重宝，南使荆、吴。"可见参加"四国"攻秦的有"吴"，吴即越国，此时越国在南方尚有攻秦的余力。

五　秦灭六国的战争和对少数部族的经营

秦始皇即位不久，便向魏、韩、赵三国大举进攻。公元前 245 年，秦将麃公攻魏的卷，斩首三万。次年，秦将蒙骜攻取韩十三城；又攻魏的畼和有诡，至明年而拔。公元前 242 年，秦攻取魏的酸枣等二十城而建置东郡。次年，赵、楚、魏、韩、燕五国看到形势危急，再次合纵攻秦。待秦兵出击，五国军队皆罢退。公元前 240 年，秦攻取魏的汲。次年秦王弟长安君攻赵，因叛变而被镇压。公元前 238 年，秦又攻取魏的垣、蒲、衍等城邑，一直攻到与齐接境之处（《战国策·秦策四》）。次年，赵悼襄王入朝秦，秦假意允许赵攻燕。公元前 236 年当赵攻燕时，秦却以"救燕"为名，攻取赵的阏与、邺等九城。过了两年，秦又攻取赵的平阳、武城等地，建立云中郡（《水经·河水注》）。公元前 233 年，秦攻赵的赤丽、宜安，被赵大将李牧率边兵击破。次年，秦又攻赵的番吾，李牧"再战而再胜"（《战国策·齐策一》）。然而赵卒伤亡巨大，付出了惨重的代价。

在连年攻取韩、赵、魏三国土地，大大削弱其实力后，秦开始灭六国。首当其冲的是韩国。公元前 231 年，韩南阳郡守腾以地降秦，秦命以"内史"之官。次年，秦即以腾攻韩，俘韩王安，"尽取其地，置颍川郡"（《史记·六国年表》）。韩的灭亡，秦的间谍策略起了很大作用。至公元前 226 年，韩国旧贵族因不甘心灭亡而在旧都新郑发动叛乱，不久即被平定（《史记·秦始皇本纪》）。韩王安因涉嫌与这次叛乱有关，惊恐而死（《云梦秦简·编年记》）。

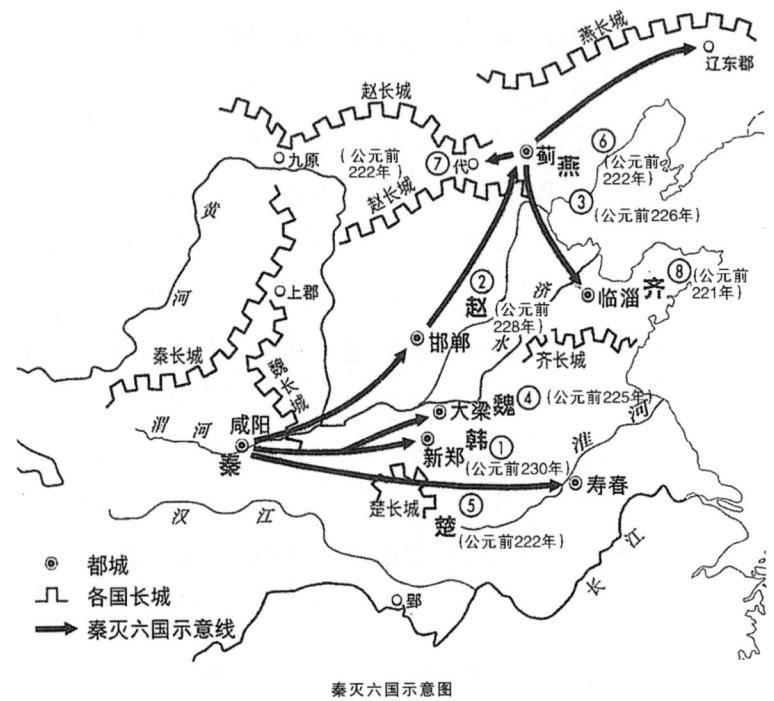

秦灭六国示意图

公元前 229 年，即韩亡的次年，秦又大举攻赵，赵派李牧、司马尚率军抵御。秦害怕李牧的勇猛善战，乃行贿赵王宠臣郭开，使其为反间，说李牧欲反。赵王因此而命他人代李牧为将，并将其杀害（《史记·廉颇蔺相如列传》附《李牧传》）。次年，秦即急攻赵，大破赵军，俘赵王迁，以其地为邯郸郡。赵公子嘉率其宗族数百人逃到代，自立为代王。至公元前 222 年，秦兵俘代王嘉，以其地为代郡（《史记·赵世家》），赵国完全灭亡。

就在秦大举攻赵、俘赵王迁的公元前 228 年，燕国感到秦兵压境，形势危急。燕太子丹乃遣荆轲，带了秦王以重金悬赏的樊於期的头和描绘燕富庶地区"督亢之地图"①，作为燕国使者来见秦王。秦王打开地图，"图穷而匕首见"。荆轲即用匕首行刺，因秦王急忙起身躲闪而仅割袖。秦王绕柱而走，荆轲用匕首投秦王而未中，终被秦王及左右斩杀（《史记·刺客列传》）。次年，秦急攻燕，破燕军于易水之西。再次年，秦大举伐燕，攻下燕都蓟城。燕王喜逃到辽东，杀太子丹献秦而求和。公元前 222 年，秦攻取燕辽东，俘燕王喜，最终灭燕。

公元前 225 年，秦大举攻魏，引黄河及大沟的水灌魏都大梁。三个月后，大梁城坏，魏王假请降，魏国即告灭亡（《史记·魏世家》）。此年，秦始皇以取得魏东部地建立砀郡（《水经·睢水注》）。

公元前 226 年，秦派王翦之子王贲击楚，大破楚军，取十余城（《史记·楚世家》）。次年，秦又派李信与蒙武将兵二十万伐楚，在平舆和寝取得小胜后，两军在城父会师。楚人跟踪其后，进行反击，三日三夜不停息，大破李信军，杀七都尉，秦军败走（《史记·白起王翦列传》）。公元前 224 年，秦不得不复请老将王翦率六十万大军伐楚，取陈以南至平舆。此时，楚将项燕忽立昌平君为楚王，在淮南举起反秦的旗帜。王翦乘胜攻击，破楚军于蕲（今安徽宿州市南），昌平君被杀死，项燕自杀。次年，秦军攻入楚都寿春（今安徽寿县），俘楚王负刍，楚国灭亡（《史记·楚世家》）。秦以新得楚地为九江郡和长沙郡。公元前 222 年，王翦继续略定楚

---

① 关于"督亢"的位置，《史记·刺客列传》的《荆轲传》注文中有描述，其《正义》曰："督亢坡在幽州范阳县东南十里。今固安县南有督亢陌，幽州南界。"《索隐》曰："《地理志》广阳国有蓟县。"又引司马彪《郡国志》曰："方城有督亢亭。"《集解》引刘向《别录》曰："督亢，膏腴之地。"综合《史记》三家注的说法，"督亢"当指燕国都城一带的富庶地区。

江南地，使越君投降而灭越国，在那里建立会稽郡（《史记·秦始皇本纪》）。

公元前221年，秦将王贲从燕南攻齐。齐国几乎不战而降，齐王建被俘。这是因为齐相后胜多受秦国间谍的贿赂而劝齐王朝秦，不修战备。战国末年，当其他五国合纵抗秦时，齐都不参加（《史记·田敬仲完世家》）。秦国的间谍策略在齐国收到绝好的效果。齐国灭亡后，秦在那里建立齐郡和琅琊郡。

从韩国被灭的公元前230年起，秦始皇在不到十年的时间内，连续攻灭六国，降服其他一些小国和叛乱势力，由此而结束分裂混乱的战国时代，在中国大地上建立起统一的秦王朝。与此同时或稍后，秦始皇又对周边少数民族地区进行开发和经营。如西南地区的今贵州、云南一带，秦建"五尺道"与之交通，并在那里设置官吏进行统治（《史记·西南夷列传》）。北方今内蒙古的黄河以南及包头市附近地区，秦派蒙恬率军攻取而建立九原郡（《史记·匈奴列传》）。东南方的今福建、广东、广西一带地区，秦也以军队略定，建立闽中郡、南海郡、桂林郡和象郡，并发有罪的人迁徙到那里，与当地越人"杂处"（《史记·南越列传》）。这样，秦不仅削平六国，还向少数民族地区纵深发展，大大扩展了中国的版图。

六　秦统一中国的原因及其历史意义

分析秦能够统一中国的原因时，大多以"人心向背""社会经济的发展需要""人民群众迫切要求"等理由来解释，然而这并不能说明为何是秦国而不是由其他国家来兼并六国。值得注意的是，当时的人民并不心向秦国。韩上党郡守冯亭在降赵时说:"其民皆不欲为秦"(《战国策·赵策一》);有使者说秦相范雎曰:"天下不乐为秦民之日久矣。"(《史记·白起王翦列传》) 这应该是符合当时的情况的。因此,秦统一中国的原因当从以下几方面去寻找。

第一,商鞅变法的成功。商鞅在政治、经济、军事、文化等方面都进行了大刀阔斧的改革,使秦国的面貌大变。"及孝公、商君死,惠王即位,秦法未败也。"(《韩非子·定法》)后人称商君"教民耕战,是以兵动而地广,兵休而国富,故秦无敌于天下。"(《战国策·秦策三》)

第二,政治清明,任人唯贤。荀子曾访问过战国后期的秦国,称"其百吏肃然,莫不恭俭敦敬忠信";"其朝闲,听决百事不留"。因而他得出结论说:"故四世有胜,非幸也。"(《荀子·强国》)特别是秦国任人唯贤的制度,使东方六国之人都想来此任职。战国后期为秦效力而有大功者,如张仪、范雎、蔡泽、尉缭、李斯等,都是他国人。清人洪亮吉曾作《春秋惟秦不用同姓而喜用别国人论》(《更生斋文·甲集》卷二),详作阐述。

第三,经济发展,实力雄厚。商鞅变法特别重视农业生产的发展,他主张用取消贵族特权、防止贪官欺诈、压制商人盘剥、禁止奢侈游惰等办法,来促使人民积极垦耕农田(《商君书·垦令》)。长平之战前夕,有赵人认为,秦国用牛耕田,农业产量大增;又用水漕运粮支援前线,因而"不可与战"(《战国策·赵策一》)。可见秦国经济实力的雄厚,有力地支持其兼并战争的胜利。

第四,军功奖励制度的实施,极大地提高其军队的战斗力。商鞅变法极其重视奖励军功,他曾颁布二十等爵制,规定"能(斩)

得甲首一者，赏爵一级，益田一顷，益宅九亩。"（《商君书·境内》）爵禄与军功挂钩，因而其兵士勇猛无比，"是最为众强长久"（《荀子·议兵》），故秦国兼并战争能经常取胜。

第五，地形便利，能攻善守。秦国处于西部黄土高原，披山带河，形势险峻。荀子称秦国"其固塞险，形势便"，"是形胜也"（《荀子·强国》）。战国末年有人分析当时的形势说："秦为大鸟，负海内而处，东面而立"，"处既形便，势有地利"（《史记·楚世家》）。它居高临下，可随时攻击六国，而无四面受敌之虞。汉人贾谊称秦为"四塞之国也，自缪（穆）公以来，至于秦王，二十余君，常为诸侯雄。此岂世贤哉？其势居然也。且天下尝同心并力攻秦矣……然困于险阻而不能进者，岂勇力智慧不足哉？形不利，势不便"（《新书·过秦下》）。显然，秦国的地理位置和地形特点，为其兼并六国创造了极有利的条件。

第六，善于运用外交策略，各个击破。《孙子兵法》说："上兵伐谋，其次伐交。"秦国在兼并攻伐中，长期因施展外交谋略而处于有利地位。张仪为秦相时，一个重要计谋就是"散六国之从（纵），使之西面事秦"（《史记·李斯列传》）。当齐灭宋后，秦乘机主谋合纵伐齐，击毁了唯一能与之抗衡的对手。此后范雎又提出"远交而近攻"的策略作为兼并战争的指导方针，使其步步为营，顺利得手。

第七，大量使用间谍，关键时刻见成效。秦国在兼并战争后期经常派遣间谍，排除障碍而获得大胜。当长平之战秦赵对峙，难以取胜时，秦派间谍说服赵王使赵括代廉颇为将，从而大败赵军。战国末年赵将李牧屡破秦军，秦乃派间谍"多与赵王宠臣郭开金，为反间，言李牧、司马尚欲反"（《史记·廉颇蔺相如列传》附《李牧传》），李牧因而被斩，秦很快便攻灭赵国。其他如魏公子信陵君率五国兵破秦军，"威振天下"（《史记·魏公子列传》），不久即被魏王废黜；战国末期燕、赵、楚、越"四国为一，将以攻秦"，不久即"绝其谋，止其兵"（《战国策·秦策五》）；齐国在灭亡前几十年内"不修攻战之备，不助五国攻秦"（《史记·田敬仲完世家》），这些都是秦国派间谍活动取得的奇效。

以上七条，都是其他六国所不具备或很少实行的，因此秦国能以其独特的优势席卷六国，统一天下。

秦统一后的中国实行郡县制，地方各级行政长官都由中央王朝直接或间接委派，军队除少数地方治安部队外都由中央直接调度和指挥，这样的中央集权制与夏、商、周三代分封诸侯的制度是不同的。如果说，三代分封诸侯，诸侯有世袭土地、设立政治机构和建置军队的权利，这是一种半统一半分裂的状态；那么秦统一后的中国，各郡县完全由中央控制和调遣，这是一种大一统的中央集权状态。中国历史由此进入一个崭新的阶段。

第十三章 士人的崛起与百家争鸣

战国时期是中国历史上学术思想最活跃的时代，各家学说兴起，互相吸取而又互相诘难，它们各有专长和特色，形成群星闪耀、百家争鸣的繁荣景象。这在以前是从未有过的，在后来也很少出现。为什么战国时期的学术思想会如此繁荣呢？它是如何形成和发展起来的？为了解这一过程的来龙去脉，还得从春秋时期社会结构和学术文化的变迁说起。

一 学术下移导致私学的兴起

西周的教育制度是"学在官府"，文化典籍保存在官府的档案馆中，由学有专长的贵族官吏进行撰述和管理，平民百姓被剥夺了阅读文化典籍的权利和接受教育的资格。随着西周的灭亡，周平王东迁，周王室失去了昔日的尊严，官府中的学术文化也受到严重破坏：负责撰述、管理的官吏远走他乡，官方保存的文化典籍又流散各地。公元前525年，郯国国君到鲁国讲述许多历史知识，孔子向郯君学习，并感慨道："吾闻之：'天子失官，学在四夷'，犹信"（《左传》昭公十七年）。可见周王朝官学的下移和流散的情况严重。据说春秋末年的老聃，原是"周守藏室之史"，因为"见周之衰，乃遂去"（《史记·老子韩非列传》）。老聃从周朝的"守藏室"（即档案馆）出走，更说明周王朝官府文化的衰微。

在官学衰落的同时，由没落贵族或平民中的有识之士创导，私人聚徒讲学之风逐渐兴起。春秋末年，孔子在鲁国聚徒讲习礼、乐、书、数、射、御等"六艺"，邓析在郑国聚徒讲习法律和诉讼。鲁国还有一个少正卯，其"居处足以聚徒成群，言谈足以饰邪营众"（《荀子·宥坐》），显然他也在那里私人讲学。据说少正卯的讲演很能吸引学者，曾使"孔子之门，三盈三虚"（《论衡·讲瑞》）。孔子主张"有教无类"，他的学生中不乏贵族子弟，更多的是平民。《吕氏春秋·尊师》称："子张，鲁之鄙家也；颜涿聚，梁父之大盗也，学于孔子。"据学者研究，在孔子的十九个主要弟子中，只有三人出身贵族，而其余都是平民、贱人或商人①。孔子一生讲学授业，"弟子盖三千焉，身通六艺者七十有二人"（《史记·孔子世家》）。这是春秋时期最大的一家私学。

到了战国时代，私学更加兴旺发展。战国初期的墨子也像孔子一样教学，收罗了许多弟子，形成一个很大的集团。墨子的弟子不但学习思想理论，而且亲身参加实践活动。据《墨子·公输》篇称，当楚欲攻宋时，墨子"弟子禽滑厘等三百人"，已守于宋城上。墨子集团有严密的组织，其首领人物称为"巨子"（或作"钜

① 李启谦：《孔门弟子研究》，第247—248页，济南：齐鲁书社，1987年。

子"），同时还制订了集团的法规。据说墨者集团巨子腹䵍在秦时，其子杀人，秦惠王欲赦免之。腹䵍慷慨陈词："墨者之法曰：杀人者死，伤人者刑。"王虽惠赐，令吏弗诛，但"腹䵍不可不行墨者之法"（《吕氏春秋·去私》）。可见墨子私学集团组织纪律之森严。

在墨子稍后，孟子也有一个很大的私学集团。《孟子》书中有许多他与弟子的问答，而孟子出行常常是"后车数十乘，从者数百人"（《孟子·滕文公下》），可见他的学生之多、场面之大。《史记·李斯列传》称李斯曾"从荀卿学帝王之术"，《史记·老子韩非列传》又说韩非"与李斯俱事荀卿"。可见荀子也收过一些学生，举办过私学。《史记·苏秦列传》称苏秦曾"习之于鬼谷先生"，《史记·张仪列传》又说"张仪始尝与苏秦俱事鬼谷先生，学术"。可见鬼谷先生也办私学，招收学生。《史记·孙子列传》记"孙膑尝与庞涓俱学兵法"，可知孙膑与庞涓是同学，不过他们的老师是谁已无从知晓，应该也是一个私学的举办者。《孙膑兵法》中有许多篇记述孙子指挥战争的事迹，孙子与田忌、齐威王的问答，当是孙膑的弟子所记。其《威王问》篇有"孙子出而弟子问"的对话，可知孙膑在齐国也带了一批弟子，应属私学性质。当时的一些学者，往往"率其群徒，辩其谈说"（《荀子·儒效》），以求得统治者的赏识。据说田骈在齐，"赀养千钟，徒百人"（《战国策·齐策四》）；宣传农家学说的许行，由楚至小国滕，也带着"徒数十人"（《孟子·滕文公上》）。

私学的勃兴和蔚然成风，使学术知识得到普及，有学问的人大量增加，而各国的统治集团正需要那些有学问的人为他们服务，使他们富国强兵，在兼并战争中赢得胜利，这促使战国时代思想的异常活跃和文化的高度繁荣。

二　士阶层的形成及其以技艺谋生

在中国古代，"士"有各种各样的含义：一指贵族统治阶级的最底层，在大夫之下。史载："公臣大夫，大夫臣士"（《左传》昭公七年）；"大夫食邑，士食田"（《国语·晋语四》）。二指军队的士兵。《国语·齐语》记管仲的规划："制国以为二十一乡：工商之乡六，士乡十五。"韦昭注："士，军士也。十五乡合三万人，是为三军。"三指有学识的当官者。《汉书·食货志》述周代的情况说："士农工商，四民有业。学以居位曰士。"四指判断刑事的法官。《尚书·舜典》载舜命皋陶曰："汝作士，五刑有服。"孔传："士，理官也。"《孟子·告子下》云："管夷吾举于士。"赵歧注："士，狱官也。"理官、狱官，都指法官。上述四种"士"，皆非春秋战国间新兴的士阶层。

由于社会的剧烈动荡，自春秋至战国，有的上层贵族家道衰落，这些贵族本来就学得丰富的文化知识，具有相当的艺术技能；有的下层平民因为勤奋好学，也变成专门知识和文化技能的人。他们从本土游离出来，奔波于四方，求得统治集团的重用，谋取一官半职。这样就形成了当时新兴的士阶层。据说春秋末年，晋国"中牟有士"中章、胥己二人，学识渊博、品行端正，经中牟令王登的推荐都当上了中大夫，于是一半的中牟人皆"弃其田耘、卖宅圃而随文学者"（《韩非子·外储说左上》）。农民纷纷弃农从学踏上仕途，成为当时的一种风尚。

战国时代士阶层的人员不断扩大，他们以自己特有的技艺而成为各种各样的士。时人有云："君子避三端：避文士之笔端，避武士之锋端，避辩士之舌端。"（《韩诗外传》卷七）可见这三种士在当时锋芒毕露，令世人刮目相看。

先说"文士"。文士以笔著文，通过对各类社会现象和思想进行抨击，以显露其才能。墨子、孟子、荀子、韩非等多属此类。墨子著有《非乐》《节葬》《非攻》《非命》等篇，抨击社会上的奢侈腐化、杀人殉葬、攻伐好战、宣传天命等弊病和言论。孟子著书极力攻击杨朱和墨翟，称他们"无父无君，是禽兽也"（《孟子·滕文公下》）。荀子著有《非十二子》篇，韩非著有《五蠹》篇，文中对社会上各类思潮和社会现象大加斥责。这些文士舞文弄墨，希望获得统治者的重用。

再说"武士"。武士一般都练得一身好武艺，以报效于善待他们的主子。《史记·刺客列传》所载春秋战国间的专诸、豫让、聂政、荆轲等，皆属此类。《韩非子·外储说左下》云：有个叫少室周的人，"为赵襄主力士"，并"以力事君者"；《庄子·说剑》记"赵文王喜剑，剑士夹门而客三千余人，日夜相击于前"，这些当都属武士性质。此外，墨子的弟子常为小国守城，庞涓、孙膑以兵法谋略而成为了魏、齐的将军和军师，应该也属武士一类。

三说"辩士"。辩士大都能以雄辩的口才为主人立功，在外交上取得成就。如赵平原君的门客毛遂自荐，去楚国说服楚王合纵救赵（《史记·平原君虞卿列传》）；出身卑下的蔺相如出使秦国，揭露秦王的欺骗手段，使"完璧归赵"（《史记·廉颇蔺相如列传》）；"辩士"谅毅受命往秦，说服秦王放弃对赵不合理的要求而通两国之好（《战国策·赵策四》）。毛遂、蔺相如、谅毅之辈，都应是战国时代的辩士。

除上述三种士外，战国时代还有一种专为统治者出谋划策的"策士"。战国前期主持各国变法的李悝、吴起、申不害、邹忌、商鞅等，为君主贡献富国强兵之策，都可列入策士一类。战国后期为秦的兼并战争出谋划策的张仪、范雎、尉缭、姚贾等，也应属于当时的策士。

在士阶层中还有一种有专门技艺而为主人效力的人。齐孟尝君田文曾为秦相，后秦昭王听人谗言，囚孟尝君而欲杀之。孟尝君门客中"有能为狗盗者"，夜入秦宫中盗得狐白裘而献给秦王幸姬，幸姬高兴而说服秦王释放孟尝君。秦王不久就后悔了，派人追逐。孟尝君夜半逃至函谷关，而关法规定鸡鸣才能出客。在情急之中，门客"有能为鸡鸣"者而使鸡齐鸣，孟尝君遂得出关而脱险（《史记·孟尝君列传》）。这些有特殊技能的"鸡鸣狗盗"之徒，也成为士阶层中的一员。

当然，以士的特长来给当时的士进行分类并不是绝对的。有的士既有文才，又有口才，也有武艺，还能出谋划策。为谋生的需要，当时兼为文士、武士、辩士、策士的人不在少数。大量的有特殊技艺的士人的存在，为战国时代政治、经济、军事、文化的发展增添了无穷的活力。

三　各国尊贤养士之风的盛行和士的活跃

在平民中选拔贤者出任官吏之制，春秋时代已经出现。《国语·齐语》载当时有这样一种选官法：问之以"国家之患"如何处理而无难色，"退问之其乡以观其所能"而无大的过错，便可"升以为上卿之赞（佐）"。于是，一批学得六艺的士人便纷纷进入仕途，他们或任卿大夫的家臣，或任地方行政长官。据说鲁国的执政者季氏曾"养孔子之徒，所朝服而与坐者以十数"（《韩非子·外储说左下》）。齐国的执政者田成子也大量养士：他"杀一牛，取一豆肉，余以食士；终岁，布帛取二制焉，余以衣士"。（《韩非子·外储说右上》）。田成子自己节俭，而给士以优厚的待遇。孔子死后，"七十子之徒散游诸侯，大者为师傅卿相，小者友教士大夫"（《史记·儒林列传》），他们都受到各国统治者的礼遇和尊重。

到了战国时代，各国尊贤养士之风更加盛行。首先是各国君主选拔贤士，任以要职，进行改革。如魏文侯任用李悝为相，在他为相期间，在促进农业生产、保持物价稳定、健全国家法制等方面都做出了积极的贡献。他又任用李克为大臣，废除世禄贵族的特权而招徕四方有才能之士；任用西门豹为邺县令，改革弊政，兴修水利，发展生产；任用吴起为将军和西河郡守，整顿军纪，改善官兵关系，极大地提高了军队的战斗力。魏国在战国初期强盛一时。再如赵烈侯改革，任用牛畜、荀欣、徐越等贤士。他"官牛畜为师"，担任国君的高级顾问；命"荀欣为中尉"，负责训练军队和选拔官吏；命"徐越为内史"，掌管财务的收支和官吏的考核（《史记·赵世家》）。经过如此任贤使能，赵的国力也开始强盛。其他如韩昭侯任用申不害、楚悼王任用吴起、秦孝公任用商鞅、齐威王任用邹忌进行变法改革，都使国治兵强，面貌大变。事实证明，哪个国家尊贤养士坚持得好，哪个国家就会强盛，在兼并战争中赢得胜利。

在各国国君尊贤养士的同时，许多有权势的贵族也纷纷养士以壮大自己的实力。齐王室的亲戚孟尝君田文、赵惠文王之弟平原君赵胜、魏安厘王之弟信陵君魏无忌、楚考烈王之相春申君黄歇、秦王政的相国文信侯吕不韦，所养游士都达到三千人，甚至与秦王政的母太后私通而封为长信侯的嫪毐也有"舍人千余人"（《史记·吕不韦列传》）。所谓"舍人"，即所养的门客、游士。这些权贵所养的士，大都能得到很好的待遇。如孟尝君对于"食客数千人，无贵贱"之分，一视同仁；因为其"舍业厚遇之，以故倾天下之士"（《史记·孟尝君列传》）。而这些游士也都能在主人危急之时，为其出谋划策，排忧解难。孟尝君入秦为相而遭囚禁，就是依靠其门客中的"鸡鸣狗盗"之徒，才得以释放而脱险；当孟尝君被齐王废黜时，又依靠门客冯骥机智的游说而"复其相位"（《史记·孟尝君列传》）。权贵们养士的作用，于此可见。

活跃在各国的文士、武士、辩士、策士，在经济、政治、军事、文化等各方面都大显身手。李悝、商鞅、申不害等为各国君主提供富国强兵之策，制法治国之术；公孙衍、张仪、苏秦等游说于各国君主之间，进行合纵连横的外交活动，使局势波澜转折；孙膑、廉颇、白起等良将为齐、赵、秦等国大破敌军，指挥一场场机智善谋的战争，这些都已如前述。特别应该指出的是，当时的许多文士著书立说，为战国时代的文化繁荣增添了异彩。如吕不韦使其门下文士宾客，著成"八览、六论、十二纪，二十余万言，以为备天地万物古今之事，号曰《吕氏春秋》"（《史记·吕不韦列传》）。魏信陵君把门下宾客所进之兵法汇编成集，世俗称之为《魏公子兵法》（《史记·魏公子列传》）。刘歆《七略》即著录有"《魏公子兵法》二十一篇，图七卷"（《史记集解》引）。这些是由有权势的贵族收集其门下宾客所撰汇编而成的著作，其他由各方文士个人自撰的著作更是不计其数。

四　齐国稷下学宫的建立及其盛况

在各方文士著书立说，宣传自己的经济、政治、军事、文化等各种主张的时候，有一个给予文士优厚的待遇，鼓励文士自由讲论、互相切磋，对学术繁荣起促进作用的场所出现了，这就是齐国的稷下学宫。

该学宫是由田齐的桓公（公元前 374 年—公元前 357 年在位）创建的。东汉人徐幹在所著《中论·亡国》篇中说："昔齐桓公立稷下之宫，设大夫之号，招致贤人而尊宠之。"徐幹此言必有所根据。至桓公之子齐威王时，稷下学宫有了进一步的发展；威王之子宣王更"喜文学游说之士"，"是以齐稷下学士复盛"（《史记·田敬仲完世家》）。直到齐襄王（公元前 283 年—公元前 265 年在位）时，稷下学宫犹存。《史记·孟子荀卿列传》叙述荀卿"年五十始来游学于齐"，正值"齐襄王时，而荀卿最为老师。齐尚修列大夫之缺，而荀卿三为祭酒焉"。这里所谓"列大夫""祭酒"云云，都是稷下学宫中的尊称和职位，犹如现今中国科学院中的院士、院长之类。可见学宫的学术研讨和讲论活动，延续了一百余年。

学宫位于齐都临淄城的稷门附近，稷山之下。《史记·田敬仲完世家·集解》引刘向《别录》曰："齐有稷门，城门也。谈说之士，期会于稷下也。"《史记·索隐》又引《齐地记》称："齐城西门侧，系水左右有讲室。"并引虞喜谓："齐有稷山，立馆其下，以待游士。"可知那里有讲室、馆舍，学者们定期在学宫聚会，进行讲学活动。来到学宫讲学的人，称为"稷下先生"，他们"各著书言治乱之事"。齐王对学者给予优厚的待遇，"皆命曰'列大夫'，为开第康庄之衢，高门大屋，尊宠之"（《史记·孟子荀卿列传》）。齐宣王对稷下学者"七十六人，皆赐列第（大住宅），为上大夫"，让他们"不治而议论"。由于统治者的扶持、提倡，稷下学宫的规模愈来愈大，学士云集，盛时达到"数百千人"（《史记·田敬仲完世家》）。

当时各国的著名学者，大部分都到稷下学宫讲过学，并有著作流传于世。仅据《史记》和《汉书·艺文志》所载，来稷下的著名学者就有：齐人田骈，著有《田子》二十五篇；接子，著《接子》二篇①；淳于髡，著作名及篇数未详；邹衍，著《邹子》四十九篇、《邹子终始》五十六篇；邹奭，著《邹奭子》十二篇；鲁仲连，著《鲁仲连子》十四篇；楚人环渊，著《蜎子》十三篇；宋人宋钘，著《宋子》十八篇；尹文，著《尹文子》一篇；邹人孟轲，有《孟子》十一篇②；赵人慎到，有《慎子》四十二篇；荀卿，著《荀子》三十二篇，等等。这些学者及其著作，分属于不同的学派。他们自由讲学，各抒己见，互相切磋，取长补短，形成了良好的学术氛

① 《汉书·艺文志》道家类有"《捷子》二篇"，或谓"接、捷古字通"，此《捷子》即接子所著书。《史记正义》亦云："《接子》二篇。"

② 钱穆曾作《孟子不列稷下考》（载《先秦诸子系年》），另有白奚作《孟子非稷下先生辨》（载《管子学刊》1993年第2期），否定孟子为稷下先生。但孟子曾游事齐宣王，《史记·儒林列传》说："于威、宣之际，孟子、荀卿之列，咸尊夫子之业而润色之，以学显于当世。"《盐铁论·论儒》也说："齐宣王褒儒尊学，孟轲、淳于髡之徒，受上大夫之禄，不任职而论国事，盖齐稷下先生有千余人。"可见把孟子排斥在稷下先生之外是不妥当的。

围。据研究，孟子、荀子之所以能突破孔子的保守主义而提出"民贵君轻""制天命而用之"等先进理论，与他们受到稷下学者的思想影响是分不开的①。现存《管子》一书，内容丰富，包罗万象，它就是稷下部分学者的论文汇编。

还必须指出，齐国军事家、思想家孙膑活动于齐威王、宣王时，正是稷下学宫繁荣鼎盛的时期，他必然受到畅所欲言、热烈辩论的稷下学风的影响。他的兵法著作，既强调"存亡国，继绝世"，用仁义、道德、素信取胜的儒家思想，又主张"富国"、要健全法制等法家思想②。这种兼取各家精华的论说，正是稷下学风的特点。同时，古代兵法《司马法》的整理和保存，也是稷下先生的功绩。《史记·司马穰苴列传》云："齐威王使大夫追论古者《司马兵法》而附穰苴于其中，因号曰《司马穰苴兵法》。"这里所谓"大夫"，即上述"皆命曰列大夫""为上大夫"的大夫，是稷下学者的官位和尊号。古《司马法》与《穰苴兵法》均因稷下学者的追论整理，而使它们重放光辉。

由于齐国统治者的倡导和褒奖，稷下学宫盛况空前，各国学者云集于此，进行讲学和著述，使齐国成为当时学术文化的重要中心，对促进文化交流、繁荣学术争鸣做出了积极的贡献。

五　各种学说的蜂起与百家争鸣的热烈

士阶层的活跃，游说之风的盛行，各国统治者富国强兵和生存

① 周文武：《孟轲、孙卿和稷下学宫》，《管子学刊》，1987年第2期。
② 杨善群：《评孙膑儒法兼用的政治主张》，《管子学刊》，1992年第1期。

竞争的需要，加之科学技术的发展，书写工具竹简和绢帛的增多，创建学说而"书之竹帛"（《墨子·明鬼下》）成为当时许多学者热衷的事。因此战国时代各种学说蜂起，在学术文化史上大放异彩。

在林林总总的学者和学说争鸣的过程中，自然会形成有传承系统或职业特色的各种家学和学派。西汉初期司马谈曾把战国时期的各种学说总括为阴阳、儒、墨、名、法、道六家，作文《论六家之要指》（《史记·太史公自序》）。西汉末年刘歆又综览群书而著成《七略》，其中《诸子略》把各种学说分为儒、道、阴阳、法、名、墨、纵横、杂、农、小说等十家，而另有《兵书略》述兵家学说（见《汉书·艺文志》）。实际上，小说家没有什么学说可观，而兵家乃诸子百家中的荦荦大者。今在刘歆分类的基础上，把战国时代各家学说的主要代表人物及其著作、宗旨简述于下：

1. 儒家。代表人物有子思、曾子、李克、公孙尼子、孟子、荀子等。他们大都是孔子的弟子或后学，其著作的宗旨主张仁义礼乐。另有魏文侯、鲁仲连的著作及虞卿的《虞氏春秋》等，按其思想倾向，刘歆也把它们归入儒家。

2. 道家。代表人物有庄子、列子、环渊、田骈、接子等。他们继承春秋末年老子的思想，主张清静无为。另有假托黄帝及其大臣所著的多种书籍，齐隐士所著《黔娄子》，楚人所著《长卢子》《鹖冠子》，以及《管子》书中的部分作品，按其思想倾向，也属道家一类。

3. 阴阳家。代表人物有邹衍、邹奭子，以及公孙发、乘丘子、杜文公、南公、容成子、闾丘子等。他们的著作宣扬怪诞的迷信思想，拘泥于"禁忌"等说教，"舍人事而任鬼神"。由于其背离科学实际，因而很少流传下来。

4. 法家。代表人物有李悝、商鞅、申不害、慎到、韩非等。他们的著作强调进行变法改革，健全法制，赏罚严明；主张国君用"术"统治，并重"势位"。另有赵人处子的著作，其思想倾向与法家同类。

5. 名家。代表人物有惠施、公孙龙、尹文子、毛公等。他们的著作以辩论名实关系为主。由于他们夸大事物的相对性或特殊性，往往背离事实，成为诡辩。公孙龙的著名命题"白马非马"，就是显著的例子。

6. 墨家。代表人物有墨翟及其弟子随巢子、胡非子等。墨翟在其著作《墨子》中提出"兼爱""非攻""尚贤""尚同""节用""节葬""非命""明鬼"等主张。另有田俅子、我子等人，其思想倾向与墨家相类似。

7. 纵横家。代表人物有苏秦、苏厉、苏代、张仪、庞煖等。他们的著作都是为适应战国时期外交活动的需要而向各诸侯国君建议实行合纵、连横等策略的游说辞。《战国策》《史记》和马王堆汉墓帛书《战国纵横家书》中都保存有他们著作的思想内容。

8. 杂家。代表人物有尉缭、尸佼、吕不韦等。他们"兼儒墨，合名法"，吸取各家学说中的精粹和合理部分，形成综合性的学说。吕不韦邀集宾客所著《吕氏春秋》，可谓杂家之集大成者。

9. 农家。代表人物有许行、野老以及伪托神农而著书者。据说有个宣传"神农之言"的人许行，主张人人参加生产劳动，"贤者（包括君主）与民并耕而食"。他有"徒数十人"，还有不少人在学习与宣传这种学说（《孟子·滕文公上》）。

10. 兵家。代表人物有孙膑、商鞅、吴起、庞煖、儿良、尉缭、魏无忌、景阳等。在他们的著作中，阐述了如何对待战争以及作战如何取胜的技巧和方法。由于兵家学说内容丰富，汉代又将其分为兵权谋家、兵形势家、兵阴阳家和兵技巧家等。

如此众多的学说、学者和著作，形成空前热烈的百家争鸣的局面。这里值得注意的有这样三种情况：一是各家学说间的互相抨击和诘难。如墨子抨击儒家，孟子斥责杨朱和墨翟，荀子非难十二子，商鞅、韩非等法家对儒家进行贬斥，如此等等都是大家所熟知的。二是各家学说间互相吸取和转变。如作为儒家的荀子提出"法后王""人之性恶""正法以齐官"（《荀子·富国》）等论题，明显具有法家的倾向。他的学生韩非，便是法家的杰出代表。韩非还著有《解老》《喻老》等篇，说明他的学术思想又吸收了道家《老子》中的精华部分。三是综合评论各家学说的文献和汇集各家学说著作的诞生。前者如《庄子·天下》《荀子·解蔽》《韩非子·显学》《吕氏春秋·不二》等，后者如《管子》《吕氏春秋》等。以上三种情况的出现，充分说明战国时代学术文化的繁荣，并取得了丰硕的成果。

在谈论战国时代的百家争鸣时，还有一点必须阐明，就是《汉书·艺文志》提出的诸子百家源于各种官吏说：如儒家出于司徒（主持教化）之官，道家出于史官，纵横家出于行人（即使者）之官，阴阳家出于羲和之官（主管天文历法），小说家出于稗官（管理琐碎之事），兵家出于古司马（管理军事）之职，等等。应该说，这种理论是有一定根据的。春秋以前，各种学术文化都掌握在有关的官府中。春秋战国时期学术下移，士阶层和平民百姓才得以学习这些文化知识，宣传他们的学术观点。然而把各家学说都与各种官吏挂钩，就难免牵强附会。如法家出于理官（即法官），名家出于礼官，墨家出于清庙之守，杂家出于议官，农家出于农稷（管理农业）之官等等。这些都与他们的学说来源不相符合。因此，必须剔除其不合事实的部分，而还各家学说以历史的本来面目。

第十四章　儒家各派思想及其演变

师承孔子的儒家，是战国时代诸子百家中最大的一个学派。它人数众多，著作丰富。不过，随着时间的推移和社会的变迁，儒家内部在思想上出现了一些分化。《韩非子·显学》篇说："自孔子之死也，有子张之儒，有子思之儒，有颜氏之儒，有孟氏之儒，有漆雕氏之儒，有仲良氏之儒，有孙氏之儒，有乐正氏之儒。"并进而论定"儒分为八"，其"取舍相反、不同"。韩非站在客观的立场，对儒家内部的分化是看得比较清楚的，但所谓"八"派之儒，概括得并不正确。今在分析其派别演变原因的基础上，根据其著作、思想、影响，把战国时代的儒家分为子夏、公孙尼子、曾子、子思、孟子、荀子、《易传》作者等七个流派进行阐解。

一　儒家演变成各种派别的原因

如同自然界的各种事物和社会上的政治派别会演变分化一样，儒家学派自春秋末年的孔子创建以来，到战国时期也分化成许多派别。它们不但主旨不同，还互相抨击，成为文化思想史上的一种奇观。究其原因，可以说是多种多样的。

第一，传承主旨的不同。孔子的思想体系，博大精深，内容丰富。他的弟子和后学者根据自己的体会和爱好，突出传授或宣传其某一部分，于是就形成各种派别。如子夏一派着重传授《诗》《春秋》《易》等典籍；公孙尼子一派着重于阐发有关音乐的理论，今存《乐记》主要采自公孙尼子的作品；曾子一派重在修身，特别提倡孝道。其他如孟子一派热衷于实行"仁政"，而荀子一派则强调实行"礼治"。传承孔子思想的重点不同，是儒家各种派别产生的主要原因。

第二，思想学说的不同。当时，社会上流行过各种各样的思想。有一种思想学说叫"五行"，把任何事物都与"五"联系起来，逐渐成为神秘化的东西。子思和孟轲就信从这种思想学说。荀子曾经指责他们："案（按）往旧造说，谓之'五行'，甚僻违而无类，幽隐而无说，闭约而无解"（《荀子·非十二子》）。受"五行"以及其他一些特殊的思想学说的影响，子思和孟轲就成为儒家中的一个学派，人称"思孟学派"。

第三，时代变迁的影响。孟子和荀子同是传承孔子学说的大儒，但他们有着较大的差异。如孟子主张人"性善"，而荀子宣传人"性恶"；孟子欲统治者行"仁政"，而荀子则强调礼治和法治，主张"明礼义以化之，起法正以治之"（《荀子·性恶》）。这是因为孟子处在战国中期，各国的变法改革正在试行；而荀子处在战国末期，法家的改革已成效显著，其思想不能不随之发生变化。

第四，各人个性的不同。孔子当时已发现其弟子因性格的差异而各有特长，故评论说："德行：颜渊、闵子骞、冉伯牛、仲弓；言语：宰我、子贡；政事：冉有、季路；文学：子游、子夏"（《论语·先进》）。这就是儒家后来分成各种派别的滥觞。《韩非子·显学》篇称"有漆雕氏之儒"，他们"不色挠，不目逃"，"行直则怒于诸侯"。郭沫若称其"是孔门的任侠一派"[①]。这派儒家就因其性格特征而形成。

第五，派别的门户之见。在儒家各派别形成之后，各派都自以为是儒家的正统，得孔子思想的精髓，抬高自己，贬低别人，形成门户之见。《荀子·非十二子》篇除了贬斥同是儒家的子思、孟轲，称其宣传歪理是"子思、孟轲之罪"外，又丑化、攻击"子张氏之贱儒""子夏氏之贱儒""子游氏之贱儒"，可谓这种门户之见的典型代表。

由于上述种种原因，使战国时代的儒家分化成许多派别。对于这些派别，必须予以客观的阐述和公正的评价。在《韩非子·显学》篇所述的儒学八派中，子张、颜氏、漆雕氏、乐正氏均只有其德行和发问的零星记载而无著作传世，仲良氏更无可考，郭沫若疑即《孟子·滕文公上》所述的陈良，恐也未必。因史料缺乏，以上这些儒学派别的评述，只能从略了。

二　子夏之儒及其《诗论》

子夏，姓卜，名商，字子夏，今河南温县人。因温县原为温

---

① 郭沫若：《十批判书·儒家八派的批判》，《郭沫若全集·历史编》第2卷，第147页，北京：人民出版社，1982年。

国，后来属卫，再后来又成为晋地和魏地，故子夏的国籍有温、卫、晋、魏等多种说法。子夏生于公元前 507 年，比孔子小十四岁。据《史记·仲尼弟子列传》，孔子死后，他曾"居西河（今山西汾阳市一带）教授，为魏文侯师"，可知他的主要活动时间在战国初年。

子夏在西河讲学期间，弟子云集，"如田子方、段干木、吴起、禽滑厘之属，皆受业于子夏之伦"（《史记·儒林列传》）。有记载说，他曾"教弟子三百人"（《后汉书·徐防传》李贤注引《史记》），可见他授业门人之众多。

子夏教学和传授的经典有《诗》《春秋》《易》《礼》等。对于《春秋》，子夏特别重视。《史记·孔子世家》称孔子"为《春秋》，笔则笔，削则削，子夏之徒不能赞一辞"。可知孔子作《春秋》时，子夏曾亲身受到教诲。《春秋》的《公羊》《穀梁》二传的作者公羊高、穀梁赤，都是子夏的传授弟子。《春秋公羊传》徐彦疏引戴宏序云："子夏传与公羊高"；《春秋穀梁传》范宁序杨士勋疏又曰："穀梁子……一名赤，受经于子夏，为经作传。"有学者曾总结说："子夏文学著于四科，序《诗》，传《易》，又孔子以《春秋》属（卜）商，又传《礼》，著在《礼志》"（《史记·仲尼弟子列传》、司马贞《索隐》）。子夏在传授儒家经典方面的功劳不容忽视。

对于《诗》，子夏又有着特别的爱好和理解。据说《诗》"有毛公之学，自谓子夏所传"（《汉书·艺文志》）。陆德明《经典释文·序录》称孔子"既取周诗，上兼商颂，凡三百十一篇，以授子夏，子夏遂作《序》焉"。故《毛诗序》相传为子夏所作。子夏还经常向孔子提出有关《诗》的问题，并加以发挥。有一次子夏问："《关雎》何以为《国风》始也？"在孔子讲述一番道理后，子夏叹曰："大哉！《关雎》乃天地之基也。"（《韩诗外传》卷五）一次子夏又问《诗》云："巧笑倩兮，美目盼兮，素以为绚兮"①，是什么意思？孔子答："绘事后素。"（绘画之事要在粉地为素之后）子夏再问："礼后乎？"（那么礼要在忠信为素质而后行吗？）孔子听后大为感叹道："起予者商也！"（《论语·八佾》）意即：启发我的是商（子夏名商）啊！可见子夏对《诗》理解的深刻。

近年上海博物馆在香港购得一批战国楚竹简。这批楚简共一千二百余支，三万五千余字，其中一篇定名为《孔子诗论》②。孔子从弟子中子夏与《诗》关系最为密切，大多数学者认为《诗论》的作者很可能是子夏③。《诗论》论述之诗约六十篇，其中《国风》二十七篇，《小雅》二十二篇，《大雅》四篇，《颂》三篇，篇名残缺待考的七篇，另有孔子对《诗》的许多见解，以及对"颂""大雅""小雅""邦风"（即国风）的阐释。这是子夏之儒的一篇大作，是研究《诗经》的重要文献。它为认识先秦时期《诗》的编次、诗的本意、孔子对《诗》的评价和授诗方法，提供了最真实、原始的史料。

———————

① 此诗见《诗经·卫风·硕人》，但最后一句被删去了。可知《诗经》在整理过程中曾不断改动。
② 马承源主编：《上海博物馆藏战国楚竹书》（一）中的《孔子诗论》，上海古籍出版社，2001年。
③ 李学勤：《〈诗论〉的体裁和作者》，载《上博馆藏战国楚竹书研究》，上海书店出版社，2002年。

三　公孙尼子《乐记》的音乐思想

公孙尼，《汉书·艺文志》记其著作有"《公孙尼子》二十八篇"。班固自注云："七十子之弟子"，意即孔子的再传弟子。但《隋书·经籍志》著录"《公孙尼子》一卷"，注云："尼似孔子弟子。"作者所注与班固不同，当别有所据。据郭沫若考证，可能唐时"《公孙尼子》一卷尚存，其中有与孔子问答语也说不定"。同时，《史记·仲尼弟子列传》中有"公孙龙，字子石，少孔子五十三岁"。这里的"龙"应为"尼"字之误。"尼者泥之省，名泥字石，义正相应①。"公孙尼比子夏还小，故《艺文志》排其著作在魏文侯、李克之后，孟、荀之前，应该是符合情理的。

《公孙尼子》虽然已经亡佚，但公孙尼的部分著作保存在《礼记》第十九篇《乐记》里。《隋书·音乐志》引沈约《奏答》曰："《乐记》取《公孙尼子》。"可知《乐记》是公孙尼子的作品。《史记·乐书》把整个《乐记》都引用了，张守节《正义》述："《乐记》者，公孙尼子次撰也。"由此进一步证实《乐记》乃公孙尼子所著。其后，《荀子·乐论》《易传》《吕氏春秋》等书中的部分内容与《乐记》相似，正说明《乐记》影响之广泛，是当时的经典著作。

据孔颖达《礼记·乐记》疏引郑玄《目录》云：《乐记》在刘向《别录》中，有《乐本》《乐论》《乐施》《乐言》《乐礼》《乐情》

---

① 郭沫若：《公孙尼子与其音乐理论》，收入《青铜时代》，《郭沫若全集·历史编》第一卷。

《乐化》《乐象》《宾牟贾》《师乙》《魏文侯》等十一篇。现在十一篇合为一篇了，但犹有分裂的痕迹。前面八篇是论文的体裁，后面三篇记述宾牟贾与孔子、师乙与子贡、魏文侯与子夏有关乐的问答。《乐记》的主题就是强调音乐对统治人民有着非凡的作用："礼以道（导）其志，乐以和其声，政以一其行，刑以防其奸：礼乐刑政，其极一也，所以同民心而出治道也。"它把乐和礼、刑、政并提，同样作为一种治理人民的手段。同时，它告诫统治者要重视对音乐的制作和教育："乐也者，圣人之所乐也，而可以善民心。其感人深，其移风易俗，故先王著其教焉。"它宣扬要用和顺端庄的音乐去感化人民，创造长治久安的政治局面。

四　曾子的《孝经》《大学》等著述

曾子，名参，字子舆，鲁国南武城（今山东费县西南）人。生于公元前505年，比孔子小四十六岁。曾参的父亲曾点，也学于孔子，因此曾参父子二人都是孔子的学生。在孔门弟子中，曾参是最能传授孔子旨意而影响较大的一个。曾参长期从事于教学，据说"曾子居武城"，"从先生者七十人"（《孟子·离娄下》）。《韩非子·显学》所列八派儒家中，子思、乐正氏（即乐正子春）都是曾子的学生。其他有姓名可考者尚有公明仪、单居离，及其子曾元、曾华等。

曾子所撰及其弟子所编定的著作相当多。《汉书·艺文志》著录有"《曾子》十八篇"。《大戴礼记》中载有《曾子立事》至《曾子天圆》十篇，应即十八篇之留存者。其中既有曾子的著述，又有曾子与弟子的问答，当为其弟子所编撰。

现存"十三经"之一的《孝经》，原认为为曾参所作。《史记·仲尼弟子列传》述："孔子以为（曾参）能通孝道，故授之以业，作《孝经》。"据考证，《孝经》在战国后期已经传世，《吕氏春秋》的《先识览》和《孝行览》中已有引述《孝经》或与其雷同的文字。但今《孝经》首章云："仲尼居，曾子侍。"其中有不少是曾子与孔子的问答对话。可知其最后编定当是曾子弟子所为。

小戴《礼记》中的《大学》一篇，朱熹把它重新编排为"经""传"两部分，谓："'经'一章，盖孔子之言，而曾子述之；其'传'十章，则曾子之意而门人记之也。"（《大学章句》）把《大学》视为曾子及其门人的述作，从内容来看，应该是不错的。《礼记》中还有《曾子问》一篇，内容全是曾子与孔子关于丧服之礼的问答，当同为曾子弟子所编。另外，《论语》的结集和最后编定，据学者们推测，亦是曾子弟子之功：在《论语》中记曾参的言行很多；孔门其他弟子都称名字，而唯有曾参和貌似孔子的有若称"子"。这里的原因是十分清楚的。

曾子一生都在宣传孝道，强调个人道德品质的修养，以维护社会的稳定。他指出："慎终追远，民德归厚矣。"（《论语·学而》）朱熹注："慎终者，丧尽其礼。追远者，祭尽其诚。民德归厚，谓下民化之。"（《论语集注》卷一）可知"慎终追远"的尽孝，其目的在于使"民德归厚"，而不发生越轨的行为。《大戴礼记》中的《曾子本孝》《曾子立孝》《曾子大孝》等篇以及《孝经》全书，都在发挥这一思想。《大学》一篇，曾子提出：自天子以至庶人，皆以修身为本。"身修而后家齐，家齐而后国治，国治而后天下平。"

把以"孝"为重心的"修身"的主旨阐发得更加明确。《大戴礼记》另有《曾子天圆》一篇，阐述阴阳二气化生万物之理，探讨自然科学问题，亦难能可贵。然其所谓"圣人立五礼以为民望，制五衰以别亲疏，和五声之乐以导民气，合五味之调以察民情"云云，已开其后思孟学派神秘的"五行"学说的先河。

五 子思的《中庸》等著作及其思想

子思，姓孔，名伋，字子思，是孔子之孙。《孟子·离娄下》述："曾子、子思同道。曾子，师也，父兄也；子思，臣也，微也。"由此推测，子思年龄当小于曾子，曾经是曾子的学生，故他们的思想有很大的共通性。子思的主要著作是《中庸》，《史记·孔子世家》明确记载："子思作《中庸》。"《汉书·艺文志》著录有"《子思》二十三篇"，《中庸》当为其中的一篇。但《隋书·经籍志》把子思的著作记为"《子思子》七卷"，其《音乐志》又引沈约曰："《中庸》《表记》《坊记》《缁衣》皆取《子思子》。"据考证，《意林》《文选注》《太平御览》诸书所引《子思子》文，多有合于《缁衣》《表记》者①。然则《礼记》中的上述四篇均为子思著作，实信而有征。

1973年冬，长沙马王堆汉墓出土的帛书中有一篇阐述"仁智义礼圣"的文字，学者们定名为《五行》，认为是思孟学派的作品。二十年后的1993年冬，湖北荆门郭店楚墓出土的竹简中，又有一

① 蒋伯潜：《诸子通考》，第327页，杭州：浙江古籍出版社，1985年。

篇相似的文字，并开首明言"五行"。学者们根据墓葬时代、内容论述、思想比较、文风相似、与子思书（《缁衣》《鲁穆公问子思》等篇）同出等理由，认定《五行》乃子思的一篇重要著作①。与其同出的《大常》（原题《成之闻之》）等篇，亦为子思或其后学所著。

子思的主要思想与曾子相仿，欲以宣传道德伦常来达到社会安定的目的，不过它的内容比较丰富。《中庸》旨在宣传一种中和常规的道德。孔子早就说过："中庸之为德也，其至矣乎！"（《论语·雍也》）朱熹注曰："庸，平常也。"如果百姓都有这样至高无上的中庸的道德，社会自然就会太平无事。《坊记》（坊通防）旨在用礼的规范来防止民乱的发生。《表记》旨在以君子之德作为民的表率。《缁衣》以热情接待贤士的郑诗为篇名，希望发扬这种美德。文章引孔子曰："好贤如《缁衣》……而民咸服。"《五行》反复宣传"仁义礼智圣"五种道德，作为人们修行的最高准则。《大常》亦在宣传君臣、父子、夫妇的伦常之道。其他如《尊德义》《六德》《唐虞之道》《忠信之道》等篇②均是宣传道德伦理之作，与子思各篇思想同属一个体系。

在哲学方面，子思宣扬天命。《中庸》开首便说："天命之谓性。"郑注云："……命。木神则仁，金神则义，火神则礼，水神则信，土神则知（智）。"章太炎谓此"是子思遗说"（见所著《子思孟轲五行说》），应该是大致可靠的。郭店简《性自命出》云："性

① 郭沂：《郭店竹简与先秦学术思想》第二卷第三篇第四章《〈五行〉考略》，上海：上海教育出版社，2001年。

② 荆门市博物馆编《郭店楚墓竹简》，北京：文物出版社，1998年。

自命出，命自天降。"《大常》云："天降大常，以理人伦。"在这个思想体系中，任何社会伦理、人的性情，都是"天命""天降"的。此外，子思还宣扬心"诚"的功效。《中庸》说："诚者不勉而中，不思而得"；"唯天下至诚为能化"；"至诚如神。"只要心诚，便能先知祸福，化育万物。显然，"天命"和"能化"都是唯心主义。

六 孟子的"仁政"和"性善"学说

孟子，名轲，字子舆，鲁国邹（今山东邹城市）人。其生卒年代已不可详考，约为公元前 385 年—公元前 304 年。他早年丧父，幼被母亲教养。刘向《列女传》载有孟母"断织教子"和"三迁择邻"的故事。关于孟子的师承关系，司马迁《史记·孟子荀卿列传》说他"受业子思之门人"；而班固《汉书·艺文志》则说他是"子思弟子"。孟子一生周游过齐、魏、宋、滕等国，拥有不少门徒。最后由其弟子万章、公孙丑等将其言行编成《孟子》七篇。

孟子在政治上最重要的主张就是要求各国君主实行"仁政"，以取得民众的拥护，从而统一天下。他曾经要求魏惠王"施仁政于民，省刑罚，薄税敛"；他又向魏襄王宣传天下将"定于一"，而"不嗜杀人者能一之"；他并向齐宣王提出："明君制民之产，必使仰足以事父母，俯足以畜妻子"，使每家都有"五亩之宅""百亩之田"（《孟子·梁惠王上》）。孟子要求各国君主对民施行仁政，是建立在对"民"的力量和作用深刻认识的基础上的。他指出："桀、纣之失天下也，失其民也""得天下有道：得其民，斯得天下矣"

（《孟子·离娄上》）。行仁政能得民心，人民归附就会赢得天下的统治权，这是一个十分浅显的道理。在充分认识民众作用的基础上，孟子进一步强调："民为贵，社稷（指国家）次之，君为轻"（《孟子·尽心下》）。孟子这一套施行仁政、取得民心、统一天下、"民贵君轻"的学说，在当时各国都在谋求富国强兵、进行兼并、扩展疆土的形势下，被"以为迂远而阔于事情"（《史记·孟子荀卿列传》），受到各国君主的冷遇。但他发展了孔子关于"仁"的思想，把"保民""得民""民贵"的民本思想提到相当的高度，为此后开明君主治国所借鉴，在儒学发展史上树起了一块丰碑。

孟子另一个重要学说就是提倡"性善"论。"人性"是当时讨论的一个热门话题。儒家的创始者孔子就曾提出："性相近也，习相远也"（《论语·阳货》）。认为人性是由于后天的习惯而形成善恶好坏的差别。其后，孔子的后学世硕、宓子贱等，"皆言性有善有恶"（《论衡·本性》）。近年出土的《郭店楚墓竹简·性自命出》和《上海博物馆藏战国楚竹书·性情论》，当都是孔门后学关于人性问题的论著。他们认为："四海之内，其性一也；其用心各异，教使然也。"这与孔子及其后学的许多说法大体相类。但孟子与上述各种流行说法不同，提出人性都是善的。《孟子·滕文公上》记："孟子道性善。"他指出："恻隐之心，仁之端也；羞恶之心，义之端也；辞让之心，礼之端也；是非之心，智之端也。人之有是四端也，犹其有四体（四肢）也"（《孟子·公孙丑上》）。"仁义礼智，非由外铄我也，我固有之也"（《孟子·告子上》）。既然仁义礼智之心"人皆有之"，为什么人会有善恶之分呢？孟子曰："求则得之，舍则失之。"那些恶人是因为放弃而丢失了善性。既然人性皆善，那么执政行善就易如反掌，只要"求其放心"（《孟子·告子上》），把放失的心收回就可以了。显然，孟子的"性善"论在儒家各派中标新立异，是在为其要求各国君主推行"仁政"的主张制造理论根据。

七　荀子——战国晚期适应时代变迁的儒学大师

荀子，名况，字卿，有时亦作孙卿或孙卿子，赵国人。他曾经于齐襄王时到齐国讲学，在齐国都城的稷下学宫中三任"祭酒"，是学宫最尊崇的职位。后又回赵，与临武君议兵于赵孝成王前。其间曾应聘入秦，见秦昭王及应侯范雎。最后至楚，春申君让他作兰陵（今山东苍山县西南兰陵镇）县令。及春申君死，荀子免官而居于兰陵，与弟子一起著书数万言。他的弟子中最知名者，当数韩非和李斯。荀子的生卒年代史无记载，据推算约为公元前325年—公元前238年。

荀子的思想主旨无疑属于儒家。他的《仲尼》《儒效》《礼论》《乐论》等篇宣传儒家传统思想，自称"儒者"。《汉书·艺文志》也列"《孙卿子》三十三篇"于儒家。由于当时各国特别是秦国的变法改革取得相当的成效，科学的进步促使无神论思想的流行，百家争鸣的热潮如火如荼地展开，荀子吸取众家之长而对儒家思想有了新的发展，但这种发展在某些人看来往往视为"异端"。现介绍其"礼法"并重、"制天命而用之""性恶"论三大新的观点。

"礼"是孔子和孟子的思想重心之一，也是儒家传统思想的重要内容。儒家欲以"礼"来统一人们的道德规范，维护封建等级及统治秩序。如果人人按照"礼"来约束行动，遵循"礼"的规范，社会就会太平无事，长治久安。《荀子》也以大量篇幅宣传这一道理。不过，荀子往往把礼和法并提、并举、并重，如他说："隆礼尊贤而王，重法爱民而霸"；"'礼'者，法之大分（总纲）""非礼，是无法也""学也者，礼法也""礼法之大分""礼法之枢要""礼义法度者，是圣人之所生也"（见《荀子》的《大略》《劝学》《修身》《王霸》《性恶》等篇）。礼与法虽然都是约束人行为的规范，但法更具有公开性、强制性、平等性。俗话说："王子犯法，与庶民同罪。"在秦国商鞅变法时，这个原则是实行过的。因此，法比礼进步，法治比礼治效果更好。荀子礼与法并重的主张，是把儒家思想向前推进了一大步。

"天命"是孔子思想中的消极成分。他曾经屡言"天命"："君子有三畏"，首先就是"畏天命"；又说："五十而知天命。"可见在孔子看来，"天命"是有的，应当畏惧和知晓它。他的学生子夏曰："商闻之矣：死生有命，富贵在天"（以上见《论语》的《季氏》《为政》《颜渊》等篇）。子夏之说很可能"闻"自孔子。在孔子的后学中，也不乏"天命"论者。他的孙子子思所著《中庸》首句即谓："天命之谓性。"人性原来都是由"天命"定的。然而荀子却与传统的儒家"天命"观相反，他首先强调要"明于天人之分"，即天不能干预人事。如他说："治乱，天邪？曰：日月、星辰、瑞历，是禹、桀之所同也，禹以治，桀以乱，治乱非天也。"接着他主张要制服天命而利用自然："大天而思之，孰与物畜而制之！从天而颂之，孰与制天命而用之！"（以上均见《荀子·天论》）与其思慕和歌颂天之伟大，不如把天当作物一样畜养、控制和利用它。这是一种人定胜天的思想，具有何等果敢的唯物主义气魄！它又为转化儒家传统中消极的东西做出了积极的贡献。

荀子的"性恶"论是为了与孟子的"性善"论针锋相对而发的。他指出："人之性恶，其善者伪也。"这里的"伪"非虚假、欺骗之意。杨倞注："伪，为也，矫也，矫其本性也。"意即有性善者，是人为矫正而造成的。荀子提出论据说："（人）生而有耳目之欲，有好声色焉，顺是，故淫乱生而礼义文理亡焉。然则从（纵）人之性，顺人之情，必出于争夺。"为了制止"争夺"，必须"明礼义以化之，起法正以治之，重刑罚以禁之，使天下皆出于治，合于善也"（以上均见《荀子·性恶》）。显然，荀子强调"性恶"，是为其用礼义进行教化、用法度治理民众的主张制造理论根据的。与孟子的"性善"论相比，荀子的"性恶"论更切合当时变法改革的需要，明显受到法家思想的影响。

八　《易传》作者及其思想

《易传》是解释《周易》各种文字的总称。它大体上有七种十篇，即《彖》上下、《象》上下、《系辞》上下、《文言》《说卦》《序卦》《杂卦》，或称为《易》之"十翼"，均附于今传《易经》之中。这十篇文字有的在孔子之前已经存在，如《左传》昭公二年载晋侯使韩宣子来聘而观书，"见《易象》与《鲁春秋》。"杜预注："《易象》，上下经之象辞"，亦即《易》经上下篇的《象》传。当韩宣子观《易象》时，孔子才十一岁。然而在其他《易传》文字，特别是《文言》、《系辞》中，引有许多"子曰"即孔子说的话，分明是孔子弟子及其后学所作。《史记·孔子世家》述："孔子晚而喜《易》，序《彖》《系》《象》《说卦》《文言》。"《正义》引《易正义》曰："孔子就上下二经，各序其相次之义。"可知孔子曾就《易传》各篇之义进行阐发和编排。值得注意的是，1973年长沙马王堆汉初墓葬出土的帛书中有《易经》和《系辞》《易之义》《要》等篇，其中《系辞》不分上下篇，而《易之义》《要》的内容又见于今传《系辞》，可知直到汉初，《易传》各篇尚未定型。今存《易传》应该是孔子及其后学陆续加工、补充、编订而成，其主要著述年代当在战国时期。

宇宙生成及其发展变化的理论是《易传》思想的精髓。《系辞》说："易有太极，是生两仪。"《正义》曰："太极谓天地未分之前元气混而为一，即是太初、太一也"；"混元既分，即有天地，故曰太极生两仪。"《系辞》又说："形而上者谓之道，形而下者谓之器；化而裁之谓之变，推而行之谓之通。"宇宙原来是无形的"道"，逐渐变化成有形之"器"。这种变化是阴阳的对立转化，是生长不息的。故曰："一阴一阳之谓道"；"生生之谓易。"（《易·系辞》）这种宇宙生变论弥补了儒家思想在这一方面的不足，具有积极的辩证法思想。

《易传》中还有一种社会历史的进化观。《系辞》说："上古穴居而野处，后世圣人易之以宫室，上栋下宇，以待风雨""古之葬者厚衣之以薪，葬之中野，不封不树，丧期无数，后世圣人易之以棺椁""上古结绳而治，后世圣人易之以书契。百官以治，万民以察。"这里将"上古"与"后世"作了一系列的对比，说明社会是不断进步的。此种观念在儒家的传统思想中也比较先进。

　　然而《易》毕竟是卜筮之书，《易传》中也就有许多吉凶先定、鬼神游魂、圣人万能等消极神秘的东西。如《系辞》说："四象生八卦，八卦定吉凶，吉凶生大业""精气为物，游魂为变，是故知鬼神之情状。"《说卦》云："圣人……立天之道，曰阴与阳；立地之道，曰柔与刚；立人之道，曰仁与义。"八卦如何能定吉凶？鬼神之情状如何能知？圣人如何能主宰天、地、人？这些都是《易传》中的糟粕。

第十五章　道、墨、名、法诸家的理论学说

　　战国时代诸子百家，除了儒家之外，还有道、墨、名、法以及纵横、阴阳、农、杂诸家。他们人数众多，思想各异，都有自己的一套理论学说，共同构成了战国时代异常热烈的争鸣局面。在这诸家学说中，道家和法家的派别最多，思想学说也最丰富，故阐述时此二家再分为三节，以清眉目，亦见当时争鸣形势的纷繁复杂。

一　道家庄子、列子、杨朱的思想主张

　　庄子，名周，字子休①，宋国蒙（今河南商丘市西南）人。其生卒年代已不可考，约与梁惠王、齐宣王同时。他当过漆园的小吏，曾拒绝楚威王的入仕邀请，一生过着清贫的生活。《汉书·艺文志》道家类录其著作有"《庄子》五十二篇"，现存三十三篇。据

————————

①　据陆德明《经典释文·序录》与成玄英《庄子疏》。

考证，内篇七，为庄子自著；外篇十五，杂篇十一，为庄子门徒及其后学所作。

在宇宙观方面，庄子继承老子的学说，认为有一个"道"是万物的根源和运行的法则。庄子的思想主旨是要人们通过内心修养，超脱世界，忘掉自我，没有是非的观念，成为一个"真人"。他描写理想中的"真人"说："古之真人，不知说（悦）生，不知恶死"；"登高不栗，入水不濡，入火不热"（《庄子·大宗师》）。这种"真人"，实在是神仙一般的人物。他又说："是（此）亦彼也，彼亦是也；彼亦一是非，此亦一是非：果且有彼是乎哉？果且无彼是乎哉？"世界上的彼此是非，都是连在一起，无法分辨的。"欲是其所非，而非其所是，则莫若以明"（《庄子·齐物论》）。要想对是非弄个清楚，只有"以明"，即以不辨是非的态度处之。庄子的这种思想表现出一个下层知识分子对社会纷争无可奈何的态度。

列子，名御寇，郑国人。其生卒年代亦不可考，约略早于庄子。《庄子》书中屡次谈到列子，有时尊称为"子列子"，还有《列御寇》篇。《汉书·艺文志》著录有"《列子》八篇"，其书在魏晋之际的战乱中散失。东晋张湛及其家人重新搜集整理成书，即今传的《列子》八篇，因而其书真伪杂陈，不免掺有后人的作品。列子的思想主旨与庄子相仿。《尸子·广泽》篇和《吕氏春秋·不二》篇都说"列子贵虚"，也就是认为世界上的一切都是虚无缥缈的，要求人们摆脱对富贵名利的追求而任其自然，忘乎所以。《列子·天瑞》篇记列子曰："莫如静，莫如虚。静也虚也，得其居矣；取也与也，失其所矣。"《黄帝》篇又记其经过修炼之后，"不知我之是非利害欤，亦不知彼之是非利害欤！""心凝形释，骨肉都融"；

"足之所履，随风东西""竟不知风乘我邪？我乘风乎？"其教人虚幻洒脱如此。

杨朱，或称阳子居、阳生，魏国人，其活动年代约略早于孟子。他一生没有写过著作，但其言论非常盛行，据说当时"杨朱、墨翟之言盈天下"（《孟子·滕文公下》）。他的学说散见于其他诸子书中。《吕氏春秋·不二》谓："阳生贵己。"《孟子·尽心上》说："杨子取为我，拔一毛而利天下，不为也。"似乎杨朱是一个极端自私的利己主义者。其实这是误解了他的意思。《韩非子·显学》篇把"不以天下大利易其胫一毛"的杨朱学派称为"轻物重生之士"。《淮南子·泛论》说："全性保真，不以物累形，杨子之所立也。"《列子·杨朱》篇引杨朱曰："生民之不得休息，为四事故：一为寿，二为名，三为位，四为货。"如果把这些都抛在脑后，"人人不损一毫，人人不利天下，天下治矣！"原来他是要人人不为名利所累，轻物重生，从而达到天下大治的目的。这种全性养生的哲理，是道家的一贯主张，因而杨朱也可说是道家的一个流派。

二 黄老学派的形成及其治国理论

黄老学派是战国中晚期形成的一个道家思想派别。它奉黄帝为始祖，继承老子的思想主旨而形成其理论学说，在当时甚为流行。《史记·老子韩非列传》称申不害之学"本于黄老"，而韩非亦"归本于黄老"。《史记·孟子荀卿列传》谓慎到、田骈、接子、环渊诸稷下学者"皆学黄老道德之术"。《汉书·艺文志》道家类著录有"《黄帝四经》四篇、《黄帝铭》六篇、《黄帝君臣》十篇、《杂黄帝》

五十八篇"，注云："起六国时"或"六国时贤者所作"。这些很可能就是黄老学派的著作，然而它们均已散失亡佚。因此，关于黄老学派的具体思想主张，历来不甚清楚。1973年底，在长沙马王堆汉墓出土的帛书《老子》乙本卷前，发现了古佚书四种，即：《经法》《十大经》（一说《十六经》）、《称》和《道原》。这些书大讲黄帝之事，又与《老子》传抄在一起。学者们皆以为它们是黄老学派的著作，或即《汉志》所载散失的有关黄帝诸书。这个推断，应该是没有问题的。

黄老学派的思想主张治国要有分寸，不能对人民横征暴敛，超过了一定的度就会发生祸乱。他们指出："赋敛有度则民富"；"（省）苛事，节赋敛，毋夺民时，治之安"（《经法·君正》）。"黄金珠玉藏积，怨之本也；女乐玩好燔材，乱之基也"（《经法·四度》）。"天制寒暑，地制高下，人制取予。取予当，立为（圣）王；取予不当，流之死亡"（《称》）。这是对当时贪婪的统治阶级发出的警告，具有很强的现实意义。楚国统治集团就是因为不听这种劝告而赋敛无度，导致了庄蹻农民大起义的爆发，使国家受到重创。

在减轻剥削的基础上还要制订法度。他们指出："法度者，正（政）之至也。而以法度治者，不可乱也"（《经法·君正》）。"道生法。法者，引得失以绳而明曲直者也。故执道者生法而弗敢犯也，法立而弗敢废也"（《经法·道法》）。上述"毋夺民时"和"道生法"等思想理论是黄老学派在道家的基础上吸收了儒家和法家的精华形成的，说明到战国中后期各家学说开始交融和合流。

黄老学派还有一种"虚静"治国的理论。如他们在执行法律时主张:"是非有分,以法断之;虚静谨听,以法为符";"唯执道者能虚静公正"(《经法·名理》)。在治理国家时也应该尽量让人民安静休息,少作扰民的事。他们强调:"时静不静,国家不定。""静作得时,天地与之;静作失时,天地夺之"(《十大经·姓争》)。这种清静治国的策略,在汉初曾大行其道。据说当时有盖公,"善治黄老言","言治道贵清静而民自定"。当齐相而后又为汉相的曹参亦"用黄老术"(《史记·曹相国世家》),使百姓安集,国家大治。

三 道家鹖冠子的"大同"理想

鹖冠子,战国后期楚国人。因其常戴鹖(一种善斗的鸟)羽制的冠,乃以为号。他的姓名已不可考,是一位居于深山的隐士。《汉书·艺文志》道家类著录有"《鹖冠子》一篇",而今传宋陆佃注《鹖冠子》有三卷十九篇。因此,今本的真伪历来成为学者讨论的重点。经研究,今传《鹖冠子》与近年出土的马王堆帛书中属于战国时期的著作《经法》等有着密切联系,甚至许多语句也大致相同,因而可以相信它是由先秦古籍编成而非伪造之作①。据书中所述,鹖冠子曾是赵悼襄王的将军庞煖之师,而庞煖是著名的兵家和纵横家,有著作见于《汉志》。

---

① 唐兰:《马王堆出土〈老子〉乙本卷前古佚书的研究》,《考古学报》,1975年第1期;李学勤:《马王堆帛书与〈鹖冠子〉》,《江汉考古》,1983年第2期;谭家健:《〈鹖冠子〉试论》,《江汉论坛》,1986年第2期。

《鹖冠子》有记述赵悼襄王和庞煖的问答以及庞煖击杀燕将剧辛之事，很可能是后人将庞煖的有关著作混入其中。

鹖冠子有一个"大同"的政治理想。他说："泰一（至高无上）者，执大同之制"；"欲同一善之安也"（《鹖冠子·泰鸿》）。那么如何才能"大同""同一"呢？他又说："同和者，仁也，相容者，义也，仁义者，所乐同名也。"（同上）人人都以"仁义"相待，自然就能同乐。在鹖冠子的理想政治中，"五家为伍，伍为之长。十伍为里，里置有司。四里为甸，甸为之长。十甸为乡，乡置师。五乡为县，县有啬夫治焉。十县为郡，有大夫守焉。"这些官员和百姓，"事相斥正，居处相察，出入相司。父与父言义，子与子言孝。长者言善，少者言敬，旦夕相熏。""少则同侪，长则同友，游敖同品，祭祀同福，死生同爱，祸灾同忧，居处同乐，行作同和，吊贺同杂，哭泣同哀。""畴合四海，以为一家，而夷貉万国，皆以时朝服致绩"（《鹖冠子·王铁》）。这就是鹖冠子所谋划的大同世界。

在这个大同世界中，还要有法制。他认为治国有"九道"，而其中重要的一道就是"法令"："法令者，主道（导）治乱，国之命也"（《鹖冠子·学问》）。"法者使去私就公，同知壹警"（《鹖冠子·度万》）。可见法制在治国中的作用。同时，治国还必须选拔管理人才。他提出治国应"以贤圣为本者也"，而"贤圣者以博选为本者也"。治国者应当以谦逊的态度去选拔出色的人才，"故帝者与师处，王者与友处，亡主与徒处"（《鹖冠子·博选》）。这个理想的政治模式，是在道家的基础上吸取了儒家和法家的精华，比老子与庄子又大大进步了。

四　墨家"兼相爱、交相利"的政治学说

墨子，名翟，战国初期宋国人。由于后来长期在鲁国居住，也有人说他是鲁国人。墨子出身低微，被统治者看作"贱人"；由于他勤奋好学，后来成为了"士"的一员，而"下无耕农之难"（《墨子·贵义》）。墨子众多的学生形成一个墨者集团，生活俭朴，不脱离生产劳动，有严密的纪律。《庄子·天下》篇说墨者都穿短褐之衣，着麻、木之鞋，"日夜不休，以自苦为极"。《汉书·艺文志》录其著作有"《墨子》七十一篇"，为后期墨家所整理，今传本缺失九篇。因后来"墨离为三"（《韩非子·显学》），故有许多题目存在着三篇大略相似的文字，当为三派墨者的弟子所记。

墨子从他出身的阶层立场出发，提出了一套相当进步的政治学说。他认为天下的国家、君臣、人民都应该"兼相爱，交相利"（《墨子·兼爱中》）。他主张打破阶级界限来选拔贤人："虽在农与工肆之人，有能则举之，高予之爵，重予之禄，任之以事"（《墨子·尚贤上》）。他提出为官在上者必须经过选择："选天下之贤可者，立以为天子"；"又选天下之贤可者，置立之以为三公"；"又选择其国之贤可者，置立之以为正长"（《墨子·尚同上》）。他著的《非攻》篇，反对各国互相攻伐兼并，残害生命；又著《节用》《节葬》篇，反对统治者的奢靡生活，厚葬久丧，杀殉费财。这些主张，虽然在当时是很难实现的，但表现了一个出身劳动阶层的士大夫的高尚思想和善良愿望。

在哲学方面，墨子还提出了一种进步的认识论，学者们称之为

"三表法"。他说:"言必有三表。"即三种检验其是否正确的标准。这"三表"是:"有本之者,有原之者,有用之者。于何本之?上本之于古者圣王之事;于何原之?下原察百姓耳目之实;于何用之?发以为刑政,观其中国家百姓人民之利:此所谓言有三表也"(《非命上》)。这个"三表法"与现在所说的"实践是检验真理的唯一标准"十分相似。墨子还用"三表"法对命定论进行批判,指出:"古者桀之所乱,汤受而治之;纣之所乱,武王受而治之。此世未易,民未渝(变):在于桀纣,则天下乱;在于汤武,则天下治。岂可谓有命哉!"(《非命上》)这里对宿命论的驳斥是多么有力!

然而墨子的思想也有其偏激之处。他著的《非乐》篇,反对音乐艺术,认为其不能给人衣食;著《非儒》篇,把孔子和儒家诋毁得一无是处;又著《天志》篇,把天说成是一个有意志的人格神,"天欲义而恶不义";并著《明鬼》篇,证明鬼神之确实存在,"能赏贤而罚暴"。可见在墨子的思想中,有时对事物认识缺乏一种科学的、全面的态度。

五 名家惠施、公孙龙、尹文的名辩理论

在战国时期的百家争鸣中,有些人专门讨论名称与实际的关系,搬弄抽象概念,提出一些奇怪的命题,以此哗众取宠。这些人后来称为"名家",其中以惠施、公孙龙、尹文子最为著名。

惠施,战国中期宋国人。他曾做过魏惠王的相国,主张联合齐、楚对付秦国。惠施与庄子是好友,两人感情深厚。《汉书·艺

文志》录其著作有《惠子》一篇，早已亡佚。他的思想集中保存在《庄子·天下》篇中。据说惠施"历物之意"提出这样的命题："天与地卑（通'比'，接近），山与泽平"；"天下之中央，燕之北，越之南是也。"因为天地空间太大，从极远处看，天与地是接近的，山与泽可以相平；燕国之北，越国之南，任何地方都可看作天下的中央。他的命题中还有："日方中方睨（侧视，斜），物方生方死。"因为天地经历的时间太长，从一天或动物的一生来看是极短暂的，因此太阳刚到中间马上就要倾斜，动物刚生下来很快就会死去。人们称他这种没有稳定的空间和时间的理论为相对主义。惠施有些对世界和物质的阐释相当精到，将在本书第十七题"科学技术与科学思想的发展"部分中再作阐述。

公孙龙，字子秉，战国后期赵国人。他曾长时间在平原君门下作客，为平原君出谋划策；又曾去燕国说燕昭王以"偃兵"之事。《汉书·艺文志》录其著作有"《公孙龙子》十四篇"，今仅存六篇。其中《迹府》篇叙其生平事迹，而以《白马论》与《坚白论》最为有名。他的《白马论》提出"白马非马"，因为"白马"包含色的概念，而"马"只有形的概念，白马与马不同，故白马不是马。这里，公孙龙把个别与一般割裂开来，人们称其为绝对主义。他的《坚白论》提出"坚白离"的命题，认为一块石的"坚"要手摸才能感知，"白"要眼看才能见到，因此这两种属性是分离的。这里，公孙龙又犯了主观唯心主义的错误。因为坚和白两种属性合存于石中，是不以你的手和眼为转移的。公孙龙之类的名家提出各种诡辩的命题，"饰人之心，易人之意，能胜人之口，不能服人之心"（《庄子·天下》），成为百家争鸣中的一个怪现象。

尹文，战国后期人，曾游学于齐国稷下学宫。《汉书·艺文志》名家类录其著作有"《尹文子》一篇"，今本析为上、下二篇。关于今传《尹文子》，历来认为是"伪书"，因为其内容与《庄子·天下》篇所述尹文的思想不合。经近年来学者的研究，《汉志》既然把《尹文子》列入名家，而《庄子·天下》把尹文的思想主旨说成是"禁攻寝兵""情欲寡浅"，显然其所述有误。今传《尹文子》中虽有秦汉以后，后人混入的文字，但其大体上为尹文的著作，是真实的先秦古籍①。尹文主张首先要"正名定分"。他说："名以正形"，"形名者，不可不正也"；"名分不可相乱也"，"上下不相侵与，谓之名正。"在"正名"的基础上，尹文吸收了儒家用仁义礼乐和法家用法术势治国的思想。他说："仁义礼乐，名法刑赏，凡此八者，五帝三王治世之术也。故仁以导之，义以宜之，礼以行之，乐以和之，名以正之，法以齐之，刑以威之，赏以劝之。"又说："术者，人君之所密用"；"势者，制法之利器。"可知尹文的学说博采众长，体现了战国后期各家思想融合的特点。

六　法家商鞅的"农战"和"厚赏重刑"思想

商鞅，战国中期卫国的公族，故又称卫鞅或公孙鞅。公元前361年入秦，在秦孝公的支持下实行变法，后因功受封于商（今陕西商洛市），号为商君。公元前338年，秦孝公去世，商鞅被杀，并处以

---

①　周山：《〈尹文子〉非伪析》，《学术月刊》，1983年第10期；胡家聪：《〈尹文子〉与稷下黄老学派——兼论〈尹文子〉并非伪书》，《文史哲》，1984年第2期；邵蓓：《尹文及〈尹文子〉》，《中国史研究》，1999年第2期。

车裂之刑。商鞅的著作，《汉书·艺文志》法家类录有"《商君》二十九篇"，今传《商君书》仅存二十四篇。据研究，《商君书》中固然有商鞅所作之文，但有相当多的篇章作于商鞅死后，为其后学者陆续编成。应该说，《商君书》基本体现了商鞅的思想主张。

商鞅的一个主要思想是把国家的人力、物力、财力全部投入到农业生产和扩军备战，而反对从事商业、艺术、教育等其他人员之存在，这样国家就会富强，赢得兼并战争的胜利。他说："国之所以兴者，农战也。""农战之民千人，而有《诗》《书》辩慧者一人焉，千人者皆怠于农战矣。农战之民百人，而有技艺者一人焉，百人皆怠于农战矣"（《商君书·农战》）。他把"重农战"的思想称为"壹务"或"作壹"，指出："壹务则国富，国富而治，王之道也。""国作壹一岁者，十岁强；作壹十岁者，百岁强。""明君修政作壹，去无用，止浮学事淫之民，壹之农，然后国家可富，而民力可抟（聚集）也"（《商君书·农战》）。由于商鞅变法的成功，"农战"政策的实行，秦国开始富强起来。经过几代人的努力，秦国终于吞并六国，建立了一个新的统一王朝。

商鞅的另一个重要主张是用"厚赏重刑"的手段来促使人民改恶从善。《韩非子·定法》篇述：公孙鞅治秦，"赏厚而信，刑重而必。"《商君书》中也有很多这样的论述："凡赏者，文也；刑者，武也。文武者，法之约也。""明主任法……赏厚而信，刑重而威必"（《修权》）。"行罚，重其轻者，轻者不至，重者不来，此谓以刑去刑"（《靳令》）。厚赏重刑在商鞅变法中得到贯彻执行，如他规定："不告奸者腰斩，告奸者与斩敌首同赏""僇力本业，耕织致粟帛多者复其身（免除徭役），事末利（做生意）及怠而贫者，举以为收孥（收其全家，为官奴婢）"（《史记·商君列传》）。这种厚赏重刑的政策，曾经使秦民勤力耕作，奋勇杀敌；然而过多的重刑，又会引起人民的反抗情绪。终于在秦二世时爆发农民大起义，秦朝在很短时间内即告覆灭。

七　稷下法家重视经济和教育的主张

在齐国稷下讲学的学者中，法家占有很大的部分。因此，《管子》这部汇总齐国学者的论文集，其中有许多是法家的著作。如《七法》《版法》《法禁》《重令》《法法》《任法》《明法》以及《版法解》《明法解》等篇，篇名中就有"法""令"等字，一看便知其作者是法家。其他如《牧民》《形势》《权修》《立政》《乘马》《玄宫》①《玄宫图》《五辅》《八观》《君臣上》《君臣下》《正第》《正世》《治国》《七臣七主》《禁藏》以及《牧民解》（已佚）《形势解》《立政九败解》等篇，讲的都是在治国过程中如何运用赏罚刑法使令行禁止，国泰民安，因此都应该属于法家的著作。如此众多的齐国法家作品，绝大部分当是稷下学者所作。

稷下法家一个最明显的特点，就是关注经济的发展。《管子》开首《牧民》篇就说："凡有地牧民者，务在四时，守在仓廪。国多财则远者来，地辟举则民留处，仓廪实则知礼节，衣食足则知荣辱。"其《立政》篇又指出："富国有五事"，即开发山泽、治理水

----

① 此篇原作"幼官"，据行文内容当作"玄宫"，形近而误。下篇原作"幼官图"，亦当作"玄宫图"。"玄宫"指明堂，为古代君王进行政教的场所。今据《管子集校》一并改正。

利、种植桑麻五谷、饲养六畜、禁止奢侈工艺品。《五辅》篇再强调："布法以任力,任力有五务",其中一务就是"庶人耕农树艺",因为"庶人耕农树艺则财用足"。《八观》篇认为,观察国家首先必须"行其田野,视其耕芸,计其农事";"行其山泽,观其桑麻,计其六畜之产"。《治国》篇进一步申述:"凡治国之道,必先富民,民富则易治也。"在稷下法家看来,以法治国的目的是要使百姓勤力耕作,农牧业兴旺,并因此而富裕起来,这样国家也就能府库充实而长治久安了。

稷下法家的另一个显著特点,在于其对教育的重视。《管子·牧民》篇提出:"国有四维",即礼、义、廉、耻,"四维张则君令行"。欲"四维张",当然重在教育。《权修》篇又说:"凡牧民者,使士无邪行,女无淫事。士无邪行,教也;女无淫事,训也:教训成俗而刑罚省,数也。"《版法》篇指出:"必先顺教,万民乡(向)风。"可见教育在治国中的作用,有时比刑罚更重要。《法禁》篇申述:"圣王之教民也,以仁措之,以耻使之,修其能致其所成而止。故曰:绝(绝邪恶)而定,静而治,安而尊。"《八观》篇强调:"禁罚威严,则简慢之人整齐,宪令著明,则蛮夷之人不敢犯,赏庆信必,则有功者功,教训习俗者众,则君民化变而不自知也。"只有法令赏罚与教育习俗并重,才能对治国化民能起到事半功倍的作用。

八 申不害、慎到、韩非讲"法术势"的学说

战国中期以后,出现了一批法家大讲国君治国要用法、术、势的理论。"法"就是国君颁布的法律、法令,"术"就是国君如何驾

驭臣下的权术，"势"就是高居君王的势位。这些法家以申不害、慎到、韩非为代表。

申不害，战国中期郑国京（今河南荥阳市东南）人，曾任韩昭侯的丞相，实行改革。他的著作《申子》，《史记·老子韩非列传》附《申不害传》说有"二篇"，而《汉书·艺文志》载有"六篇"，都已亡佚。从散见于各书的引文中，还能看到他学说的宗旨。申不害虽然也讲法，主张"君必有明法正义"，"圣君任法而不任智"（《艺文类聚》卷五十四引《申子》），但他主要讲的是"术"。申不害强调："明君使其臣并进辐凑"（《群书治要》卷三十六引《申子·大体》），即要大臣围着国君转；"能独断者，故可以为天下主"（《韩非子·外储说右上》引《申子》），即要国君独断专行。故《韩非子·定法》篇指出："申不害言术"；"申不害不擅其法，不一其宪令，则奸多。"申不害着重研究国君统治的权术，弊端显而易见。

慎到，战国后期赵国人，曾在齐宣王时到齐国稷下学宫讲学。《史记·孟子荀卿列传》说他与田骈、环渊等"皆学黄老道德之术"，"著《十二论》"。此时他已由道家转向法家，故《汉书·艺文志》法家类录有"《慎子》四十二篇"。今仅存残文五篇，另有一些类书中的佚文。慎到主张国君必须依法治国："大君任法而弗躬，则事断于法矣"（《慎子·君人》）；"上下无事，唯法所在"（《慎子·君臣》）。他又认为国君必须根据情况的变化而更改法律："治国无其法则乱，守法而不变则衰"（《艺文类聚》卷五十四引《慎子》）。除法治外，慎到还强调势位的重要。他说："尧为匹夫不能治三人，而桀为天子能乱天下，吾以此知势位之足恃，而贤智之不足慕也"（《韩非子·难势》引《慎子》）。故有人称申不害是法家中的重术派，而慎到是法家中的重势派。

　　韩非，战国末年韩国的公子，曾和李斯一起做过荀卿的学生。韩非见韩国国势渐弱，屡上书谏韩王，韩王不能用，乃著书陈述其主张。秦王阅韩非之书，欲见其人，便急攻韩，韩乃遣韩非使秦。韩非到秦国，被同学李斯谗害，死于公元前 233 年。今存《韩非子》五十五篇，基本上都是韩非的著作。韩非的主要思想是在申不害重术和慎到重势的基础上，主张治国必须法、术、势兼用。其《定法》篇指出："君无术则弊于上，臣无法则乱于下，此不可一无，皆帝王之具也。"他分析商鞅治秦，法令森严，赏厚刑重，使国富兵强，然而"战胜则大臣尊，益地则私封立"，是因为"主无术以知奸也"（《韩非子·难势》）。除驾驭群臣的术之外，国君还必须有势。他强调："抱法处势则治，背法去势则乱"；"释势委（弃）法，尧、舜户说而人辩之，不能治三家"（《难势》）。"夫严家无悍虏（强横的奴仆），而慈母有败子，吾以此知威势之可以禁暴，而德厚之不足以止乱也"（《显学》）。法、术、势三者并用兼施，便能主尊国安，驾驭群臣和百姓，并进而统一天下，成就帝王之业了。

九　纵横家鬼谷子的从政和外交策略

　　鬼谷子，战国中后期纵横家，曾收门徒传道授业，据说张仪、苏秦都是他的学生。《史记·苏秦列传》述，苏秦曾"东事师于齐，而习之于鬼谷先生"；《张仪列传》又说张仪"始尝与苏秦俱事鬼谷先生学术"。但据近年出土的马王堆帛书《战国纵横家书》，苏秦活动的时代约晚张仪三十年，故两人可能先后在鬼谷子处求学。关于鬼谷的来历，《史记集解》引徐广曰："颍川阳城有鬼谷，盖是其人所居，因为号。"这个鬼谷在今河南登封市东南，距张仪、苏秦的老家都较近。又说西晋初年皇甫谧作《鬼谷子注》和唐初长孙无忌作《鬼谷子序》都记鬼谷子是"楚人"，五代后蜀杜光庭的《录异记》又述鬼谷先生"居汉滨鬼谷山"，因此今陕西石泉县汉水之滨云雾山中的鬼谷岭，最有可能是鬼谷子原来的隐居地，现在那里还有多处遗迹。今存《鬼谷子》一书，因《汉书·艺文志》未载，至《隋书·经籍志》方列入"纵横家"，故历来认为是后人所伪托。但据近人研究，从《鬼谷子》的用语、文字、音韵进行考察，它应是先秦古籍，是战国时期的作品①。

鬼谷子专门研究从政和外交策略。他认为游说必须揣摩对方的意图，隐匿一些不利的情况，才能成功："说人主，则当审揣情"；"故虽有先王之道、圣智之谋，非揣情、隐匿，无所索之。此谋之本也，而说之法也"（《揣篇》）。同时还必须估量自己的才能："忤合之道，己必自度材能智睿，量长短远近孰不如，乃可以进，乃可以退，乃可以纵，乃可以横"（《忤合》）。他指出："说人主者，必与之言奇"；"说人臣者，必与之言私"（《谋篇》）。这样上能说动人主，下能结交大臣，就可以在政界左右逢源，大行其道。他还强调对待不同的君主要有不同的态度："事圣君，有听从，无谏诤；事中君，有谏诤，无谄谀；事暴君，有补削，无矫拂"（《太平御

① 陈昌远：《鬼谷子隐居地及其著述的真伪》，载房立中主编《新编鬼谷子全书》，学苑出版社，1995年。

览·治道部》引《鬼谷子》)。这就是要人们见机行事,采取灵活的应变措施。

在外交上欲结交盟友,也必须从多方面考察其利害,然后采取行动。鬼谷子指出:"欲用之于天下,必度权量能,见天时之盛衰,制地形之广狭,阻险之难易,人民货财之多少,诸侯之交孰亲孰疏,孰爱孰憎;……知其所好恶,乃就说其所重,以飞钳之辞钩其所好,以钳求之"(《飞钳》)。外交活动必须要有周密的计谋,鬼谷子强调:"谋莫难于周密,说莫难于悉听,事莫难于必成。此三者,唯圣人然后能任"(《摩篇》)。外交活动的游说者,必须选择熟悉情况或有交情的人。鬼谷子又申述:"谋必欲周密,必择其所与通者说也。故曰:或结而无隙也";"说者听必合于情,故曰:情合者必听"(《摩篇》)。可见外交活动要在广泛调查研究的基础上,制定切实可行的计划,选择合适的游说者,方能取得成功。

十 阴阳家邹衍的"五行生胜"和"五德终始"说

邹衍,战国中后期齐国人,曾在稷下学宫讲过学,又在魏惠王时与孟子一起到过魏国,并到赵国在平原君处与公孙龙进行争辩,还在燕国受到燕昭王的盛情接待,拜以为师。邹衍经历丰富,学识渊博,对天文、历史、地理均有研究。关于他的学派,《盐铁论·论儒》篇说:"邹子以儒术干世主,不用。"《史记·孟子荀卿列传》附《邹衍传》也说:"要其归,必止乎仁义节俭,君臣上下六亲之施",后又"深观阴阳消息而作怪迂之变。"可见他先是儒家,因不受世主重视,转而变为阴阳家的。《汉书·艺文志》列其著作于阴阳家类，有"《邹子》四十九篇"和"《邹子终始》五十六篇"，可惜已全部亡佚。据近人研究，《管子》中的《四时》《五行》等篇应该属于阴阳家邹衍学派的著作，可通过此了解其学说内容①。

阴阳与五行两种学说，本来都是一种朴素的自然观，在西周、春秋时期就已经出现。老子就曾说过："万物负阴而抱阳。"（《老子·德经下》）即万物都由阴阳两个对立面构成。史伯又说："先王以土与金木水火杂，以成百物"（《国语·郑语》）。即认为"五行"是构成万物的基本元素。到了战国时期，这两种学说逐渐融合到一起，变成了"五行生胜"说，即：木生火，火生土，土生金，金生水，水生木；金胜木，木胜土，土胜水，水胜火，火胜金。这种理论又和四季、行政结合起来，成为阴阳家学说的主要内容。如《管子·四时》就叙述四季的五行属性，应如何行政。它强调：君王行政如"合于天地之行"，则"五谷乃熟，国家乃昌"；若"刑德离乡（向），时乃逆行"，则"作事不成，必有大殃"。阴阳家就是以这种危言耸听，来博取世主的任用和尊重。

邹衍还有一种"五德终始"学说。他把"五行生胜"的理论附会到历代王朝的更替上，《吕氏春秋·应同》篇中保存着这种学说的内容。据说"凡帝王者之将兴也，天必先见祥乎下民"。黄帝时"土气胜"，夏禹时"木气胜"，商汤时"金气胜"，周文王时"火气胜"，而"代火者必将水，天且先见水气胜"。邹衍这种用"五行相胜"来解释朝代更换的学说，符合秦始皇建立新王朝的需要。《汉书·郊祀志》记："自齐威、宣时，邹子之徒论著终始五德之运，

---

① 赵玉瑾：《邹衍及其学说简论》，《齐鲁学刊》，1985 年第 1 期。

及秦帝而齐人奏之，故始皇采用之。"《史记·秦始皇本纪》又载："始皇推终始五德之传，以为周得火德，秦代周德，从所不胜"；"更名河曰德水，以为水德之始。"可见邹衍这一套阴阳家怪诞不经的学说，还受到当时统治者的青睐和重视。

十一　农家许行的"君民并耕"主张

许行，战国中期楚国人，约与孟子同时，著名的农家学说的主张者。《汉书·艺文志》没有记载他的著作，其言行及影响在《孟子·滕文公上》中有多有记载。据说许行是一位"为神农之言者"，有门徒数十人，都穿着粗布短衣，从事扎鞋、织席等工作以换取生活用品，在滕文公时自楚至滕进行游说。他主张"贤者与民并耕而食"，自己做饭而兼治民事；反对君主"有仓廪府库"，"厉民而以自养"。他还主张"市贾（价）不贰，国中无伪"；"布帛长短同，则贾相若"；"五谷多寡同，则贾相若。"许行的这些主张在当时有很多人表示赞同。楚国的儒者陈良之徒陈相与其弟辛，背负农具自宋至滕，"见许行而大悦，尽弃其学而学"许行之道，转而成为许行农家学派的忠实信徒。

许行的上述主张真正体现了下层贫苦农民的意愿。当时的楚国，赋税徭役繁重，"食贵于玉，薪贵于桂"（《战国策·楚策三》），人民处在水深火热之中，而统治者却变本加厉地剥削、尽情地享乐，因此爆发了英勇壮烈的庄蹻农民起义。许行的"君民并耕"、反对统治者"厉民自养"的主张，正是在这样的形势下提出的。他以"神农"作为理想的贤者，而据说神农之世"与麋鹿共处，耕而食，织而衣，无有相害之心，此至德之隆也"（《庄子·盗跖》）。又传说"神农之教曰：士有当年而不耕者，则天下或受其饥矣；女有当年而不织者，则天下或受其寒矣。故身亲耕，妻亲织，所以见致民利也。"（《吕氏春秋·爱类》）"神农氏并耕而食，以劝农也"（《北堂书抄·帝王部》引《尸子》）。许行在战国时代还要实行神农氏的原始公社制度，当然是不切实际的幻想，但他敢于批评统治者的勇气，是永远值得称道的，在思想史上是有珍贵价值的。

还应当指出，战国时代的农家有两派，分别代表农民和地主两个阶级[①]。《吕氏春秋》的《上农》《任地》《辨土》《审时》等篇，要求圣王导民"先务于农"，反对农民"舍本而事末"，这是地主阶级的重农主张。《汉书·艺文志》著录有"《神农》二十篇"，班固自注："六国时诸子疾时怠于农业，道耕农事，托之神农。"这与《吕览》数篇志趣相同。《汉志》总结说："农家者流，盖出农稷之官，播百谷，劝耕桑，以足衣食……及鄙者为之，以为无所事圣王，欲使君民并耕，悖上下之序。"这里所谓"鄙者"，正是以许行为代表的农家学派。

十二 杂家吕不韦兼容而有创造的理论体系

吕不韦，战国末年濮阳（今河南濮阳市）人。后在韩国阳翟（今河南禹州市）经商，家累千金。他在赵都邯郸经商时，遇到在

---

① 何浩：《许行及其农家思想》，《江汉论坛》，1984 年第 7 期。

赵国为质子的秦公子异人，以为奇货可居，乃以其家产为异人（后改名子楚）活动，终于立为王嗣。子楚即位为秦庄襄王后，拜吕不韦作丞相，封为文信侯。庄襄王去世，太子政即秦始皇嗣位，更尊吕不韦为相国，号"仲父"。始皇九年，因嫪毐案牵连，吕不韦被逐出都城。他自度在劫难逃，乃饮鸩自尽。吕不韦在当丞相和相国期间，如战国四公子那样，亦招致贤能之士三千人当食客。吕氏令其客人人著所闻，集合为八览、六论、十二纪，共百六十篇，二十余万言，名为《吕氏春秋》。因原书以"八览"为开首，故又称《吕览》。

吕氏此书兼容并包诸子百家的学说，故《汉书·艺文志》把它列入"杂家"。据学者研究，其中《重己》《贵生》《本性》《审为》等篇，宣传的是道家"全性保真"的思想。其《执一》篇说："为国之本在于为身。身为而家为，家为而国为，国为而天下为。"这是儒家修身、齐家、治国、平天下的理论。《察今》篇说："故治国，无法则乱，守法而弗变则悖"；"世易时移，变法宜矣。"这显然是法家的观点。《孟冬纪》中的《节丧》《安死》两篇，与墨家"节葬"的主张甚为接近。"取其实以责其名"（《审应》），"按其实而审其名"（《审分》），这里又有点名家的风范。《上农》《任地》《辨土》《审时》等篇，保存了许多农家的观点和当时农业生产的资料。它的十二纪采用《月令》作为每季的首篇，以"五行生胜"说来解释四季变化和行政应做的事，又是阴阳家的作品。

然而吕氏此书决不是各家学说的简单罗列，而是有所取舍，并加以创造性的发挥。如《上德》篇说："为天下及国，莫如以德，莫如行义，以德以义，不赏而民劝，不罚而邪止，此神农、黄帝之政也。"这里把儒家的为政以德、导以仁义和道家的无为而治巧妙地结合起来，成为一种理想的政治模式。其他如："昔先圣王之治天下也，必先公，公则天下平矣"；"天下非一人之天下也，天下（人）之天下也"（《贵公》）。"凡举事必先审民心，然后可举"（《顺民》）。"圣人南面而立，以爱利民为心"（《精通》）。"贤人之不远海内之路而时往来乎王公之朝，非以要利也，以民为务故也"（《爱类》）。这里"天下为公"的思想，"爱利民为心""以民为务"的民本主张，说得是何等之好！应该说，此书是集体智慧的结晶。

第十六章　兵家遗产的丰富内容

战国时代的战争比春秋时期更加频繁激烈，因此兵家作为诸子百家中的一家，也就特别兴盛繁荣。即使有的学者和活动家不是主要以兵家的面目出现，但在其著作中往往也会有丰富的军事思想。本章除了重点介绍《孙膑兵法》《吴子》《六韬》《尉缭子》等现存战国时代遗留的兵法著作外，对稷下兵家、黄老学派、鹖冠子与鬼谷子、商鞅以及魏公子、景子的军事思想，亦将予以必要的阐述和说明。

一　孙膑兵法的重新发现及其军事理论的卓越成就

孙膑，战国中期齐国人，是孙武的后代。他的故里，据近年学者们从考古、方志、谱牒、民俗、历史地理、民间传说等方面考定，在今山东郓城县西北古称廪丘的地方①。孙膑曾和庞涓一起从

① 黄海澄：《孙膑故里考辨》，《学术论坛》，1992 年第 1 期；越天等：《孙膑故里在廪丘》，《西北师大学报》，1992 年第 1 期；陈恩林：《孙膑故里辨析》，《东岳论丛》，1992 年第 5 期。

师学习兵法，后在魏国遭庞涓陷害而受膑刑，被割掉膝盖骨。逃回齐国后在齐将田忌门下为宾客，因策划赛马以智取胜而被威王任为军师。其间曾在桂陵（今河南长垣县西南）和马陵（今山东郯城县马陵道）两次指挥齐军大败魏军，使齐国转弱为强。

孙膑在世时曾著有兵法。司马迁在《史记·太史公自序》中说："孙子膑脚而论兵法"；又在《报任少卿书》中称："孙子膑脚，兵法修列。"（《汉书·司马迁传》）《史记》本传也明言："世传其兵法。"《汉书·艺文志·兵书略》中，既有孙武的《吴孙子兵法》，又有孙膑的《齐孙子》兵法。可是孙膑的兵法著作到东汉以后忽然散佚不传，这引起了人们各种各样的猜测。直到 1972 年 4 月，在山东临沂银雀山的汉墓中，发现了大批《孙膑兵法》的竹简，这一历史谜案才真相大白。

《孙膑兵法》竹简经整理有 440 余枚，11 000 余字，分为上下两编。上编十五篇（后又增加《五教法》一篇），一部分记述孙膑的行事及其与别人论述用兵之法的对话，应是他的弟子所编撰；一部分是孙膑自己的著作，前有"孙子曰"三字，可能是弟子整理时所加。下编十五篇都是论述体，前面没有"孙子曰"字样，但思想和语气与上编各篇非常相似。这有两种可能：一是孙膑自己的著述手稿而未经弟子整理；二是孙膑弟子或后学者的撰述。按照我国古籍编纂的惯例，此书应该是孙膑这一兵家学派著作的汇编，如《庄子》《墨子》等古籍一样①。

孙膑不但全面继承了其前辈孙武的军事理论，而且有其创造性

---

① 杨善群：《〈孙膑兵法〉结构体例探讨》，《管子学刊》，1996 年第 4 期。

的发展。《孙子兵法》只讲如何制胜敌人，"合于利而动"，而不问其战争的性质。孙膑则提出，战争必须符合"义"的原则："卒寡而兵强者，有义也"；"战而无义，天下无能以固且强者"（《见威王》）。对于将帅的条件，孙武提出"智信仁勇严"的要求，孙膑又补充一个"忠"字（《篡卒》），即政治上的坚定性，并有《将义》《将德》《将败》《将失》四个专篇，详细论述了将帅应该具备的品质。孙武一贯反对攻城，认为"攻城则力屈"，"其下攻城"；孙膑则从城市的地理环境、守卫情况进行分析，确定七种城是"可击"（《雄牝城》）的。由此可见，孙膑根据当时的战争形势和实践经验，对孙武的军事理论作了重大的修订和补充。

对于战争的作用，孙膑有其独到的看法，他认为"兵者"，"此先王之傅道也"（《见威王》），即战争是为了辅助实行理想政治的。他指出："尧有天下之时，黜王命而弗行者七"；"（尧）战胜而强立，故天下服矣。"可见战争能维护王权的尊严和天下的统一。战争还能推翻昏庸腐朽的统治集团和镇压四方的叛乱。孙膑又举例说："汤放桀，武王伐纣；商奄反，故周公践（剪灭）之"（《见威王》）。可见在特定的历史条件下，战争有维护统一、巩固政权和除腐兴新、实现理想的作用，所以对于战争不能一概否定。

孙膑兵法有着十分丰富的战略战术思想，归结到一点，就是灵活多变。如他说："敌弱以乱，先其选卒（精兵）以乘之；敌强以治，先其下卒（弱兵）以诱之"（《八阵》）。这是根据敌人的情况不同而采取不同的战法。"易（平地）则多其车，险则多其骑，厄（狭地）则多其弩"（《八阵》）。这是根据地形的情况不同而配备不同的兵种。为了更有效地制胜敌人，孙膑特别强调要出奇计。他指出："同不足以相胜也，故以异为奇。""发而为正，其未发者奇也。奇发而不报，则胜矣。有余奇者，过胜（大胜）者也"（《奇正》）。如果敌我双方都公开地发动进攻，此为"正"；而我还有"未发"的计谋，便是"奇"。这种奇计"发而不报"，使敌人措手不及，应能得胜；奇计"有余"，则能取得更大的胜利。此外，孙膑在鼓舞士气、运用阵法、造势取胜、运动中歼敌等方面均有独到而深刻的见解。

二　吴起的建军思想和作战谋略

吴起，战国初年卫国左氏（今山东曹县西北）人。早年曾学兵法而为鲁将，旋又入魏，任魏国的主将和西河郡守。最后至楚，被楚悼王任为"宛（今河南南阳市）守"（《说苑·指武》），在边境防御。一年后升为令尹，主持变法。吴起善用兵，他一生大部分时间都在带兵作战，屡建奇功。他在戎马生涯之余，就总结战争经验，辑成兵法。《史记》本传说："《吴起兵法》世多有。"《汉书·艺文志·兵书略》记有"《吴起》四十八篇"，可惜大多亡佚。今本《吴子》存六篇，它是否为《吴起兵法》之旧，历来甚有争议。据郭沫若考证："今存《吴子》实可断言为伪。以笔调觇之，大率西汉中叶时人之所依托。"① 但是近来有著作列出大量证据，证明今本《吴子》确为当年《吴起兵法》之残存，较真实地反映了吴起的军事思想②。这种看法，是可信的，有相当的说服力。

① 郭沫若：《述吴起》，载《青铜时代》，《郭沫若全集·历史编》第一卷，第511页。
② 李硕之、王式金：《吴子浅说》，第7—12页，北京：解放军出版社，1986年。

  建立一支怎样的军队才能克敌制胜，吴起认为首先应当赏罚严明："进有重赏，退有重刑。""若法令不明，赏罚不信，金（击金收兵）之不止，鼓之不进，虽有百万，何益于用？"（《治兵》）其次应当教育和训练："用兵之法，教戒为先。""圆而方之，坐而起之，行而止之，左而右之，前而后之，分而合之，结而解之"（《治兵》）。军队有这样的严格训练，战场上应能行动迅速，发挥极强的战斗力。再次应当选任良将："其威、德、仁、勇，必足以率下安众，怖敌决疑。施令而不敢犯，所在而寇不敢敌。"吴起强调：这样的良将，"得之国强，去之国亡"（《论将》）。他还提出"将之所慎者五"和"兵有四机"（《论将》）等理论，要求将帅理智果断，把握时机。显然，将帅对于军队的建设具有决定性的作用。

  如何对敌作战才能取胜，是吴起论述的又一重心。他认为首先应该分析敌情，然后采取因敌变化的果断措施。如他分析秦军的情况说："秦性强，其地险，其政严，其赏罚信，其人不让，皆有斗心，故散而自战。击此之道，必先示之以利而引去之，士贪于得而离其将，乘乖猎散，设伏投机，其将可取"（《料敌》）。吴起强调："用兵必须审敌虚实而趁其危。"他列举许多敌人"可击"的状态，总结道："诸如此者，击之勿疑"；又列举许多敌强我弱的迹象，告诫道："凡此不如敌人，避之勿疑。"这就是"所谓见可而进，知难而退也"（《料敌》）。在《应变》篇中，吴起列述"击强之道""水战""谷战之法""攻敌围城之道"等各种特殊场合的战斗方法，展示了吴起作战谋略的变化无穷，精明过人。

三　《六韬》的成书年代及其博大精深的军事理论体系

今存《六韬》分《文韬》《武韬》《龙韬》《虎韬》《豹韬》《犬韬》六卷，共六十篇，旧题作"周吕望（即姜太公）撰"。然而从其内容讲到"战骑""步兵与车、骑战"以及"铁蒺藜""铁械锁"等，完全可以肯定它不会是西周初期的作品。那么它究竟产生于何时呢？1972 年在山东临沂银雀山西汉前期墓葬中出土了有与《六韬》内容基本相同的竹简，次年在河北定县西汉墓中又出土了一批被称为《太公》的竹简，有的内容也与《六韬》一致。可知在西汉初年其书已广泛流传。据考证，《六韬》中的许多说法，与《孙膑兵法》《尉缭子》《吴子》等兵书非常相似。战国后期人苏秦曾"得《太公阴符》之谋，伏而诵之"（《战国策·秦策一》），而《六韬》正是太公问答之辞，其中也有《阴符》一篇。因此，《六韬》当为战国中后期人所作，很可能是《汉书·艺文志》道家类所载《太公》一书中"《兵》八十五篇"的一部分①。

《六韬》论述内容丰富，有着博大的军事理论体系，包含着许多精辟的见解。这里择其精要，列举于下。

第一，强调战争想要胜利必须争取民心。它说："同天下之利者则得天下，擅（独占）天下之利者则失天下"；"仁之所在，天下归之"；"德之所在，天下归之"（《文韬·文师》）。显然，战争胜负的关键在于民心的向背。

---

① 孔德骐：《六韬浅说》，解放军出版社，1987 年；徐勇、邵鸿：《〈六韬〉综论》，《济南大学学报》，2001 年第 3 期。

第二，战争力求以最小的代价获取最大的胜利，是为"全胜"。它说："全胜不斗，大兵无创（伤）"（《武韬·发启》）。它主张用"养其乱臣以迷之，进美女淫声以惑之"（《武韬·文伐》）等各种谋略瓦解敌人，不战而胜。

第三，强调将帅的条件与作用。它提出将帅应具备"五材"：即"勇智仁信忠"（《龙韬·论将》）。它要求将帅必须身先士卒，与士卒共劳苦，名为"礼将""力将""止欲将"（《龙韬·励军》），如此将大大提高军队的战斗力。故"得贤将者，兵强国昌"（《龙韬·奇兵》）。此可谓至理名言。

第四，军队的纪律和赏罚。它强调攻敌时"无燔人积聚，无毁人宫室"；"降者勿杀，得而勿戮，示之以仁义，施之以厚德"（《虎韬·略地》）。如此将得到天下人的拥护。军队中要重视赏罚措施，"用赏者贵信，用罚者贵必"（《文韬·赏罚》）；还必须打破等级界限，"杀贵大，赏贵小"（《龙韬·将威》）。如此震慑和激励将士，其积极性将得到极大发挥。

第五，各兵种和作战方法的经验总结。它指出："步贵知变动，车贵知地形，骑贵知别径奇道"（《犬韬·战车》），并各有专篇详细阐述步、车、骑的有关问题。《六韬》还对山战、水战、林战、火战、险战等各种战法以及各种队形、阵法的变换进行了细致论述，说明作者有较丰富的战争经验，在兵法书中是相当宝贵的。

四　尉缭的战争观、用兵之道和治军主张

尉缭，战国中后期魏国大梁人。据考证，他青年时曾在魏惠王

晚期与其论述用兵之道。到公元前 237 年，他不顾九十余岁的高龄，又来到秦国游说秦王政以吞并六国之谋略。秦王任他为"国尉，卒用其计策"（《史记·秦始皇本纪》）。尉缭的著作，《汉书·艺文志》杂家类记有《尉缭子》二十九篇，《兵书略》兵形势家又记有《尉缭》三十一篇。今传《尉缭子》二十二篇（或分作二十四篇），是汉时两家六十篇经过整理后的存本。受疑古思潮的影响，《尉缭子》历来被当作"伪书"。1972 年在山东临沂银雀山西汉前期墓葬中出土了与今本《尉缭子》基本相同的竹简残卷，伪书说才不攻自破。从其内容来看，前十二篇可能作于战国中后期的魏国，后十篇可能作于战国晚期的秦国[1]。

《尉缭子》军事思想的一个显著特点是它的战争观相当进步。它把战争分为"挟义而战"和"争私结怨"（《兵权》）两大类，显然它是支持前一类而反对后一类的。他指出："凡兵不攻无过之城，不杀无罪之人。夫杀人之父兄，利人之货财，臣妾人之子女，此皆盗也。故兵者，所以诛暴乱、禁不义也"（《武议》）。他又说："王者伐暴乱，本仁义焉"（《兵令》）。这与孙膑提出的战争应当"有义"和"傅道"，颇为相近。

对于如何用兵，尉缭有一套周密的方法。他指出："兵以静固，以专胜"（《兵权》）。即要静待时机，集中兵力，突击其一点，方能取胜。在进行突击时，必须进行缜密侦察情况，"权敌审将，而后举兵"。他强调："战不必胜，不可以言战；攻不必拔，不可以言攻"（同上）。在做好充分准备，有了"必胜""必拔"的把握之后，

---

① 徐勇：《尉缭子浅说》，第 13—26 页，北京：解放军出版社，1989 年。

方可出击。在用兵过程中，还应当示之以假象，迷惑敌人。"有者无之，无者有之，安所信之？"（《战权》）敌人摸不清我军的状况，就会陷于被动而招致失败。同时，运用奇正多变的战术，也是制胜敌人的有效方法。尉缭一再指出："善御敌者，正兵先合，而后（奇兵）扼之，此必胜之术也"（《兵令》）。"正兵贵先，奇兵贵后，或先或后，制敌者也"（《勒卒令》）。显然，这是对孙子兵法"以正合，以奇胜"（《孙子兵法·兵势》）的发挥。

关于如何治理军队，尉缭也有一套系统的主张。首先，他认为军队应该有严明的赏罚制度："凡兵，制必先定。""民非乐死而恶生也，号令明，法制审，故能使之前"（《制谈》）。同时执法必须公正："有功必赏，犯令必死"（《兵令》）。还要打破等级界限："刑上究，赏下流"（《武议》）。如此则全军震慑，人情振奋。再则，军队必须有严格的训练，他主张有分有合的训练方法："伍长教成，合之什长"，一直到"大将教之，陈于中野"。他强调："兵教，所以开封疆、守社稷、除患害、成武德也"（《兵教》）。可见军队训练之重要。三则，军队必须选任英明的将帅。他比喻说："将帅者心也，群下者支节也。其心动以诚，则支节必力；其心动以疑，则支节必背"（《兵权》）。他要求将帅要有非凡的才能和清醒的大脑："将者，上不制于天，下不制于地，中不制于人"；"兵起，非可以忿也，见胜则兴，不见胜则止"（《兵谈》）。如此便能率领军队，旗开得胜。

最后，尉缭主张军队必须精炼。他指出："武士不选，则众不强"（《战威》）。他有一段非常有名的话："古之善用兵者，能杀（精简，下同）卒之半，其次杀其十三（十分之三），其下杀其十一。能杀其半者威加海内，杀十三者力加诸侯，杀十一者令行士卒。故曰：百万之众不用命，不如万人之斗也；万人之斗不用命，不如百人之奋也"（《兵令》）。历史上因军队精炼而以少胜多的战例比比皆是，周武王、齐桓公、孙子、吴起都是如此。

五 稷下兵家"慎谋保国"的军事思想

《管子》书中有《兵法》篇，专门讲述战争和用兵之道，显然是兵家的作品。其他各篇中，军事思想也相当丰富和精辟。在论述战国时代的兵家遗产时，有必要对稷下兵家作一番探索和总结。

如何看待战争，是稷下兵家谈论的重点。它指出："兵者，外以诛暴，内以禁邪。故兵者，尊主安国之经也，不可废也"（《参患》）。这里，它认识到战争对于君主和国家的重要保卫作用，因而必须大大加强军队的建设。然而战争还有另一后果，他又申述："夫兵事者，危物也。不时而胜，不义而得，未为福也。失谋而败，国之危也"（《问》）。战争的胜利，固然可以"诛暴""禁邪""尊主安国"，但一旦失败，就会造成危险。稷下兵家这种辩证的观点，是从实践经验中得出的。因而他们主张"慎谋乃保国"（《问》），认为对于战争应当持谨慎的态度。

要战争取得胜利必须发展经济，使国家富裕起来，这是稷下兵家的又一重要观点。它指出："粟多则国富，国富者兵强，兵强者战胜"（《治国》）。"国贫而用不足，则兵弱而士不厉；兵弱而士不厉，则战不胜而守不固；战不胜而守不固，则国不安矣"（《七法》）。因而国防的重点在于发展生产，使国富而兵强。稷下兵家还隐约地猜测到造成战争的原因和消除战争的途径。它说："衣食足则侵争不生，怨怒无有，上下相亲，兵刃不用矣"（《禁藏》）。在先秦兵家中已有如此进步的思想和美好的愿望，确实是难能可贵的。

军队要战胜敌人，还必须法制严明。稷下兵家指出："明名章实，则士死节"；"执务明本，则士不偷"（《玄宫》）。"赏罚明则人不幸生，人不幸生则勇士劝矣"（《七法》）。军队有令必行，公开赏罚，士兵奋勇，则攻必克，守必固。同时，器械精锐也十分重要："凡兵有大论，必先论其器""器滥恶不利者，以其士予人也"。它强调：精锐的器械，可使"天下无战心"，"天下无守城"（《参患》）。其作战威力与震慑作用可见一斑。

出兵作战，早定计谋，是胜敌的又一关键。稷下兵家论到："凡攻伐之道，计必先定于内，然后兵出乎境。计未定于内而兵出乎境，是则战之自败，攻之自毁也"（《七法》）。如何才能计谋先定呢？他们主张必须了解敌我双方的各种情况："刚柔也，轻重也，大小也，实虚也，远近也，多少也，谓之计数。""不明计数，而欲举大事，犹无舟楫而欲经于水险也"（《七法》）。掌握了敌我双方的各种计数，才能衡量得失，趋利避害，运筹帷幄而稳操胜券了。

六　黄老学派"先弱后发"的战争谋略

兴起于战国中后期的黄老学派，除有一套完整的治国理论外，还有着相当丰富的军事思想。作为兵家遗产的一部分，很值得加以阐述和总结。这些军事思想，既存于1973年长沙马王堆汉墓出土的《经法》等四种古佚书中，也见于战国后期成书的道家类著作

《鹖冠子》和《文子》。《鹖冠子》中有不少赵将庞煖的问答之辞，有学者疑即《汉志·兵书略》中《庞煖》三篇的遗存，实有可能。《文子》其书的真伪，历来争议较多。近年有学者断定其为"先秦古籍"①，当大致可信。由于上述六书的军事思想比较相近，现作为一个学派进行论析。

黄老学派明确反对战争，并指出："兵者，不祥之器也，非君子之宝也"（《文子·微明》）。然而在战国时代，不打仗就要被兼并和灭亡。因此必须拿起武器进行自卫："文武并行，则天下从矣。"（《经法·君正》）他们特别提倡"存亡平乱，为民除害"的"义战"（《文子·上义》），强调："义兵王，应（迎击侵略）兵胜，忿兵败，贪兵死，骄兵灭：此天道也"（《文子·道德》）。"所谓'为义'者，伐乱禁暴，起贤废不肖"；"义者，众之所死也"（《十大经·本伐》）。黄老学派反对侵略战争而拥护正义战争，其正气凛然，令人钦佩！

战争要取得胜利，必先修政和有德。他们申述："修政于境内，而远方怀德；制胜于未战，而诸侯宾服也"（《文子·自然》）。"行仁义，布德施惠"，可使"修政庙堂之上，折冲千里之外，发号行令而天下响应"（《文子·上义》）。黄老学派还设计了一个修德政而行征伐的时间表："一年从其俗，二年用其德，三年而民有得，四年而发号令……七年而可以征。""可以征者，民死节也"（《经法·君正》）。修政布德而行征伐，则无往而不胜。这里，黄老学派的军事制胜论与儒家的仁政德治学说有不少共通之处。

---

① 唐兰：《马王堆出土〈老子〉乙本卷前古佚书的研究》，载《经法》附文，文物出版社，1976 年；黄朴民：《战国黄老学派及其军事思想》，《管子学刊》，1994 年第 4 期。

黄老学派军事思想最精彩的部分还在于它的战争谋略。他们论道:"大上用计谋,其次因人事,其下战克。用计谋者荧惑敌国之主……所谓因人事者,结币帛、用货财……所谓战克者,其国已素破,兵从而攻之"(《鹖冠子·武灵王》)。这些都是用较小的代价取得大胜的策略。黄老学派计谋的总原则是"先弱后发"。他们主张:"安徐正静,柔节先定";"守弱节而坚之,胥(等待)雄节之穷而因之"(《十大经·顺道》)。即先处守势而静观其变,待敌人穷困之时发起进攻而聚歼之。他们强调,一旦时机成熟,应当"出实触虚,禽(擒)将破军;发如镞矢,动如雷霆;暴疾捣虚,殷若坏墙;势急节短,用不缦缦"(《鹖冠子·世兵》)。这里的突击行动,显然是吸取了《孙子兵法》中的策略而又有其自己的特色。

七　鬼谷子在军事上的诡计多端

今传《鬼谷子》一书是战国时代纵横家鬼谷先生的杰作,它主要讲的是如何对待君王的游说策略和在外交上纵横捭阖的手段,但它对军事战争也有所关注,提出过一套如何制胜敌人的计谋。因此,它又是战国兵家遗产中不可忽视的一朵奇葩。

首先,鬼谷子指出:用兵作战是一项需要很高智慧和才能的人才能进行的工作。"材质不惠(慧),不能用兵。"(《忤合》)这是对用兵者的忠告警语。同时,用兵作战最重要的是掌握主动权,而不要被别人牵着鼻子走。他强调:"事贵制人,而不贵见制于人。制人者,握权也,见制于人者,制命也。"(《谋篇》)因此,用兵者应尽量以高超的谋略控制敌人的行动;如果"见制于人",那就等于被敌人"制命",是十分危险的。

战争中联合盟友而打击孤立之敌,是制胜的有效方法。如何寻找和联合盟友呢?鬼谷子指出:"古之善用天下者,必量天下之权(各种力量的轻重),而揣诸侯之情"(《权篇》)。观察各国之强弱和诸侯之好恶是特别重要的。他还研究出一条规律:"相益则亲,相损则疏","此所以察同异之分"(《谋篇》)。有共同的利益必然相亲,互相矛盾损害必然疏远而对抗。在选择敌友时,"必先谋虑计定,而后行之以忤合之术"(《忤合》)。此术的成功必然为战争的胜利开辟道路。

鬼谷子倡导一种以较小的代价,甚至不费一兵一卒而取得战争胜利的方法。他提出:"主兵(指挥军队)日胜而人不畏也。"然后解释说:"主兵日胜者,常战于不争不费,而民不知所以服,不知所以畏,而天下比之神明"(《摩篇》)。如何才能达到这一境界和目的呢?他又申述:"夫几者不晚(通晓机微的人办事迅速),成而不抱(成功了也不保守满足),久而化成"(《摩篇》)。揣摩对方而投其所好,对方自然就会听从。这样"久而化成",应能不战而胜。

对付不同的敌人应当根据其特点而采取权宜的方法,这是鬼谷子的又一招术。他论道:"夫仁人轻货,不可诱以利,可使出费(捐出资财);勇士轻难,不可惧以患,可使据危(处守危地);智者达于数、明于理,不可欺以诚,可示以道理,可使立功(激励其建功立业)。"他接着说:"故愚者易蔽也,不肖者易惧也,贪者易诱也,是因事而裁之"(《谋篇》)。运用这种"因事而裁之"的谋略对付各种不同的敌人,就能运天下易如反掌,无往而不成功了。

鬼谷子特别强调一切对付敌人的计谋都是不可言传的,应当深深地隐藏于心底而不暴露出来，在暗中使用。他说："圣人之道阴（暗藏），愚人之道扬（张扬）。"他一再申述："圣人之道，在隐与匿"（《谋篇》）。那些把计谋全都说出来而大肆张扬的人是不明智的，是"愚人"。他得出这样一条规律："智者事易（容易成功），而不智者事难。"如果圣人、智者其"智用于众人之所不能知，用于众人之所不能见"（《谋篇》），那么处理包括军事战争在内的一切事情都会达到出神入化的境地。

八　商鞅与后期墨家的攻守战法

商鞅既是法家、改革家，又是兵家、军事家。《汉书·艺文志》既在法家类中有《商君》二十九篇，又在《兵书略》中有《公孙鞅》二十七篇，当属军事著作。《荀子·议兵》称秦之卫鞅是"世俗之所谓善用兵者"。他曾将兵攻魏，用计俘虏魏将公子卬而大破其军，有实战经验和功绩。现存《商君书》中有《战法》和《兵守》两篇，论述作战攻守之策略，当为商鞅或其后学所著。

关于如何作战才能取胜，商鞅指出："战法必本于政"，要用法令和政教，"使民怯于邑斗（与本邑人私斗），而勇于寇战（与外寇作战）"。"若民服而听上，则国富而兵胜，行是必久王"（《战法》）。在进攻前必先衡量敌我力量，若我不如敌，则"勿与战"；"敌尽不如，击之勿疑"。故"兵大律在谨（谨慎）"，切勿莽撞蛮干。它又申述："王者之兵，胜而不骄，败而不怨"（《战法》）。还总结了"术明"和"所失"的经验教训，以利再战。这些论述，都是十分宝贵的。

如何进行守卫，商鞅也有精辟的论述。他指出："四战之国（四面受敌的国家）贵守战"；"四战之国好兴兵以距（攻）四邻者，国危"（《兵守》）。如魏国在战国初期四面出击而屡遭惨败，就是明证。至于守城，应该做到以城中"死人（拼死）之力与客生力战"，"以（城中）佚力与罢（疲）力战"。同时，把城中能上阵的人编为三军："壮男为一军，壮女为一军，男女之老弱者为一军"（《兵守》）。此三军各有任务，不得互相往来。如此则城中力量壮大，敌人不易攻破。以上论述，有其独到的见解，应是当时实践经验的总结。

今传《墨子》后部自《备城门》至《杂守》二十篇（缺九篇）是后期墨家总结其作战经验的军事著作，类似于兵法。因墨子主张"非攻"，故其主要讲的是守备战法。如《备城门》详细讲述"守围城之法"；《备高临》讲述对付"敌人积土为高，以临吾城"的战法；《备梯》讲述如何守备敌人的"云梯之攻"；《备穴》讲述如何防备敌人挖穴而进，"缚柱施火，以坏吾城"的方法；《备蛾（蚁）傅》讲述如何防备和对付如蚂蚁之附城而上的敌人；《旗帜》讲述守城时旗帜、鼓、军卒等的布阵方法；《号令》讲述守城时如何发号施令，进行赏罚；《杂守》讲述各种守备之法。墨家这些著作，充分体现他们能够运用器械、阵法、工具、战术来进行战争的攻防，在参加守备战争中发挥着他们不可忽视的作用。

九　魏公子、景阳的兵法著作及其他

战国时代的兵家遗产，据《汉书·艺文志·兵书略》记载，还有"《魏公子》二十一篇"和"《景子》十三篇"。魏公子无忌曾盗魏王兵符而将兵击秦军，解邯郸之围而存赵；又曾率五国之兵破秦军于河外，并乘胜追逐秦军至函谷关。《史记》本传称："当是时，公子威震天下，诸侯之客进兵法，公子皆名之，故世俗称《魏公子兵法》。"这部兵法必有许多精彩的论述，可惜已经全部亡佚。

景子即楚将景阳，又称临武君。他曾于楚考烈王六年将兵"救赵"（《史记·楚世家》），解邯郸之围，接着就以临武君①之名与荀卿"议兵于赵孝成王前"（《荀子·议兵》）。观其议兵，大谈"用兵之要术也"："兵之所贵者势利也，所行者变诈也"，可见其一定有一套兵略。《淮南子·泛论》也谈到景阳"威服诸侯"，"而功名不灭者，其略（谋略）得也"。可惜《景子》一书也已亡佚，不能看到其兵略的全部内容，实为一件憾事。

此外，著名的兵家而有谋略者尚有王廖、儿（倪）良等人。《吕氏春秋·不二》论述他们的策略说："孙膑贵势，王廖贵先，儿良贵后。"《汉书·艺文志》兵权谋家中还有《儿良》一篇。《吕氏春秋·仲秋纪》中的《论威》《简选》《决胜》《爱士》等篇讲述的多是用兵制胜的策略、军队的精炼选拔和对士兵的爱护，均属兵家作品。在战国时代的兵家遗产中也应有其一席之地。

---

① 《战国策·楚策四·天下合从》记赵使魏加来向楚春申君求援拒秦，而春申君"欲将临武君"。后楚将景阳救赵成功，临武君乃入赵议兵。以时间与身份推之，可知临武君即楚将景阳。

第十七章　科学技术与科学思想的发展

由于生产力的发展、官府学术的下移和士阶层的活跃以及社会对知识和知识人士的重视，战国时代的科学技术，诸如天文、历法、地理、数学、物理学、医学等都有长足的进步。在科学技术长进的同时，各家有关科学的思想，如对宇宙起源、天地大小、人生智慧、物质结构等科学问题的探索，也层出不穷，表现出当时对科学技术的浑厚兴趣。

一　天文观测的细致与精确度提高

观测日月星辰的运行，到战国时代已相当细密。这方面的著名人物，齐国有甘德，楚国有唐昧，赵国有尹皋，魏国有石申。其中，甘德著有《天文星占》八卷，石申亦作《天文》八卷（《史记·天官书·正义》引《七录》）。后人把这两部书合称为《甘石星经》，可惜它们已全部亡佚，但从《史记》《汉书》以及唐人编撰《开元占经》的引文中，还能了解其大概内容。据研究，《甘石星经》记录了一百二十颗恒星的赤道坐标和距北极的度数，其测定的时间约在公元前 360 年左右。这是世界上最早的恒星表。同时，他们还测得："荧惑（火星）、太白（金星），为有逆行"（《汉书·天文志》），即呈弯曲弧线状；并对火星、木星等的运行周期都作了定量的考察，与今天的测值甚为接近。

为了观测天体运行的需要，古人把周天划分为二十八个部分，称为"二十八宿"。它又平均分为四组，与东南西北四个方位和苍龙（青龙）、白虎等四种动物形象相配。其具体名称为：东方苍龙：角亢氐房心尾箕；北方玄武（龟蛇）：斗牛女虚危室壁；西方白虎：奎娄胃昴毕觜参；南方朱鸟：井鬼柳星张翼轸。这二十八宿的称谓，在周初已经形成，《诗经》中就曾提及。但它完整地出现是在战国末年的《吕氏春秋》和《礼记·月令》中。1978 年在湖北随县（今随州市）发掘的战国早期曾侯乙墓中，出土了一个书写着天体二十八宿的漆箱盖。盖面中央有一个很大的"斗"字，其周围是二十八宿名称，两边绘有青龙和白虎图像。据说"斗柄东指，天下皆春；斗柄南指，天下皆夏；斗柄西指，天下皆秋；斗柄北指，天下皆冬"（《鹖冠子·环流》）。由此可见，战国时期对天象观测的重视和方法的进步。

当时测得岁星（即木星）运行一周约需十二年，于是天文学家又把其轨道划分为十二"次"，并取名依次为：星纪、玄枵、娵訾、降娄、大梁、实沉、鹑首、鹑火、鹑尾、寿星、大火、析木。他们用岁星所在某一"次"的位置进行纪年。这样，在战国时代编定的《左传》《国语》中出现了"岁在星纪""岁在鹑火"等说法。《吕氏春秋·序意》所谓"岁在涒滩"，则是后来创造的十二个太岁年名之一。随着天文观测的日渐精确，岁星纪年法也日益流行。

此外，战国时代的天文观测已有对彗星的特别关注。《史记·天官书》说："秦始皇之时，十五年彗星四见，久者八十日，长或竟天。其后秦遂以兵灭六王，并中国，外攘四夷，死人如乱麻。"他们把彗星的出现和天下大乱、死人如麻联系起来，这是没有科学根据的。

二 历法在实践中逐渐完善

中国古代的历法，向来是阴阳合历，即用月亮的圆缺周期作为一月，而用太阳的回归周期作为一年。因为阴历十二个月要比阳历年少十一天左右，故每隔一定年数要插入一个闰月来调整。《尚书·尧典》说："期三百有六旬有六日，以闰月定四时成岁。"由于该篇写作时代较早，它规定的一年周期为 366 日，显然不够准确。至春秋后期，由于观测日影方法的进步，历法开始以三百六十五又四分之一日为一年，并采用十九年插入七个闰月的办法来调整阴阳差额。这个回归年数值是相当精确的，与现今测得的实际数值相差无几。它比欧洲罗马人于公元前 46 年采用同样日数作为一年的"儒略历"要早约五百年。其插闰方法也比较先进。欧洲希腊人默冬于公元前 432 年创造同样的插闰方法，比我国又要晚百年左右。

战国时期各国都采用四分历，即以 $365\frac{1}{4}$ 日作为一年的日数，但在以何月为正月方面存在着差异。黄河下游的齐、鲁等国以含冬至之月为正月，叫做"建子"，用的是周历。魏、赵、韩三国沿用晋国的夏历，以此后二月为正月，叫做"建寅"。这种历法最符合农业生产和人们生活的习惯，直到现在仍在使用。秦国在战国后期改用颛顼历，正月虽与夏历一样，但以十月为岁首，作为下一年的开始。楚国的月份称谓和设置最为新奇。1975年在湖北云梦睡虎地秦墓出土的竹简，有一部分称为《日书》，其中有一段讲述，秦楚月名的不同。由此可知，楚以含冬至之月的前一月为岁首，实为"建亥"。其一月名"冬夕"、二月名"屈夕"、三月名"援夕"、四月名"刑夷"、五月名"夏尿"、六月名"纺月"、十一月名"爨月"、十二月名"献马"①。其特异如此！

十九年置七个闰月的阴阳历，对于农业生产和安排生活毕竟不太方便。为了更好地把握季节变化，人们经过测算在一年中设置二十四个节气。最先设置的是夏至、冬至、春分、秋分这四气，在《尧典》中以日永、日短、日中、宵中来表示。后来逐渐增多，大约到战国后期，二十四个节气开始完备，在《吕氏春秋·十二纪》和《礼记·月令》中都有反映。这是历法的又一个大进步，是我国古代人民的杰出创造。

关于每日的记时，战国时期流行十二时制。睡虎地秦简《日书》乙种有一条记时法云："[鸡鸣丑，平旦]寅，日出卯，食时辰，莫（暮）食巳，日中午，日失未，下市申，舂日酉，牛羊入戌，黄昏亥，人定[子]。"它以日出、食时等叙事词和子、丑等十二辰共同表示一日的十二时。近年在甘肃天水放马滩秦墓出土的秦简中，又发现有十六时制的记法，其次序为：平旦、晨、日出、夙食、日中、日西中、日西下、日未入、日入、昏、暮食、夜暮、夜

---

① 于豪亮：《秦简〈日书〉记时记月诸问题》，载《云梦秦简研究》，中华书局，1981年。

未中、夜中、夜过中、鸡鸣①。可能两种记时法都曾经在某一阶段
实行过。

三　地理学知识的丰富和著作的多样

随着中国和周边各少数民族交往的频繁，以及因战争需要而对
各地区了解的加深，这些极大地丰富了战国时期的地理学知识，许
多关于这方面的著作纷纷问世，其中以《管子》中的《地员》《地
数》等篇和《山海经》《禹贡》等著作为最。

《管子·地员》讲述对土壤的分类。它把九州之土分为"上土"
"中土""下土"三等，共计十八类、九十种，分别叙述它们的性状
和适宜生长的植物。它对各种土壤的颜色、质地、水性、肥力，都
作了细致的分析。显然，作者在这方面有深入的研究，有些叙述
相当得体，符合实际情况。但受阴阳五行学说的影响，全篇把每类
土壤都分为五种，甚至与音乐中的五音相配，这是不科学的。《管
子·地数》讲述找矿的经验："上有丹沙者，下有黄金；上有慈石
者，下有铜金；上有陵石者，下有铅、锡、赤铜；上有赭（红土）
者，下有铁；此山之见荣者也。"以上记载，说明当时人已经发现
地层表面状况和地下的矿藏有一定的联系，地下丰富的矿藏会反映
到地面上，通过地上沙石、土质的迹象可探知地下矿藏情况。这些
叙述大体符合现代矿藏学的理论，是十分可贵的。

《山海经》酝酿的时间较早。据说大禹治水"与益、夔共谋，

---

① 何双全：《天水放马滩秦简综述》，《文物》，1989 年第 2 期。

行到名山大泽，召其神而问之山川脉理，金玉所有，鸟兽昆虫之类及八方之民俗，殊国异域，土地里数，使益疏而记之，故名之曰《山海经》。"（《吴越春秋》卷六）但其充实写定，当在战国时代。《山海经》由《山经》《海经》和《大荒经》组成，其中《山经》最先写定，也最有价值。《山经》以今河南省西部为中心，分为南、西、北、东、中五部分，对中国广大土地上的几百座山，详细记述了其位置，周围的河流、湖泊，动植物和矿物特产，以及它们的性能和医疗功效等。其记述的规模是空前的，说明当时的地理以及其他科学知识的广博。《海经》和《大荒经》多神话传说，其科学价值比《山经》略有逊色。

《禹贡》是《尚书·夏书》中的一篇。据考证，它的原始素材可能来自夏禹，但它的充实写定当在战国时期①。该篇内容由"九州""导山""导水""五服"四部分组成。"九州"在禹时已有区划，《左传·襄公四年》就记："芒芒禹迹，画为九州。"但《禹贡》对九州的水系、土壤、物产、交通的详细叙述，显然包含着战国时期的地理知识。"导山"和"导水"两部分对中国的山脉走向、河流自西向东的流动规律叙述得十分详尽，也反映了当时人对中国的地形已经十分熟悉。以王畿为中心的"五服"之制在古代文献中多有记载，而《禹贡》更把它理想化了。

四　地图的广泛应用及绘制技术的进步

对于地图的应用早在西周时期就已经出现。《尚书·洛诰》有

---

① 李民：《尚书与古史研究》中的《禹贡与夏史》一节，郑州：中州书画社，1983 年。

载周公在洛邑勘查新都位置后向成王报告，“伻来以图及献卜”，即派使者献上地图及卜兆。康王时铜器《宜侯夨簋》记：“唯四月，辰在丁未，［王］省武王、成王伐商图，遂省东国图。”可见那时地图的应用已相当成熟，征伐、封国、建设新都，皆以绘图来表示。

至战国时期，地图的应用更加广泛。据《周礼·地官》记载：“大司徒之职，掌建邦之土地之图与其人民之数”；“遂人，掌邦之野，以土地之图经田野”；“土训，掌道地图，以诏地事。”这是行政上所用之地图。其他还有如冢人、墓大夫掌管墓域地图，矿人掌管矿藏地图等。军事作战最需要地图。《管子·地图》篇说：“凡兵主者，必先审知地图。轘辕之险，滥车之水，名山、通谷、经川、陵陆、丘阜之所在，苴草、林木、蒲苇之所茂，道里之远近，城郭之大小，名邑、废邑困殖之地，必尽知之，地形之出入相错者，尽藏之（于心），然后可以行军袭邑。”可见当时的军事地图已把山川城郭、草木丘陵、地形险要全部标出，地图成为指挥作战的必备物品。《战国策·赵策二》载苏秦说赵王曰：“臣窃以天下地图案之，诸侯之地，五倍于秦。”这表明当时已有中国的总图，显示各诸侯国的位置及大小，是运用一定的比例尺进行精确测量绘制而成的。各国、各地区也都有详细而保密的地图。荆轲欲刺秦王，即以“献燕督亢之地图”（《史记·刺客列传》），诱使秦王接见。由上述可知，战国时代的地图已运用于政治、经济、军事、文化，包括墓域、矿藏等各个方面，其绘制技术亦日趋细密和精确。

1978 年，在河北平山县战国时期中山王嚳的墓葬中，出土了一幅刻画在长 94 厘米、宽 48 厘米、厚 0.8 厘米的长方形铜版上的地图，它是为建中山国王、后陵墓而作的。从这幅陵墓规划图看，它的比例尺约为五百分之一。其中心部位五个"堂"的大小和间距都用多少"尺"标出，而周围距离则用多少"步"注明。据测定，其方位朝向是上南下北，左东右西，与今天地图朝向正好相反。图中还标明地势的高下，如"丘平者五十尺，其坡五十尺"，等①。这是迄今见到的我国最早的建筑规划图。1986 年，在甘肃天水放马滩的秦墓中又出土了七幅地图，均绘在松木板上。它们是战国晚期秦国所属邦县（今甘肃天水市东北部）的行政区域、地形和经济概况图。这些地图的方位是上北下南，左西右东，与现今地图方位相同。其比例尺据推算约相当于三十万分之一②。它们是目前所见我国最早的古地图，也是战国地图广泛应用的实物例证。

五　数学的发展与运算的精确

由于制造生活用具、作战武器以及战时运算等各种数据的需要，战国时期的数学知识得到迅速发展，特别是几何学的角度、弧的划分，直角三角形勾股弦的关系，还有容积和比例的运算，在当时都能达到相当精确的程度。

在生产实践中积累丰富经验的墨家，为在理论上有所建树，制定了许多几何学定义。如："平，同高也。"（相同高度称为"平"。）"同长，以正相尽也。"（正好互相到尽头称为"同长"。）"中，同长也。"（到两边相同长度的称为"中"。）"厚，有所大也。"（有厚度物体才有所大。）"直，参也。"（三点共一线称为"直"。）"圜

---

①　孙仲明：《战国中山王墓〈兆域图〉的初步探讨》，《地理研究》，1982 年第 1 期。

②　何双全：《天水放马滩秦墓出土地图初探》，《文物》，1989 年第 2 期。

（圆），一中同长也。"（一个中心到四周都是相同长度的称为"圆"。）（以上均见《墨子·经上》）这些几何学定义虽然简单，但《墨经》首次进行了理论概括，成为我国几何学的先河，还是十分珍贵的。

为总结手工业生产的经验而撰写于春秋战国之际的《考工记》其中涉及的几何学知识比《墨经》更多。它谈到角度时都有特定的名称，如说："半矩谓之宣，一宣有半谓之欘，一欘有半谓之柯，一柯有半谓之磬折。"以现今的几何学角度推算，矩＝$90°$，宣＝$45°$，欘＝$67\frac{1}{2}°$，柯＝$101\frac{1}{4}°$，磬折＝$151\frac{7}{8}°$。在制造器物时往往用到三角形的边长原理：如制造戈时，"广二寸，内倍之，胡三之，援四之"，即三角形三边以 2：3：4 比例处理，则"倨句外博"，即 4 的对角大于 $90°$；制造戟时，"内三之，胡四之，援五之"，三边以 3：4：5 处理，则"倨句中矩"，即 5 的对角等于 $90°$。在制造弓时，还遇到对圆弧的切割，如它说："为天子之弓，合九而成规；为诸侯之弓，合七而成规；大夫之弓，合五而成规；士之弓，合三而成规。"制造各种不同规格的弓，要把圆弧切割成九等分、七等分、五等分、三等分，这又是一个十分复杂的几何问题。

用分数进行运算，当时已很普遍和熟练。如《墨子·杂守》篇计算守城时的吃粮说："斗食（每天吃一斗），终岁三十六石。参食（每天吃三分之二斗），终岁二十四石。四食（每天吃四分之二斗），终岁十八石。五食（每天吃五分之二斗），终岁十四石四斗。六食（每天吃六分之二斗），终岁十二石。"对于体积和容积的测定，当时也已计算得相当精确。如世传商鞅方升，其铭文云"积十六尊

（寸）五分尊壹为升"，即容积为当时尺度的十六又五分之一立方寸。由上述各方面，可见战国时代总体数学水平的提高。

六　物理学知识的积累和应用

当时物理学的发展，包括力学、热学、光学、磁学等诸多方面。

对于力学的探讨，当时已认识到惯性现象。如《考工记·辀人》说："马力既竭，辀犹能一取焉。"意即当马力用尽不再拉车，而车还能跑一段路。对于水的浮力，当时人认识到："荆（形）之大，其沉浅也"（《墨子·经下》）。意即同样重的物质，其形体大，在水之沉就浅；反之，形体小，就会沉没。对于杠杆原理，当时人也作了探讨，指出："长、重者下，短、轻者上"（《墨子·经说下》）。意即长的一边会重而下垂，短的一边会轻而上翘。这是有关力臂和重力关系的知识。当时人还探讨过车辆的滚动摩擦问题，指出："凡察车之道，欲其朴属（牢固）而微至（车轮至地面接触微小）……不微至，无以为戚速（快速）也"。他们已经认识到，车轮与地面接触愈微，车辆就能跑得愈快；而"欲其微至也，无所取之，取诸圆也"（《考工记·轮人》），即把车轮做得正圆。对于如何造箭才能在空中飞行得快速而准确，他们指出："参（三）分其羽以设其刃，则虽有疾风亦弗之能惮矣"（《考工记·矢人》）。即在羽毛三分之一的部分装上箭刃，就能不怕大风而能够保持箭运动的稳定性。他们告诫箭的制造者："前弱则俯（下冲），后弱则翔（上飘），中弱则纡（绕弯），中强则扬（翘起），羽丰则迟（缓慢），羽杀（少）则躁（不稳定）。"（同上）这又是有关空气力学的知识。

在热学方面，战国时代已发明用青铜凹面镜聚焦太阳光取火。《周礼·秋官》有司烜氏，"掌以火燧取明火于日"。火燧又称阳燧，是一种青铜制的凹面镜。它面对太阳，把反射的太阳光聚焦于一点，照到易燃物上便能生火。《淮南子·天文》《论衡·率性》都有"阳燧见日而燃为火""阳燧取火于天"的记载。《考工记》并载明制作阳燧的金属配方："金锡半，谓之鉴燧之齐（剂）。"冶炼金属，当时还有一种以蒸汽颜色来判断炉温的方法。《考工记》述："凡铸金之状，金（铜）与锡，黑浊之气竭，黄白次之；黄白之气竭，青白次之；青白之气竭，青气次之，然后可铸也。"金属冶炼炉内，随着温度的升高，气色也随之变换，达到"炉火纯青"时便是最高点。这种方法简便而易于掌握。

对于光学，墨家曾作过多方的探索。如他们说："景（影）不徙，说在改为"（《墨子·经下》）。在墨家看来，影子是物体遮住光而产生的，它自己不会移动，只是因物体变位而使前面的影子"改为"后面的影子。光线照射会产生各种奇异的现象，如："鉴洼（凹面镜）景，一小而易（倒），一大而正，说在中之外内"（《墨子·经下》）。墨家发现照凹面镜时，在曲率中心之外会成一倒立小影，而在中心之内又成一大而正的像。光线若透过中间一个小孔进入暗室，外面的人会成为一个倒影。这是因为："煦（照）若射：下者之人也高，高者之人也下；足敝下光，故成景于上；首敝上光，故成景于下"（《墨子·经说下》）。上述墨家关于光线直射和在小孔、凹面镜等特殊场合成影的研究，对推动光学的发展具有积极意义。

战国时期人们在生产实践中已发现一种能吸引铁、并有指向南方习性的石头，称为慈石或磁石。《吕氏春秋·精通》篇说："慈石召铁，或引之也。"高诱注："石，铁之母也。以有慈石，故能引其子。"磁石最初作慈石，因其如慈母一般。《管子·地数》述："上有慈石者，下有铜金。"亦已注意到慈石的存在。《山海经·北山经》讲到灌题之山，"匠韩之水出焉，而西流注于泑泽，其中多磁石。"可见磁石在当时已成为一种特产。利用磁石的特性，战国时代已制成一种常指南面而用来辨别方向的仪器，称为"司南"。《韩非子·有度》说：人臣侵其主，"使人主失端，东西易面而不自知，故先王立司南以端朝夕。"其云"先王立司南"，则可能司南之物发明甚早，而到战国时代这种仪器制作得更加精巧了。

七　医学理论的提高与治疗实践的进步

由于医疗科学的发展，总结治病经验的著作在这时大量出现。据《汉书·艺文志·方技略》记载，当时有《黄帝内经》《外经》《扁鹊内经》《外经》等"医经七家"，另有《五藏六府痹十二病方》等"经方十一家"，大部分应该都是战国时期的著作。可惜到现在流传下来的只有《黄帝内经》一种。据考证，此书非出自一人之手，是一个学派不断积累的经验总结，它假托黄帝与人问答而阐发其医学理论，约成书于战国晚期。

《黄帝内经》分《素问》和《灵枢经》两部分，原本各九卷，八十一篇，共计一百六十二篇。它的内容非常丰富，从人体解剖、生理特点、病因、病理、各种症状、诊断，一直讲到治疗和预防的方法，药物的性味和功用，方剂的组成等等，其中有许多精辟的见解。如关于病因，它指出："夫邪之生也，或生于阴，或生于阳。其生于阳者，得之风雨寒暑；其生于阴者，得之饮食居处，阴阳喜怒"（《素问·调经论》）。这里把病因（"邪"）归结为外部（"阳"）的"风雨寒暑"和内部（"阴"）自身"饮食居处"的不卫生和"阴阳喜怒"的不节制是相当准确的。关于诊断，《素问》又说："善诊者察色按脉，先别阴阳，审清浊而知部分，视喘息、听音声而知所苦，观权衡规矩，而知病所主，按尺寸，观浮沉滑濇，而知病所生"（《阴阳应象大论》）。由此可知，当时的诊断不仅运用察色、按脉、视喘息、听音声等手段，而且还运用权衡规矩等仪器，甚为细致和讲求科学。这些理论和诊疗方法，奠定了我国传统医学的基础，是中国医学发展史上的一个里程碑。

1973 年长沙马王堆汉墓出土了很多古医书。其中《足臂十一脉灸经》和《阴阳十一脉灸经》讲述人体十一条脉的名称、循行路线及其病症和灸法。两书内容与《灵枢经·经脉》篇所述相类，但较简略，不仅缺少一条脉，各脉循行路线及病症亦有不同，甚至相反，估计其著作年代较早。《脉法》和《阴阳脉死候》是论述根据脉法来判断疾病的诊断学著作，其内容也较简略，没有五行学说的色彩，著作年代也应早于《黄帝内经》。《五十二病方》应是《汉志》中属"经方"一类著作，它先列五十二种病症，然后每一疾病分别载以各种处方和疗法。全书方数约三百个，药名多达二百四十余种，但在治疗中没有出现针法。估计上述五书都是春秋末到战国初的著作，对研究我国医学发展史具有重要价值。

在医学著作大量出现的同时，医疗技术也有长足的进步。当时有许多名医，如"有医竘者，秦之良医也，为宣王割痤，为惠王疗痔，皆愈"（《尸子》下卷，孙星衍辑本），其外科手术堪称一流。其中最有名的当数扁鹊，他的真实姓名叫秦越人，出生地在勃海鄚（今河北任丘市），约活动于公元前五世纪的战国初期。他到处行医，曾在邯郸做"带下医"（妇科），在洛阳做"耳目痹医"（五官科），在咸阳做"小儿医"（小儿科）。可知当时医病已开始细分各种科目。他的医术非常高明，采用"切脉、望色、听声、写形"等方法，很快就能知道病之所在。他对赵简子的昏迷称"血脉治也"，数日便醒；又以针石和服汤治愈虢太子的"尸厥"（休克）；还看出齐桓侯的"疾在腠理"（皮肤）、"血脉""肠胃"，最后到了"骨髓"，因其未及早采取措施而不治身亡（《史记·扁鹊列传》）。扁鹊诊断、治法之精妙，大率如此。

随着医疗技术的进步，当时还出现了一种气功养生术。长沙马王堆汉墓出土帛书中有《却谷食气》一篇和《导引图》多幅，前者是论述如何行气和进行气功的文献，后者是关于这一方面的图谱。图谱中有称为"信"（伸，即"鸟伸"）和"熊经"（像熊一样摇动腰身）的，如此可以呼吸新鲜空气，促进血液循环，达到养生益寿的目的。传世的《行气铭》也是战国时代关于气功要领的文献，其文曰："行气，吞则蓄，蓄则伸，伸则下，下则定，定则固，固则萌，萌则长，长则复，复则天。天其本在上，地其本在下。顺则生，逆则死"（《三代吉金文存》卷二十）。从这个要领可见当时气功行气从头到脚，已有浑厚的功夫。《庄子·刻意》述："吹呴呼吸，吐故纳新，熊经鸟伸，为寿而已矣。此道（导）引之士、养形之人、彭祖寿考者之所好也。"可知社会上专门有一部分人，讲究

"导引""养形"，希冀像传说中"彭祖"那样长寿，练气功以强身，这种气功在当时甚为流行。

八 道家对天地万物生成本源的探求

随着科学技术在各方面的发展，人们对天地万物和生命奥秘的探求也在不断开展着。特别是道家，继承了春秋末年老聃关于"有状混成，先天地生"的关于"道"的阐述，展开了更加广泛的对天地生成和万物生长原因的讨论。

《管子》一书中的《心术上》《心术下》《白心》《内业》四篇，据考证是稷下道家的著作。在这四篇著作中，作者提出了"道"是"精气"，能促使万物生成、生长，形成思想和智慧。他们申述："虚无无形谓之道，化育万物谓之德"；"道也者，动不见其形，施不见其德，万物皆以得。"（《心术上》）"道"是一种精气，它"下生五谷，上为列星"，"藏于胸中谓之圣人"（《内业》）。他们解释说："精也者，气之精者也。气，道乃生，生乃思，思乃知，知乃止矣"（《内业》）。由"道"而生的精气，能使人思考而产生智慧，长期储存（"止"）于人的胸中。《吕氏春秋·尽数》篇亦云："精气之集也，必有入也。集于羽鸟而为飞扬，集于走兽与为流行，集于珠玉与为精朗，集于树木与为茂长，集于圣人与为敻明（有远见）。"其说当采自道家。

除精气外，水也是"万物之本原"，《管子·水地》篇又对此进行探索。作者论述："水者，地之血气，如筋脉之通流者也。"它"无不满、无不居也，集于天地而藏于万物，产于金石，集于诸生，故曰水神；集于草木，根得其度，华（花）得其数，实（果实）得其量；鸟兽得之，形体肥大，羽毛丰茂，文理明著；万物莫不尽其几（生机）。"水并能生人，"凝蹇（停）而为人，而九窍五虑出焉"。水的质地还能影响人的性格。作者经过研究后认为：齐国"水道躁（急迫）而复，故其民贪粗而好勇；楚之水淖（柔）弱而清，故其民轻果而贼；越之水浊重而洎（烂），故其民愚疾而垢；秦之水泔最（浓聚）而稽、淤滞而杂，故其民贪戾、罔（诬）而好事。"其推论大率如此。

1993 年在湖北荆门出土的郭店楚墓竹简，有一篇名《太一生水》，也是道家探讨天地万物的著作。其云"太一生水，水反辅太一"而"成天""成地"；"太一藏于水，行于时"而成为"万物母""万物经（常规）"。这里的"太一"，类似于前面的"道"和"精气"。该篇又说："[天不足]于西北，其下高以强；地不足于东南，其上[高以强]。[不足于上]者，有余于下；不足于下者，有余于上①。"道家试图对万物的成因和天地的高低做出解释，虽然他们的说明相当幼稚和不正确，但在科学思想史上应该有其一席之地。

九　后期墨家对物质结构和运动方式的研究

由于经常与物质生产打交道，后期墨家曾对物质结构进行探讨。他们认为有的物质中间是有空隙的："纑，间虚也"；有的物质内部是充盈的："盈，莫不有也"；有的物质是互相连接的："撄，

① 郭沂：《〈太一生水〉考释》，载《郭店竹简与先秦学术思想》，上海：上海教育出版社，2001 年。

相得也"；有的物质有连接，有不连接："仳，有以相撄，有不相撄也"；有的物质有秩序地排列，既无空隙又不连接："次，无间而不相撄也"（《墨子·经上》）。它认为物质有最小的粒子，称为"端"："端，体之无厚而最前者也。"（《墨子·经上》）一件物体，日斫其半，总有到端而斫不动的时候："非半，弗斫，则不动，说在端"（《墨子·经下》）。如果往前一直取半："前，则中无为半，犹端也"；如果前后同时不断斫半："前后取，则端中也。斫必半，毋与非半，不可斫也"（《墨子·经说下》）。这是墨家在生产实践中得出的结论。

后期墨家又对空间和时间、物质运动方式进行探讨。他们把天地所有的空间称为"宇"："宇，弥（遍）异所也"；把古今所有的时间称为"久"（即"宙"）："久，弥异时也"（《墨子·经上》）。物质运动其特征变易了称为"化"："化，征易也"；物质的一部分离去了称为"损"："损，偏去也"；物质附加而变大称为"益"："益，大也"；物质旋转互相为本称为"环"："环，俱柢"；物体在一个空间内更换称为"库"："库，易也"；物体的区域迁徙称为"动"："动，或（域）徙也"；物体在一段时间里不动称为"止"："止，以久也"；物体不停地运动称为"必"："必，不已也"（《墨子·经上》）。墨家对空间、时间和物质运动方式的研究，是对自然界长期观察的结果。

后期墨家还参与了当时有关物质属性存在状况的讨论。名家公孙龙提出，今有一块坚硬而白色的石头，"视不得其所坚""拊不得其所白""见与不见谓之离""知与不知相与离"（《公孙龙子·坚白论》），故其"坚"与"白"是分离的。后期墨家则指出："于一

（石），有知焉，有不知焉，说在存。""于石一也，坚白二也，而在石。故有智（知）焉，有不智焉，可"（《墨子·经下、经说下》）。坚白二种属性客观存在于一石之中（"说在存""而在石"），它是不以人的知与不知为转移的。后期墨家以此坚决驳斥公孙龙的主观唯心论。

十　惠施、邹衍的科学探索及其他

在科学探索的道路上，战国时代还有两个人值得一提，那就是惠施和邹衍。《庄子·天下》篇说："惠施多方，其书五车，其道舛驳。""南方有倚（畸）人焉曰黄缭，问天地所以不坠不陷、风雨雷霆之故，惠施不辞而应，不虑而对，遍为万物说。"可见其钻研事物之广和学问之深。他"历物之意"的命题中，虽有相对主义的怪论，却也有符合科学的精辟见解。如他说："至大无外，谓之大一；至小无内，谓之小一。无厚不可积也，其大千里。"这里他猜测到宇宙的无穷大和物质有"至小"粒子的存在，以及这种"无厚不可积"的粒子充斥于自然界。与惠施的辩者也有一些命题含有科学的辩证法因素，如："镞矢之疾，而有不行不止之时"；"一尺之棰，日取其半，万世不竭"（《庄子·天下》）。这里牵涉到把时间无限切割和数学上的无穷小问题，在科学理论上是能够成立的。

邹衍也是一位善于进行科学探索的奇人，西汉时桑弘羊曾说他"守一隅而欲知万方"（《盐铁论·论邹》），可见其气魄之大。他的方法是："必先验小物，推而大之，至于无垠。"对于历史，他"先序今（战国）以上至黄帝"，论其时势"盛衰"，并"推而远之，至天地未生，窈冥不可考而原也"（《史记·孟子荀卿列传》）。这里还涉及到宇宙产生论这样深奥的问题。对于地理，他"先列中国名山、大川、通谷、禽兽……因而推之，及海外人之所不能睹。"他把中国叫做"赤县神州"，认为在"中国外如赤县神州者九，乃所谓九州也，于是有裨（小）海环之。"如这样的"九州"还有九个，"乃有大瀛海环其外，天地之际焉"。由此推测，"所谓中国者，于天下乃八十一分居其一分耳"（《史记·孟子荀卿列传》）。在公元前300年左右的战国时代能做出这样的论断，可以说是非常先进的。

此外，对于天气的变化，风雨雷电，当时人都试图给予科学的说明。如宋玉《风赋》说："夫风者，天地之气，溥畅而至"（《文选》卷十三）。成书于战国时期的《黄帝内经·素问》云："清阳为天，浊阴为地。地气上为云，天气下为雨。雨出地气，云出天气"（《阴阳应象大论》）。《大戴礼记·曾子天圆》记曾子曰："阴阳之气各静其所，则静矣。偏则风，俱则雷，交则电，乱则雾，和则雨。阳气胜则散为雨露，阴气胜则凝为霜雪。阳之专气为雹，阴之专气为霰。霰雹者，一气之化也。"他们都从阴阳气流的变化来解释各种自然现象，反映出当时科学的进步。

第十八章　文学、艺术与史学的繁荣

在思想百家争鸣和科学技术迅速发展的同时，文化领域中的文学（包括散文、诗歌、辞赋、小说）、艺术（包括音乐、绘画）与史学（包括史书、故事和文献的编纂）也达到空前的繁荣，这从另一个侧面反映出当时文化、科学的进步。

一　文字的演变和书法的产生

战国时代文学艺术和史学的繁荣，与当时文字的演变和书写工具的进步有着密切的关系。西周时期的籀文，笔画较繁，书写很不方便。自春秋中叶以后，出现一种笔画首尾粗细一致而较为工整简化的文字，后来称为篆书。到春秋战国之际，毛笔书写的文字开始流行，其笔画特点是中肥末锐，形似蝌蚪，俗称科斗文。因其是秦统一前的文字，所以又称古文。战国中期以后的六国古文，变化很多，往往同一个字，在不同的诸侯国有不同的写法。它们趋向简省，创造了许多新的简化字，同音假借的字也不少。而在秦国，流行着一种笔画更为简洁的隶书，与笔画圆转繁复的篆书相比，其书写更为方便了。当时的情况正如许慎所说："分为七国，田畴异亩，车途异轨，律令异法，衣冠异制，言语异声，文字异形"（《说文解字》第十五上）。在朝着简化、方便的大趋势下，战国时期的文字书写呈现出自由驰骋、百花竞放的局面。

在文字发生由繁到简、由正规到自由演变的同时，书写工具也在经历着重大的变化。以前的文字大都刻在甲骨或铸在铜器上，其书写数量不可能很多①。到春秋后期，文字除了刻于陶器、玺印，铸于铜器、货币等场合外，大量的则是书写于绢帛和竹简、木牍。这样，长篇大论的文章可以很快书写出来，且成本较低，容易保存。当时的绢帛还比较昂贵，木牍的处理比较麻烦，且体积较大，而竹简则到处皆是，劈切方便，唾手可得。书写工具的经济简便，又为战国时代文学艺术和史学的繁荣创造了有利条件。

大约从春秋后期开始，对于文字的书写，除了力求简便外，在某种场合又力求美观。特别是南方吴、越、楚、蔡等国铜器上所铸的文字，不但书写工整，且在笔画上加些圆点或鸟形装饰，有的对笔画故作圆转弯曲。这实际上是一种美术字，后人把这种字称为"鸟篆""虫篆"或"缪篆"。在北方所铸的铜器铭文，也力求工整美观。如战国初期韩国制作的"属羌编钟"，铭文都写在预先划好的方格内，笔画匀称，宛若一件精致的艺术品。这实际是中国讲求书法的开始，在当时成为一门特殊的艺术。

---

① 据考证，甲骨文中有"册"字，就像一根根竹简中间用丝绳串连起来。《尚书·多士》："惟殷先人，有册有典。"所谓"册"即简策。但是商代和西周至今还没有竹简文字的发现，故此说法还有待地下发掘的证实。

二 诸子散文与历史纪实文学的艺术成就

散文这种艺术形式，从西周、春秋至战国，也经历着由简单到复杂、由低级到高级的深刻变化。西周时代的文章见于《尚书·周书》的，大多是贵族君主对下级进行训诫的"诰"辞和军队进行战争前发布的"誓"辞；见于西周铜器铭文的，大多是记录接受册命、赏赐或战争俘虏、家族变迁等史实：它们大多文辞简洁，篇幅较短，没有什么文学价值。至春秋时期，出现一些记述人物和事情的文章，文中多用"矣""乎""焉"等语助词，叙事细腻，描写生动，具有艺术特色。如记述孔子言行的《论语》，其中《先进》篇的"子路、曾晳、冉有、公西华侍坐"章，《微子》篇的"长沮、桀溺耦而耕"章，对人物言行的描写都极具文学色彩。

战国时期的诸子散文，在春秋时期变化进步的基础上，语言更加生动，描写更有情趣，论述更有气势，篇幅更加扩大，是散文艺术发展的一个高峰。其中记述墨家言行的《墨子》，论述透析，叙事生动，如《公输》记墨子与公输盘的斗智，真是引人入胜的精彩短篇。主要由庄周自著的《庄子》，"其言洸洋自恣"（《史记·老子韩非列传》附《庄子传》），想像力丰富，多寓言故事，成为诸子散文中的一朵奇葩。记述孟轲言行的《孟子》，也描写生动，论说富有感情，具有很强的宣传鼓动作用。其《离娄下》中的"齐人有一妻一妾"章，亦是一脍炙人口的佳篇。主要由荀况自著的《荀子》，气势恢宏，具有说服力。他的《劝学》《修身》等篇，善于以形象的比喻阐明深刻的道理。《非相》《解蔽》诸篇笔锋犀利，抨击中肯，亦论辩佳作。主要由韩非自著的《韩非子》，感情深沉，分析锐利，用许多历史故事来阐明其论说主张，形象生动而富有情趣。由吕不韦邀集门客编著的《吕氏春秋》，其中不少篇章简洁明快，说理透辟，亦为散文中的精品。

除诸子散文外，记述历史事实的记叙文也蓬勃发展。《左传》是编定于战国初年的编年体史书，它记叙春秋史事，形象生动，运用对话和描述，把当时的情景活灵活现地展示出来，读来如见其人，如闻其声。唐代史学评论家刘知幾曾盛赞左氏之文为"古今卓绝"（《史通·杂说上》）。还有一本记述春秋史事的国别体著作《国语》，约与《左传》同时编定。其文辞与《左传》相类，记述史事也相当生动逼真。《战国策》一书虽然是西汉刘向所整理编纂，但它的各个篇章应是战国时期的各国史官或策士早已写就的。它记录战国史事也描绘生动，妙趣横生，如《齐策一》的"邹忌修八尺有余"章，亦为一隽永的短篇。其记述策士游说，大量运用成语故事，如《楚策一》中的"狐假虎威"，《燕策二》中的"鹬蚌相争，渔翁得利"等，也颇具文学价值。

三　爱国诗人屈原及宋玉创作的楚辞

战国文学中，有一种吸收楚国民歌的精华而创作的诗体。它感情浑厚，想像丰富，语言华美，形式不拘，多用语助词"兮"以增加作品的情调和感染力。汉代人把这种诗体称为"楚辞"。创作楚辞最多、作品艺术价值最高的是著名爱国诗人屈原。

屈原名平，出生于楚国王室贵族家庭，在楚怀王时曾任左徒之官，掌出纳号令。他为人正直，有政治抱负，主张通过制订法令来改革腐败的政治，从而振兴楚国。但他遭到宠臣上官大夫、令尹子兰和宠姬郑袖的谗害，被楚怀王罢官斥逐，楚顷襄王更将其流放。在那些遭放逐的日子里，他以创作楚辞来排遣心中的苦闷，抒发崇高的志向和理想。当楚都郢被秦军攻破，屈原哀伤祖国的败亡，乃投汨罗江自尽。他的生卒时间约为公元前 340 年—公元前 278 年。

屈原的主要作品有《离骚》《九章》《九歌》和《天问》。《离骚》是屈原的代表作，全诗三百余句，近二千五百字，是我国古代最长的抒情诗。在诗中，他叙述自己的家世和自幼的抱负，政治上的遭遇和胸怀理想、至死不屈的坚贞，揭露楚国统治集团的腐败和邪恶势力的猖獗，抒发眷念祖国和热爱人民的情思。全诗文采绚丽，想象丰富，气势恢宏，感情跌宕起伏，具有强烈的感染力。鲁迅曾称其"逸响伟辞，卓绝一世"（《汉文学史纲要·屈原及宋玉》）。《九章》出于西汉人的编集，并非一时所作。其中《橘颂》是早年作品，充满着青春的朝气。其他如《抽思》《涉江》《哀郢》《怀沙》等都是流放后的作品，表现对乡土的思念，深切动人。《九歌》是祭祀鬼神的乐曲，同样写得悲壮、热烈、动人，具有浪漫主义特色。《天问》是针对宗庙壁画的神话传说的发问，连续提出一百几十个问题，表现屈原大胆怀疑和探求真理的精神。

继屈原之后，楚国还有宋玉、唐勒、景差等人创作楚辞，但他们只是学习屈原的作辞技巧而"莫敢直谏"（《史记·屈原列传》）。宋玉的《九辩》，悼惜屈原，抒写个人的怀才不遇，批判社会政治环境，在艺术手法上文笔凄楚、文风感人。他的《招魂》，主题是招某个楚王的魂，其中有奇特的幻想，寓意深刻，感情真切，文辞上也丰富多姿。此外，宋玉还创作过《风赋》《高唐赋》《神女赋》和《登徒子好色赋》等赋，其中有景物的描写和对社会的讽喻，颇有些娱乐色彩，对后来的赋体影响较大。其他楚辞作品还有《远游》，很似模拟《离骚》之作，出色之处较少；《卜居》写屈原被流放后去见太卜，倾诉他的悲愤；《渔父》写屈原在江边遇渔父而吐露心声。这些都是楚人为怀念屈原而作，对了解屈原思想很有价值。

四　民歌创作与荀子的诗赋作品

民歌在战国时很流行，可惜没有系统地搜集和整理，只散见于各种记载之中。据说楚国鄂君子晰曾泛舟于新波，划桨的越人就唱了一首民歌，有人译成楚语道："今夕何夕兮搴洲中流，今日何日兮得与王子同舟。蒙羞被好兮不訾诟耻，心几顽而不绝兮得知王子。山有木兮木有枝，心悦君兮君不知"（《说苑·善说》）。此歌文辞优美，情趣盎然，具有南方特色，真为民歌中的佳品。《孟子·离娄上》记一首民歌云："沧浪之水清兮，可以濯我缨；沧浪之水浊兮，可以濯我足。"歌词亦清新自然，可见其人悠然自得之态。荆轲谋刺秦王从燕国出发，众人送行时击乐器而歌曰："风萧萧兮易水寒，壮士一去兮不复还！"（《战国策·燕策三》）其以风景描写衬托壮士的激烈情怀，据说歌唱时"士皆瞋目，发尽上指冠"（《战国策·燕策三》），其艺术魅力感人至深。

擅长散文议论的荀子，吸收民歌的艺术形式，也写了一些诗歌和赋体，成为通俗文学的先声。他创作的《成相》，采用当时民间喜闻乐见的曲调，讲述历史故事，阐述政治主张。据现代学者研究，"相"是一种类似鼓板的乐器，每次说唱，先击相，后开腔，因此第一句唱词都用"请成相"开场。唱词每一段有五句，每句字数大致为"三三七四七"，一般在二、三、五句上用韵，故其形式很类似于后来的"凤阳花鼓词"①。《汉书·艺文志·诗赋略》有"《成相杂辞》十一篇"，可见"成相"是当时一种很流行的文学体裁。荀子《成相》共三首五十六段，其中有"春申道缀（辍）基毕输"，可知它写在公元前238年春申君被杀之后。"荀卿嫉浊世之政，亡国乱君相属"（《史记·孟子荀卿列传》），乃发愤著书，大声疾呼，他的思想感情集中倾注于这篇《成相》之中。

荀子创作的《赋》共有七首，前五首《礼》《知》《云》《蚕》《箴（针）》，每首描写一件事物，采用问答的形式，于篇末才点出这件事物的名称，类似于猜谜而揭出谜底，颇有情趣，寓教于乐。后两首《佹诗》和《小歌》，以"天下不治"开始，直抒胸臆，感情激愤。"郁郁乎其遇时之不祥也，拂乎其欲礼义之大行也，暗乎天下之晦盲也。"（《荀子·赋篇》）其理想与现实的矛盾，大有与屈原同道之感。荀子这种自由问答、抒发感情的赋，对后来的赋体创作有较大影响。

最后值得一提的是赵王迁的诗歌创作。据《淮南子·泰族》篇载："赵王迁流于房陵（今湖北房县），思故乡，作为《山水》之讴，闻者莫不殒涕。"《淮南子》在记述此诗时，与荆轲刺秦王前在易水上所唱之歌相提并论，可见其感情的凄恻激昂，影响之广泛深远。这是较早的亡国之君所作的咏怀诗，在文学史上应有一定的地

---

① 朱师辙：《论〈成相篇〉很像"凤阳花鼓词书"》，收入杜国庠《先秦诸子的若干研究》，北京：生活·读书·新知三联书店，1955年。

位，可惜其诗歌的具体内容没有保存下来。

五 小说家和历史小说的产生

战国文学中已有小说。《汉书·艺文志》列有"小说十五家，千三百八十篇"，大部分都应是战国时代的创作。《汉志》论及小说，认为是"街谈巷语、道听途说者之所造也"，"闾里小知者之所及"，"刍荛狂夫之议也"。可知小说之作多出自民间下层群众。桓谭《新论》又述："若其小说家，合丛残小语，近取譬论，以作短书，治身治家，有可观之辞"（《文选》卷三十一江文通杂体诗《李都尉从军》注引）。他指出，小说多取自"小语""譬论"而作的"短书"，应该都是一则则小故事。

《汉书·艺文志》所列小说作品有《伊尹说》《鬻子（周文王时人）说》《师旷》《务成子（尧时人）》《天乙（即商汤）》《黄帝说》等，大多以历史人物命名，注称"其语浅薄""迂诞依托""非古语""后世所加"，可知都是后来人编的。关于上述人物的小说，《汉志》还列有"《周考》七十六篇"，注："考周事也"；"《青史子》五十七篇"，注："古史官记事也。"可能因为篇中所"考"和所"记"之事，多"浅薄""迂诞"，出于后人道听途说，非信史，故编者也把它们归入小说家中。

列为小说家的还有"《宋子》十八篇"。宋子即宋钘，《庄子·天下》谈到他"接万物以别宥为始"，"别宥"即去除隐蔽。郭沫若据此认为宋钘的"遗说尚保存于《吕氏春秋·去尤》与《去宥》二篇"，并主张此二篇"殆系采自宋子《小说》十八篇之一"（《青铜时代·宋钘尹文遗著考》）。今观《吕览》此二篇多故事，如"人有亡铁（斧）者""齐人有欲得金者"等，可知郭说信而有征。且宋钘为宋人，战国诸子书中讲宋人故事的很多，如《孟子·公孙丑上》就讲到有宋人揠苗助长。这些故事可能即来自小说《宋子》。

小说家所列，还有"《百家》百三十九卷"。应劭《风俗通》云："案《百家》书，宋城门失火，取汲池中水以沃之，鱼悉露见，但就取之"（《太平御览》卷八六八引）。这个"城门失火，殃及池鱼"的故事，当即出自小说《百家》中。甘茂曾"学百家之术"（《史记·甘茂列传》），他一生好讲故事，如"曾参杀人""江上之处女"（《战国策·秦策二》）等。范雎自称知晓"《百家》之说"（《史记·范雎蔡泽列传》），他也好讲故事，如吕尚遇文王、伍子胥出昭关等（见《战国策·秦策三》）。由此可知，所谓《百家》乃小说故事之汇集。

战国时期最长的小说是《穆天子传》。它原本是西周史官所记穆王事迹的实录。到战国时期由于神话传说的盛行，各种怪诞学说的流传，《穆传》也被加工伪造，掺杂进许多荒诞离奇的故事：如"河伯"（"河宗"）代表上"帝"的旨意，直呼穆王之名"满"，指点他去昆仑观春山之宝；穆王与西王母对吟在瑶池之上，西王母自称"我惟帝女"，而嘱穆王为"唯天之望"。这些分明是战国时人的编造，故历来将《穆传》列入"子部小说家类"。

六　声律知识与音乐舞蹈的进步

在声律知识方面，当时已出现五音阶、七音阶和十二律的理论体系。五音阶、七音阶用宫、商、角、徵（音止）、羽及前加"半"字来表示，又以十二律来表示一个八度中的十二个半音。十二律由低到高依次为：黄钟、大吕、太簇、夹钟、姑洗、仲吕、蕤宾、林钟、夷则、南吕、无射、应钟。对于各音阶和十二律的音高，《管子·地员》和《吕氏春秋·音律》等都详细阐述其用弦的损益如何求得的方法。这些理论和计算方法充分说明战国时代声律知识的已趋于臻完善。

对于乐器的制作，当时已按其材料分为金、石、木、土、革、丝、竹、匏等八类，称为"八音"。金类有钟、铃，石类有磬，木类有柷，土类有埙，革类有鼓，丝类有琴、筝，竹类有管、龠，匏类有笙、竽等。许多乐器的制作，还有理论总结。如《考工记·凫氏》说："钟大而短，则其声疾而短闻；钟小而长，则其声舒而远闻。"关于如何校正磬的发音，《考工记》又说："已上（音太高）则摩其旁，已下（音太低）则摩其端。"（《磬氏》）可知当时乐器的制作力求做到声调准确，音色优美。

战国时代音乐的最大变化，在于其曲调从庄严平和走向轻快悦耳。按照儒家的观点，音乐的曲调对民风的影响极大。荀子阐述："乐中平则民和而不流，乐肃庄则民齐而不乱"，而"郑、卫之音，使人之心淫"（《荀子·乐论》）。所谓"郑卫之音"，就是曲调婉转轻快的民间音乐。当时这种音乐不但在民间流行，许多王侯也都乐此不疲。魏文侯就曾说："听古乐，则唯恐卧，听郑卫之音，则不知倦"（《礼记·乐记》）。据说战国后期秦国在音乐方面"弃击瓮叩缶而就郑卫"的"异国之乐"，是为了"快意当前"（《史记·李斯列传》）。可见当时的乐风之变。

从近年的考古发掘可进一步看到战国时期乐器的精美和壮观。1978 年在湖北随县（今随州市）擂鼓墩出土的战国早期曾侯乙墓中，有编钟、编磬等乐器共 124 件。其中编钟 64 件，分上中下三层悬挂于钟架上。每钟敲击不同部位，可发出相隔三度的两个音。整套编钟音域宽广，可跨五个八度。中心部分三个八度，十二个半音齐全，可旋宫转调，演奏出悦耳动听的乐曲。其他如琴有十弦，瑟有二十五弦，箫有十三管，竽有二十二簧管。各种乐器规模的巨大和制作的精巧，充分展示当时音乐艺术的进步与繁荣。

音乐繁荣的同时舞蹈艺术也呈现出方兴未艾之势。《史记·货殖列传》称战国时期北方赵、中山的"女子则鼓鸣瑟，跕屣，游媚贵富，入后宫，遍诸侯"。这里的"跕屣"，《汉书·地理志》作"跕蹀"，臣瓒解释："蹑跟为跕，拄指为蹀"，应该是一种非常美丽的舞蹈动作。《荀子·乐论》对当时的舞蹈更有一番赞词，称"歌清尽，舞意天道兼"；舞者"俯仰、诎信、进退、迟速莫不廉制（婉转而有度制），尽筋骨之力以要（合）钟鼓俯会之节，而靡有悖逆者"。舞蹈艺术的洒脱自然，婀娜多姿，跃然纸上。

七 绘画和雕刻艺术的发展

与音乐、舞蹈发展并驾齐驱的绘画和雕刻艺术，在战国时代也出现了一派繁荣景象。绘画可分帛画、青铜器画像和漆画等多种，雕刻所成的工艺品玲珑剔透，具有很高的艺术水平。

战国时代的帛画至今发现的实物有三件。第一件是 1949 年在长沙东郊陈家大山楚墓中出土的。该图高 31 厘米、宽 22 厘米，下

部偏右处绘一女子，上部有一巨大的凤鸟昂首展翅，左侧绘一向上
游动的龙，定名为《人物龙凤帛画》，寓有龙凤导引死者灵魂升天
之意。另一件是 1973 年在长沙东南子弹库楚墓中发现的。该图高
37.5 厘米、宽 28 厘米，中心绘一男子，头顶上方有一华盖，足下
踏一巨龙，首尾上翘，男子双手执辔御龙前行，下前侧有一条潜游
的鲤鱼，龙尾还有一只仙鹤双足交错而立。此图定名为《人物御龙
帛画》，可能是为死者招魂用的幡。第三件与上图同出一墓，为
1942 年被人盗掘而流失国外，现藏美国纽约大都会美术馆，或说华
盛顿赛克勒美术馆。这是一幅帛书，中间有文字 21 行计 900 余字，
四周则旋转描绘着十二个形状奇异的神怪，是当时流传的创世神话
中的十二月神像。上述三件帛画都用毛笔绘制，线条清晰，绘工精
细，形象生动，具有很强的艺术魅力①。

　　青铜器画像在战国时代相当普遍，在国内各主要博物馆均有收
藏，在被掠往海外的战国青铜器中亦有发现。其画像题材有战争、
生产、建筑、宴乐、狩猎、神话等各个方面。它们采用范铸、镶嵌
或雕刻等手段，制成许多场面宏大、工艺精细、生动活泼、晶莹耀
目的画面。如 1935 年在河南汲县山彪镇战国墓中出土一对铜鉴，上
面镶嵌有 286 人，他们神态各异，有格斗、射箭、划船、击鼓等各
种动作，是一幅大型的水陆攻战图。1951 年在河南辉县赵固镇战国
墓中出土的刻纹铜鉴，其上又是一幅大型的宴乐射猎图。这些画像

　　① 李学勤：《东周与秦代文明》第二十七章《帛书、帛画》，北京：文物出版社，1984 年；杨泓：《战国绘画初探》，《文物》，1989 年第 10 期；蔡全法：《楚国绘画试析》，《中原文物》，1992 年第 2 期。

手法简练，再现战国时代丰富的社会生活，同样是艺术中的精品①。

漆画在湖北、湖南、河南、山东等省的战国墓葬中也多有发现，它们都附着于随葬的器物上。如湖北随州曾侯乙墓内棺两侧，绘肃立守护的神怪图像；主棺附近的漆箱盖上，绘有青龙、白虎的天文图。河南信阳楚墓出土的锦瑟首尾，绘有龙蛇怪物与宴乐场面；湖北荆门包山二号墓出土的漆奁外壁，绘有树木、车马和人物图像。这些漆画，运用多种色彩，婉转流利的线条，勾勒出各种生动的姿态，在艺术发展史上有其一定的地位。

雕刻艺术除用于青铜器画像外，木雕制品更是五花八门。如湖北江陵天星观楚墓出土的双首镇墓兽，雕刻得奇形怪状，神情恐怖。湖北江陵望山楚墓出土的彩漆木雕座屏，雕有鹿、凤、雀、蛇等动物形象，极其精致生动。江陵藤店楚墓出土的彩绘木鹿，身首分雕合装，坐伏于地，脚弯曲于腹下，神态自然。其他楚墓出土的木制容器、乐器等，多为加工雕刻。如木豆有雕刻成一只鸳鸯的，悬挂钟、鼓等乐器的木架上雕有许多龙、凤、虎的形象，非常精美。

八　史官制度与《左传》《国语》的编纂

中国古代有着悠久的史官记录史事的制度。远在商周时代，史官就是中央政府的重要官员。至春秋时期，各诸侯国都有史官记事，并将历年纪录编为《春秋》之书。《墨子·明鬼下》就曾提到

---

①　张英群：《试论河南战国青铜器的画像艺术》，《中原文物》，1984 年第 2 期。

当时有"周之《春秋》""燕之《春秋》""宋之《春秋》""齐之《春秋》"等。现存《春秋》一书，即为鲁国史官所记。战国时期各国史官记事的制度依旧不变。秦、赵渑池之会时，双方都曾命其"御史"进行记录（《史记·廉颇蔺相如列传》）。秦始皇统一中国后，焚烧的书籍包括诸侯《史记》，而独存《秦记》。故司马迁作《六国年表》只得"因《秦记》"而"表六国时事"（《史记·六国年表序》）。这部《秦记》当然是秦国史官对历年史事的记录。

在战国时代所编的史书中，《左传》无疑是相当重要的一部。此书传说出自孔子同时代人左丘明。《史记·十二诸侯年表序》云："鲁君子左丘明"因孔子史记而"成《左氏春秋》"。但《左传》最后讲到晋国知伯之灭，事在公元前 453 年，此时孔子已逝世 26 年，左丘明不可能撰及此，当为后人所补叙。刘向《别录》又记其传授关系说："左丘明授曾申，申授吴起，起授其子期，期授楚人铎椒"（杜预《春秋序》孔颖达疏引）。据学者研究，《左传》多记晋、楚两国事，它很可能是由战国初期曾在晋、楚任职的吴起等人陆续编成。《春秋》记事极简略，而《左传》则甚详细，往往把事情的全过程写得具体生动，有声有色，有些《春秋》不记之事也予载录。《春秋》的其他二传《公羊》《穀梁》，大多是解释字句的空论。因此《左传》的价值远在它们之上，今天了解春秋历史主要靠这部古书。

《国语》也是战国初年编集的记述春秋史事的书。它与《左传》的不同在于：一是编年体，一是国别体；又《左传》多记事情经过，而《国语》多记言语对话。据传《国语》也出自左丘明，司马迁云："左丘失明，厥有《国语》"（《汉书·司马迁传》）。但此说很难令人信从。《国语》所记八国史事晋国最详，而齐、郑、吴、越仅记一时事。故此书应该是战国初年史家把搜集所得各国史料，以国分卷，汇编成集。它与《左传》的史实可以互为补充，相得益彰。

《战国策》一书虽为西汉刘向所编定，但它的原始材料则取自战国时代所编的史书。据刘向《战国策书录》所述，这些战国史书有《国策》《国事》《短长》《事语》《长书》《修书》等六种。从其书名来看，有的以"国"分类，有的记录"事"情和"语"言，有的道说纵横"短长"权变之术。可见战国时期所编记录当代史事的书籍是相当多的。1973 年长沙马王堆汉墓出土大批帛书，有一种定名为《战国纵横家书》，共二十七章，其中十六章是不见于其他史籍的新发现的佚书，它可以纠正和补充现存史书的错误与不足。由此更可见战国时代对史籍编纂工作的重视和史书众多的情况。

九　《诗经》《尚书》的流传和礼书的撰述

章学诚有言："'六经'，皆史也"（《文史通义·易教上》）。诚然，作为古代文献总集的《尚书》和古代诗歌总集的《诗经》，以及阐述古代礼制、官制的书籍都保存着大量的史料。这些书籍的编撰、流传从另一个侧面反映出战国时代史学的繁荣。

《诗经》据说是孔子从"（古）诗三千余篇"中"去其重（复），取可施于礼义"而编成的（《史记·孔子世家》）。这个说法虽可能有些夸大，但孔子曾对《诗经》做过编订而使之成为教材，应该是事实。到战国时期，子夏之儒又对其进行传授和作《序》，做过编辑整理工作。不过，《诗》之书儒家有，其他各家也有。如《墨子》就经常引用《诗》进行论证，其《所染》篇引《诗》曰："必择所堪";《尚贤中》引《周颂》曰："圣人之德,若天之高,若地之普",都不见于今本《诗经》。可见此书在当时的流传之广,还存在着各种版本。

《尚书》的编纂据说也出自孔子。《史记·孔子世家》称其"序《书传》,上纪唐虞之际,下至秦缪(穆公),编次其事。"《汉书·艺文志》又述:"《书》之所起远矣,至孔子纂焉。上断于尧,下讫于秦,凡百篇,而为之序。"这个说法,当有所根据。《尚书》到了战国时期,在流传过程中可能会有增补。近人怀疑《尧典》和《禹贡》作于战国,但也有学者指出其天文记录和历史事实相当古老,后人只是作些加工而已。至于《墨子》引《书》很多篇名和文字不见于今文《尚书》二十八篇中,是因为《尚书》原有"百篇",经秦火后烧去大半的缘故。

礼书包括《周礼》《仪礼》《礼记》和《大戴礼记》,前三书俗称《三礼》。礼书的编纂、制作,传说亦与孔子有密切关系。《史记·孔子世家》称孔子"追迹三代之礼",故"《礼记》自孔氏";又说"孔子以《诗》《书》《礼》《乐》教"。《庄子·天运》更点明孔子"治《诗》《书》《礼》《乐》《易》《春秋》六经",可知其教学时必有礼书。今传《三礼》中的《周礼》又称《周官》,因为它是以"天地春夏秋冬"六种官的职责为纲来阐述政教礼制的。在汉代整理此书时已缺失《冬官》一篇,乃以《考工记》充补。关于《周礼》的作者和成书时代,有学者考证它"形成于周公,写定于孔门",即"在春秋末到战国之时"①。其说大致可信。《仪礼》又称

---

① 谢祥皓、刘宗贤:《中国儒学》,第214页,成都:四川人民出版社,1993年。

《士礼》，因为它主要讲士一级贵族应用的礼仪，有《士冠礼》《士昏（婚）礼》《士相见礼》等十七篇，其规定十分细碎烦琐。它的形成、作者和写定时间，应与《周礼》相仿。西汉学者戴圣（小戴）所编的《礼记》和戴德（大戴）所编的《大戴礼记》，前者原有四十六篇，刘向又增三篇；后者原有八十五篇，现存三十九而缺四十六篇。这两部礼书内容十分庞杂。《汉书·艺文志》将二书合作"（礼）《记》百三十一篇"，注云："七十子后学者所记也。"可知都是孔门弟子的作品，写作时间亦在春秋末至战国时期。曾子、子思、公孙尼子等许多著名弟子的作品都在其中。

十 《世本》《竹书纪年》和《穆天子传》的成书

战国时代的史学专著中，还有三本比较特殊的需要特别介绍，那就是《世本》《竹书纪年》和《穆天子传》。前两种已经亡佚，传世的只有辑本；后一种经过加工改编，增加了许多神话传说：但它们仍有很大的史料价值，是战国史学的重要文献。

《世本》据考证是战国末年赵国史官所作，因为它称赵国末代王迁为"今王迁"（《史记·赵世家·集解》引）。《汉书·艺文志》载《世本》有十五篇，注云："古史官记黄帝以来讫春秋时诸侯大夫。"可见它记录的时代跨度相当大。其内容篇目见于各书征引，有《帝系篇》《本纪》《世家》《传》《氏姓篇》《居篇》《作篇》《谥法》等①。可知它不但记录的时间长，内容也十分丰富，几乎包括

---

① 《世本八种·茆泮林辑本序》，北京：商务印书馆，1957 年。

了古代史所有的详细资料。《世本》曾经是司马迁作《史记》的重要依凭，班固称其"据《左氏》《国语》，采《世本》《战国策》"（《汉书·司马迁传》）而成其大著。可惜《世本》到宋代以后亡佚不存。明、清以来，许多学者曾从现存古籍的引文中进行辑录，其中以雷学淇、茆泮林的辑本最为详备、精确。

《竹书纪年》是晋武帝太康二年（公元 281 年）在汲郡（治所在今河南卫辉市）的战国魏墓中出土的。它是魏国史官所撰的编年体史书，因为写在竹简上，故称"竹书"。该书原有十三篇，记叙夏、商、西周、晋国和战国时魏国的史事，至魏襄王二十年（公元前 299 年）止，在前或有涉及黄帝、尧、舜的传说。此书有很高的史学价值，其记夏、商、周史事，多有与《史记》说法不同者，是为司马迁未见之书。特别是战国时代的纪年和史实，《史记》差错甚多。如《史记·魏世家》记魏惠王于三十六年"卒"，但《纪年》云：魏惠王于此年"改为后元"，并没有"卒"。各家用《纪年》来订正《史记》之误，取得了不少成绩。可惜此书也于宋代佚失，自清至近现代，有许多学者为之辑佚、订补。目前所见，当以方诗铭、王修龄的《古本竹书纪年辑证》搜罗最全，考证至精。另有《竹书纪年》二卷，为宋元间人所重编，近人称为《今本竹书纪年》。其书虽非古本之旧，但因成书较早，可能重编时见过古本残文，故亦有一定的参考价值。

《穆天子传》在西晋初太康年间与《竹书纪年》等史书同出于汲郡战国魏墓中，当时由整理者编辑成六卷。该书记述周穆王长驱西游、在畿内巡狩以及丧葬盛姬等事，因所载事迹与其他史传可互相印证，其中又多古字古义，故它的原本应该是西周史官所记。但这份记录在西周末年的大动乱和平王东迁的过程中，可能散落到东方的晋国，"三家分晋"后又流入魏国。在战国神话传说大为流行的时代，魏人把这份历史记录进行加工改编，插入河伯代表上帝命穆王和穆王会见西王母等故事，穆王巡游的里程和各地贡献的物产等内容也被不断加入，遂使这部古籍成为历史传记和传奇小说的混合品①。因此在引用这部史书时必须谨慎鉴别，排除其改编伪造的传奇小说部分，去挖掘其珍贵的稀有史料。

---

① 杨善群：《〈穆天子传〉的真伪及其史料价值》，《中华文史论丛》第54辑，上海：上海古籍出版社，1995年。

第十九章　宗教、礼俗与社会生活

战国时代的历史，有一方面往往容易忽略，那就是当时的宗教、礼俗和社会生活，包括衣食住行、娱乐、体育等。这虽属于民俗史的范畴，但它能够全面展现战国贵族和民众生活的各个方面，是战国史中相当精彩的部分。

一　方士求神仙和以巫术治病等迷信活动

宗教迷信往往与科学技术交织在一起，这是古代人活动的特点。《汉书·艺文志》转述刘歆的《七略》，其中有《方技略》，包括医经、经方（处方）、房中（房事）、神仙四类。当时大凡掌握"方技"的人被称为"方士"。《六韬·王翼》讲到将的辅助人员，其中有"方士二人：主百药"。秦始皇时，"方士欲练以求奇药"（《史记·秦始皇本纪》）。可见战国时期方士活动的频繁。

方士们最大的宗教迷信活动是求仙。《史记·封禅书》有载，大约在齐威王、齐宣王、燕昭王时，有"宋毋忌、正伯侨、充尚、羡门高、最后皆燕人,为方仙道,形解销化,依于鬼神之事",即身体销解变化而升为神仙。当时"燕、齐海上之方士"还乘船深入渤海,求蓬莱、方丈、瀛洲三神山。据说曾"有至者,诸仙人及不死之药皆在焉。其物、禽兽尽白,而黄金、银为宫阙。"他们"未至,望之如云;及到,三神山反居水下;临之,风辄引去,终莫能至云。"(《史记·封禅书》)这些方士故弄玄虚,诱惑各国君主。宋玉为楚襄王作的《高唐赋》云:当年"有方之士羡门高、溪上成、郁林、公乐、聚谷,进纯牺,祷璇室,醮(祭)诸神,礼太一(方士崇拜的最高天神)。""王将欲往见之,必先斋戒,差时择日。"如果一旦与神相会,将"九窍通郁,精神察滞,延年益寿千万岁"(《文选》卷十九)。这又是方士迷惑君王的宣传。

饮用特殊的液体或固体,可使人长生不死,这是方士搞的又一种迷信活动。据说当时"燕、齐之士释锄耒,争言神仙。方士于是趣(趋)咸阳者以千数,言仙人食金饮珠,然后寿与天地相保"(《盐铁论·散不足》)。在这种风气的影响下,当时人争言神仙食品。《山海经》记在西北一座山上,有"瑾瑜之玉为良,坚栗精密,浊泽而有光,五色发作,以和柔刚,天地鬼神,是食是飨,君子服之以御不祥"(《西山经》)。《楚辞·远游》述说:"吾将从王乔(古仙人)而娱戏,餐六气而饮沆瀣兮,漱正阳而含朝霞;保神明之清澄兮,精气入而粗秽除。"然后又"留不死之旧乡""吸飞泉之微液兮,怀琬琰之华英;玉色颀(美)以脕颜兮,精醇粹而始壮。"可见方士宣传的神仙饮食能永葆"不死"之说已深入人心。

以巫术治病,商、周以来颇为流行。战国时代的方士继承这一做法,在用药治病的同时辅以巫术。《素问·移精变气论》谈到:

"古之治病，惟其移精变气，可祝由而已。"所谓"祝由"，唐人王冰注："祝说病由，不劳针石。"意即用祝祷、诅咒等方法来排除疾病的缘由，使患者移其精神，变其气质，这实际是一种欺骗病人的巫术。在马王堆帛书《五十二病方》中，也有类似用巫术来驱逐致病妖魔的。如《诸伤》云："伤者血出，祝曰：'男子竭，女子蕺。'五画地口之。"《巢者》云："候天甸（电）而两手相摩，乡（向）甸祝之，曰：'东方之王，西方……主冥冥人星。'"还有"唾""喷""操筑（杵）""向人禹步"等方法。

二 术士占星、望气、听音、诅咒等助战之法

与方士并列的术士，指的是精通术数的人。据《汉书·艺文志》载《术数略》的著作，包括天文、历谱、五行、蓍龟（蓍占和龟卜）、杂占、形法（相术）六类。从这六类内容列在一起可见，所谓"术数"（或作"数术"）也是科学技术和宗教迷信混合在一起的。

当时各国交战，往往用占卜和占星来预测吉凶。《韩非子·饰邪》指出：赵、燕交战，双方都"凿龟数策，兆曰大吉"，结果赵胜燕败，此"非赵龟神而燕龟欺也"；后来秦、赵交战，双方也都占卜"兆曰大吉"，结果秦胜赵败，此"又非秦龟神而赵龟欺也"。韩非接着又阐述："初时者，魏数年东乡（向）攻尽陶、卫，数年西乡以失其国，此非丰隆……岁星（诸吉星）数年在西也，又非天缺……奎台（诸凶星）数年在东也。"他最后总结说："龟策鬼神不足举胜，（星的）左右背乡不足以专战。然而恃之，愚莫大焉。"可

见其时占卜和占星术的盛行。

除占卜、占星外，战争时还要望气。《六韬·王翼》篇讲到将的辅佐人员有"天文三人：主司星历，候风气"；其《兵征》篇又述："城之气"如何而"城可克"，"城之气"如何而"军必病"等等。《墨子·迎敌祠》篇论述："凡望气，有大将气，有小将气，有往气，有来气，有败气。能得明此者，可知成败吉凶。"当时术士把"望气"之法讲得神乎其神，目的是要得到统治者的重视，抬高自己的地位。马王堆帛书《五星占》和《天文气象杂占》中，也有不少内容是讲占星和望气的。

预测战争胜负，还有一种是听音之术。《周礼·春官》记大师之职有"听军声而诏吉凶"。郑注引《兵书》谓"大师吹律合音：商则战胜，军士强；角则军扰多变，失士心"云云。《史记·律书》也说："望敌知吉凶，闻声效胜负，百王不易之道也。"所谓"望敌"即望气，"闻声"即听音，二者都能知吉凶胜负。《六韬》有《五音》篇专讲听音预测之术，结论云："五行之符，佐胜之征，成败之机。"《汉书·艺文志》五行类有《五音奇胲用兵》一书，当也是专门讲论听音用兵的神秘之术的。

为求得战争的胜利，当时还有告神诅咒和立像射击等巫术。如公元前 313 年秦、楚大战前夕，秦惠文王使其宗祝向大神诅咒楚王熊相（即楚怀王）的罪行，把楚王数落得如同殷纣一般，并求大神保佑秦邦"克剂楚师"。这就是北宋年间出土的《诅楚文》石刻的内容。又据说宋王偃曾雕刻或铸造敌国君主的像，写上诸侯名字，"射其面"或"弹其鼻"（《战国策·燕策二》）。他还专门筑台，台上高挂着一个盛血而穿着甲胄的皮囊，象征敌国君主。宋王使人从下射箭，皮囊刺破而血流坠地，左右皆呼曰："王之贤，过汤、武矣！"（《吕氏春秋·过理》）可见当时巫术的野蛮和愚蠢。

三　对天帝、鬼神的崇拜和驱鬼术的应用

随着科学技术的发展以及唯物主义思想的宣扬，战国时期对天帝的崇拜已不如殷商、西周那样神秘、浓烈，但天帝的威信依然存在，人们仍要顶礼膜拜，是千万不能怠慢的。《墨子·天志上》曰："天下之百姓，故莫不刍牛羊，豢犬彘，洁为粢盛酒醴，以祭祀上帝鬼神，而求祈福于天。"可知当时的天帝受到天下百姓的祭祀和求祈。《吕氏春秋·十二纪》都记述要祭祀天帝之事：如《仲秋纪》载此月"命宰祝巡行牺牲，视全具，案刍养，瞻肥瘠，察物色，必比类，量小大，视长短，皆中度，五者备当，上帝其享。"《季夏纪》和《季冬纪》都说此月"令民无不咸出其力，以供皇天上帝"，等等。战国中期秦国在与楚大战前夕作《诅楚文》，指责楚王"不畏皇天上帝及丕显大神巫咸、大沈久湫之光烈威神"，而秦国则"应受皇天上帝及丕显大神巫咸、大沈久湫之几灵德赐"。可见"皇天上帝"在当时的神圣地位。

对于鬼神的存在，不少著作表示认同和强调。如《墨子》有《明鬼》篇，用历史上的许多事实证明鬼神的存在，明确指出鬼神"能赏贤而罚暴"，并分析说：鬼"有天鬼，亦有山水鬼神者，亦有人死而为鬼者。"《庄子·达生》篇记齐士讲述有各色各样的鬼："沈（水污泥处）有履（鬼），灶有髻（神，状如美女），户内之烦壤（尘土积聚处）雷霆（鬼）处之，东北方之下者，倍阿、鲑蠪

（二鬼神）跃之，西北方之下者，则洑阳（鬼神）处之。水有冈象，丘有宰，山有夔，野有彷徨，泽有委蛇（以上均为奇形的妖怪）。"史载"楚怀王隆祭祀，事鬼神，欲以获福助，却秦师"（《汉书·郊祀志》），可知楚怀王对鬼神威力的迷信。睡虎地秦简《日书·诘咎》篇也记有大量的鬼，如"刺鬼""丘鬼""诱鬼""哀鬼"等，并说"鬼恒赢（裸）入人宫"，"人行而鬼当道以立""人妻妾若朋友死，其鬼归之者"云云。可见秦国对鬼神迷信的盛行。

当时人认为，水灾是由于水神作祟而造成的，因而必须恭敬祭祀水神。在不少地方还有为河伯（水神）娶妇，即把年轻女子投入河中以减少其作祟的迷信陋习。褚少孙补《史记·滑稽列传》载魏文侯时西门豹为邺县（今河南安阳市北）令，曾打击为河伯娶妇的宗教迷信活动。这种宗教迷信，在秦国也有。《史记·六国年表》载秦灵公八年（公元前417年）"初以君主妻河。"《索隐》云："谓初以此年取他女为君主，君主犹公主也。妻河，谓嫁之河伯。"可知为河神娶妻这种宗教活动的广泛流传。

在鬼神二者中，"神"具有崇高的地位，而"鬼"往往被人所厌恶，因而当时出现许多驱鬼的方法。睡虎地秦简《日书·诘咎》篇记可以驱鬼的物品有：桃木、牡棘所制的弓矢，桑木做的棍杖，鞋子、鞭子，猪狗的屎、臭泔水等①。《韩非子·内储说下》即载有燕人"取五牲之矢（屎）浴之"而驱鬼的事。《诘咎》篇并载："扬灰击箕""击鼓奋铎"可以驱鬼；"鬼之所恶：彼屈卧、箕坐、连行、奇立"，即各种奇怪的坐卧行立姿势亦可驱鬼。《周礼·夏官》

---

① 晃福林：《战国时期的鬼神观念及其社会影响》，《中国史研究》，1998年第2期。

有"方相氏：掌蒙熊皮，黄金四目，玄衣朱裳。执戈扬盾，帅百隶
而时难，以索室驱疫（鬼）"，在举行丧葬时，"及墓入圹（墓穴），
以戈击四隅，驱方良（即冈两，鬼怪）。"这应该是对当时驱鬼方式
的描述。

四　列国朝见、盟会等礼仪与谥法的演进

战国时代的礼俗继承西周、春秋以来的传统，也根据当时的情
势有所变化。从总的趋势来看，礼仪趋于简单，还增加了政治、外
交的色彩。各国之间的朝见、盟会等礼仪活动成为外交结盟的手
段，为政治上的发展铺平道路。

在当时朝见礼有朝天子、各国相朝和本国君臣朝见三类。周天
子虽仅存空名，但朝天子可提高自身的威望，特别是率领各国进行
朝访。如公元前344年，魏惠王在大梁附近的逢泽举行盟会，参加
的除泗上十二诸侯外，还有秦公子少官和赵肃侯，盟会后即"朝天
子"（《史记·秦本纪》和《赵世家》）。各国相朝带有政治活动的
性质。秦国在朝见各国使者时有一种非常隆重的礼仪，称"九宾
礼"。如赵王派使者送璧至秦，秦王"乃设九宾礼于廷"（《史记·
廉颇蔺相如列传》）。燕荆轲献督亢地图时，秦王也"朝服，设九
宾（礼），见燕使者咸阳宫"（《史记·刺客列传》）。在接待朝见者
时，各国往往设置酒宴。如公元前237年，齐王建"入朝秦，秦王
政置酒咸阳"（《史记·田敬仲完世家》）。

本国君臣朝见，也有许多礼仪名目。如赵国有大朝、庙见礼和
群臣宗室之礼等。史载赵武灵王十九年"大朝信宫"，二十七年又

"大朝于东宫"。此年赵武灵王传国，立王子何为王，即赵惠文王。"王庙见礼毕，出临朝。"《通鉴·周纪三》胡注："庙见（礼），始即位而见祖庙也。"赵惠文王四年"朝群臣"，退居幕后而自称"主父"的赵武灵王"从旁观窥群臣宗室之礼"（以上均见《史记·赵世家》）。这个礼仪，一定有许多特殊的规定。

盟会在战国时代相当频繁，其礼仪形式也不拘一格。大凡由诸侯国君或宗室重臣参加盟会，有文武随从多人，由御史，负责记录盟会之事。盟会常以饮酒、击乐助兴，有时还举行歃血定盟的仪式。如公元前 279 年，秦昭王与赵惠文王在渑池相会，秦王有文武"群臣"随从，赵王随从者有蔺相如等。"秦王饮酒酣"，曾请赵王"奏瑟"，双方都有"御史"记录事情经过（《史记·廉颇蔺相如列传》）。公元前 258 年，赵平原君为解秦攻邯郸之难，与门下食客二十人至楚。当达成协议后，在毛遂的建议下，楚王与平原君在殿上"歃血而定从（纵）"（《史记·平原君列传》）。次年楚即派兵救赵，盟会取得巨大成功。

谥法继承西周、春秋以来的习惯，在君王死后以其一生行事定取谥号。战国谥法的特点，是在中后期出现了二字谥。如秦国有惠文王、孝文王、庄襄王，赵国有武灵王、惠文王、孝成王、悼襄王，魏国有安厘王、景湣王，韩国有宣惠王、桓惠王，楚国有顷襄王、考烈王，燕国有武成王。二字谥的出现，据说是因为一个王的一生事迹错综复杂，用一个谥号难以概括。如赵武灵王既改革军事，用武力开拓疆土，可谥为"武"；但他又废长立幼，造成内乱而不得善终，可谥为"灵"。用"武灵"二字才能全面概括其一生行事，此后二字谥在战国后期被普遍采用。

五　婚姻观念、习俗、制度、礼仪的变化

　　随着经济的发展，列国兼并战争的加剧，婚姻在战国时代的贵族中越来越带有势利性，并作为实现政治目的的手段。如战国初年赵襄子为兼并代，"以其姊为代王妻"，在宴饮之际击杀代王（《史记·张仪列传》）。秦国为亲楚伐齐，派张仪说楚王曰："使秦女得为大王箕帚之妾，秦楚娶妇嫁女，长为兄弟之国"（《史记·张仪列传》）。战国后期赵国自长平之战失败，乃"卑辞重币，四面出嫁，结亲燕、魏，连好齐、楚"（《战国策·中山策》），试图以婚姻联结诸侯，挽救危亡。楚考烈王患不育症而无子，赵人李园便将妹妹进献给楚相春申君，知其有身孕后又献给楚王。"楚王召入幸之，遂生子男，立为太子"（《史记·春申君列传》）。李园妹妹因此被立为王后，李园本人也飞黄腾达，操持国政。他利用妹妹的婚姻而达到自己荣华富贵的目的。

　　婚姻习俗在战国时代也愈趋自由，不拘礼教。史称赵女郑姬"目挑心招，出不远千里，不择老少者，奔富厚也"。中山女子也"游媚富贵，入后宫，遍诸侯"（《史记·货殖列传》）。她们都自由行动，奔向"富贵"之家。大商人吕不韦在没有举行婚礼的情况下即"取邯郸诸姬绝好善舞者与居"，知其有身孕后又献给秦公子子楚。该姬隐匿其身情，至期而生子，"子楚遂立姬为夫人"（《史记·吕不韦列传》）。可知当时的男女关系相当随便，甚少有法律约束，有些人同居后在适当时机才公开其身份。

　　当时的婚姻制度在平民中应该以一夫一妻制为主，而在贵族中

则普遍流行着多妻制和妻妾制。战国初期有人对赵襄子说："魏并中山，必无赵矣。公何不请公子倾（魏君之女）以为正妻，因封之中山，是中山复立也"（《战国策·中山策》）。赵襄子以公子倾为"正妻"，则其他妻妾一定很多。赵武灵王先"娶韩女为夫人"，又纳吴广女孟姚。"孟姚甚有宠于王，是为惠后"（《史记·赵世家》）。赵武灵王实行多妻制。赵平原君"后宫以百数，婢妾被绮縠"，在邯郸保卫战中，"令夫人以下编于士卒之间"（《史记·平原君列传》）。可知其妻妾成群，习以为常。

西周、春秋以来的婚姻礼仪相当繁复，到战国时代这些礼仪都被淡化了。荀子指出："婚姻娉（聘）、内（纳）、送、逆无礼，如是，则人有失合之忧，而有争色之祸矣"（《荀子·富国》）。这里所谓"娉"即问名，男方遣媒人问女子姓名；"纳"即纳币或纳征，男方向女方纳聘礼；"送"即送女，女方把女子送至男家；"逆"即亲迎，新郎亲自到女家迎接新娘。这样简单的婚姻礼仪，在战国时代实际生活的记载中很少见到，可能大多未遵照执行，故荀子要发出如此警告和感慨。

六 丧葬礼仪、制度的继承与发展

与婚姻礼仪的淡化相反，丧葬在战国时代继承了西周、春秋以来的礼仪制度，并在此基础上又有所发展。这一方面是因为儒家的宣传，另一方面统治者也想把他们生时的奢侈生活延续到死后。荀子在谈到丧礼时指出："夫厚其生而薄其死，是敬其有知而慢其无知也，是奸人之道而倍（背）叛之心也。""一朝而丧其严亲，而所以送葬之者不哀不敬，则嫌于禽兽矣，君子耻之"（《荀子·礼论》）。在这种理论和统治者要求的鼓动下，丧礼的隆重铺张乃是必然的。

据文献记载和考古发掘资料证明，战国时代贵族的丧葬礼仪不仅有沐浴梳洗、食饭含贝、袭服穿衣、盘头装饰等顺序，还为死者准备了大量的坐卧、日用、娱乐、出行的明器，有些国君入葬时还要穿上贵重的玉衣①。丧葬的规模因死者身份等级的不同而有差异。荀子说："天子之丧动四海，属（合）诸侯；诸侯之丧动通国（友好国家），属大夫；大夫之丧动一国，属修士（上士）"（《荀子·礼论》）。史载赵"肃侯卒，秦、楚、燕、齐、魏出锐师各万人来会葬"（《史记·赵世家》），可知荀子的话是符合当时实情的。

整个战国时代各国贵族普遍存在着厚葬的习俗。《墨子·节葬》篇就述当时王公大人有丧者曰："棺椁必重，葬埋必厚，衣衾必多，文绣必繁，丘陇必巨。"《吕氏春秋·节丧》篇也指出当时的丧葬情况："国弥大，家弥富，葬弥厚"，所葬"夫玩好货宝、钟鼎壶鉴、舆马衣被戈剑不可胜数。"从考古发掘的情况看，以上论述基本属实。在战国时代各国贵族墓葬中，往往随葬有大量青铜礼器、乐器和兵器。1978年在湖北随县（今随州市）发现战国初年的曾侯乙墓，共出青铜礼乐器二百五十多件，青铜兵器四千五百多件，还有车马器一千多件②，可见其丧葬用品的奢华。

丧葬礼制仍按照西周、春秋以来的规定，有严格的等级限制。

---

① 李宝才：《被盗掘出的赵王陵三马》，《文物天地》，1998年第6期。
② 随县擂鼓墩一号墓考古发掘队：《湖北随县曾侯乙墓发掘简报》，《文物》，1979年第7期。

如用鼎，按西周古制："礼祭：天子九鼎，诸侯七，卿大夫五，元士三也"（《公羊传》桓公二年何休注）。由于战国时代的僭礼，在丧葬时往往诸侯国君用九鼎，其卿用七鼎，依次往上升一级。至于车马的陪葬，往往也按照这样的规定：诸侯国君用九车，卿为七车，大夫为五车，士为三车或二车①。陪葬的鼎和车马的多少成为墓主身份等级的标志。

墓葬的形制到战国时期发生了变化，成为高大的隆起于地面的东西，因而就有"丘墓""坟墓""冢墓"等名称，墓的高低、大小都要与贵族的等级相匹配。君王的墓至战国中期后开始称"陵"，因为它高大得如山陵一般。如《史记·赵世家》载赵肃侯时"起寿陵"，其他秦、楚诸国也陆续以君王之墓为陵。君王死后除建造陵墓外，还要在陵墓之上或旁边建造如宫室一般的房屋称为"寝"，让君王如活着时一样在其中游乐。1978 年在河北省平山县战国中山王陵出土的一幅铜版《兆域图》，其中描绘在陵墓顶上要建造五间堂，这应该就是属于"寝"的建筑②。历代帝王"陵"与"寝"合建的制度也就从战国时期开始盛行起来。

七　衣着服饰的多样和饮食调味的技能

战国时代各国的衣着服饰丰富多彩，各具特色。《战国策·秦策五》载，秦公子异人见王后，因王后是楚人，吕不韦使其"楚服而见"。可知楚服是一种楚国人穿的有鲜明特色的服装。赵武灵王

---

① 笪浩波：《楚国礼车制度初探》，《考古与文物》，2001 年第 1 期。
② 杨鸿勋：《战国中山王陵及兆域图研究》，《考古学报》，1980 年第 1 期。

曾进行"胡服骑射"的改革，然则短衣长裤的胡服又成为北方的流行服饰。当时各种身份的人服装都有特殊制式，如《通鉴·周纪四》载：燕王"赐乐毅妻以后服，赐其子以公子之服。"由此可知，君王、大臣和平民也都会有适合其身份特点的服装。

除服装存在各种款式外，战国时人还喜欢佩戴各种饰品。据考古发掘资料，楚国人佩戴的饰品有玉、水晶、玛瑙、石片、角器、铜器、带钩等①。其佩戴的情况在《楚辞》中有很多描述："长余佩之陆离"（《离骚》）；"佩缤纷以缭转"（《思美人》）；"抚长剑兮玉珥，璆锵鸣兮琳琅"（《东皇太一》）；"带长铗之陆离"（《涉江》），如此等等。当时的刺绣工艺也有了相当进步，如湖北江陵马山楚墓出土的刺绣品有二十一件，绣线有十二种不同的颜色，所绣凤和龙的图案做工精细，形态逼真。

当时人的帽和鞋也有各种名称和样式。如楚国有长冠、远游冠、獬豸冠、切云冠等。獬豸为神羊，一只角，能辨别曲直，其冠为执法者所戴。《楚辞·涉江》曰："冠切云之崔嵬"，注："切云，当时高冠之名。"赵国有术氏冠、惠文冠、鹖冠、爪牙帽子等，多为赵武灵王倡导的武士之冠。楚人的鞋有麻履、丝履、革履（皮鞋）以及玉屦、珠履、缟舄等，赵人的鞋也有屦、利屣、皂靴等。《史记·货殖列传》说赵女郑姬"揄长袂，蹑利屣"，《集解》引徐广释屣为"舞屣"，可知"利屣"是年轻女子穿的舞鞋。皂靴是赵武灵王改革时提倡穿的胡人之靴。

战国时人的食物也很丰富。主食有粟（小米）与黍（黄米）

---

① 王从礼：《从考古资料谈楚国服饰》，《文博》，1992年第2期。

等，副食有各类动物的肉和蔬菜、瓜果。富贵人家肉类食品充足，《史记·平原君列传》记其家在邯郸保卫战中还"余粱肉"。在沿海和江河湖泊地区，鱼类食品大量存在，还有食熊的脚掌的。孟子说：鱼和熊掌"二者不可兼得，舍鱼而取熊掌者也"（《孟子·告子上》）。据说秦大饥时，应侯请发"五苑之草著、蔬菜、橡果、枣栗""以活民"（《韩非子·外储说右下》），可见上述食品还可充当主食。《吕氏春秋·本味》称：果之美者有"江浦（滨）之橘，云梦之柚"，这是楚国的特产。

值得一提的是，当时的烹调技术有长足发展，可谓达到炉火纯青的地步。《吕氏春秋·本味》篇述："鼎中之变，精妙微纤，口弗能言，志不能喻"；其烹调食品，"久而不弊，熟而不烂，甘而不浓，咸而不减，辛而不烈，淡而不薄，肥而不腻"。高诱注："言皆得中适。"同时篇中又列举各种名贵特产，有"肉之美者""鱼之美者""菜之美者"，等等。此外，它还展示许多鲜美的调味品："和之美者，阳朴之姜，招摇之桂，越骆之菌，鳣鲔之醢，大夏之盐，宰揭之露"等。有如此名贵的特产、高超的烹饪技术和鲜美的调味品，一定会烹制出美味佳肴。

八　居住的宫室楼舍与出行乘车马舟船

战国贵族的居住处有宫、室、殿、堂、舍、楼等。宫是君王上朝和居住的地方，如《史记·刺客列传》载：秦王"见燕使者（于）咸阳宫"。《秦始皇本纪》述：秦王迎太后"居甘泉宫"。室是大的房屋，《史记·田完世家》载："驺忌子以鼓琴见威王，威王说

（悦）而舍之右室。"殿、堂都指宫前的大屋，《史记·平原君列传》
载：毛遂"定从（纵）于殿上"，公相歃血"于堂下"。舍是住宿之
屋，《史记·孟尝君列传》述孟尝君将客冯骥"置传舍十日"。楼是
二层以上的房屋，多为贵族所居住。《史记·平原君列传》载："平
原君家楼临民家"，"平原君美人居楼上"。据说张仪曾在蜀地成都
造楼，"高百尺"，后人称为"张仪楼"[①]。可知当时贵族造楼已成
风气。

关于房屋的结构和房中的家具，《荀子·礼论》说："疏房、檖
（邃）貌、越席、床第、几筵，所以养体也。"可见当时建房讲究明
亮（疏）、深邃，这样便于采光和空气流通。越席是用细蒲编成的
名贵席子。第是床上竹编的垫子。几是矮小的桌子，筵是垫席。古
人席地而坐，倚靠用几而坐于筵上。当时贵族对睡的床已很讲究。
据说"孟尝君出行国，至楚，（楚）献象床"，"象床之直（值）千
金"（《战国策·齐策三》）。可见睡床已有用象牙制的，价值昂贵，
是高档奢侈品。

出行除步行外，贵族大多乘车。《史记·赵世家》载赵肃侯游
大陵，"大戊午扣马"而谏，"肃侯下车谢"。《史记·廉颇蔺相如列
传》记相如出而望见廉颇，乃"引车避匿"。当时车的种类很多。
《史记·范雎列传》载秦昭王"以传车召范雎"。传车是古代驿站为
传递文书而专用的马车。《战国策·齐策四》记齐王"遣太傅赍黄
金千斤、文车二驷"谢孟尝君。鲍彪注："文，彩绘也。"文车是用
彩绘装饰的豪华马车。《战国策·秦策四》记魏惠王在逢泽之会时

---

① 董说：《七国考》卷四《秦宫室》引杜甫《石犀行》《成都记》及《蜀记》。

"乘夏车，称夏王"。这里的"夏车"是指大而华丽、有特殊气派的车。《通鉴·周纪四》载燕昭王赐乐毅"辂车、乘马"。辂车是一种朴素的大车。《战国策·赵策四》载太后曰："老妇恃辇而行。"辇是一种人拉的车。

在乘车出行的同时，骑行也是一种常见的方式。赵武灵王胡服骑射改革后，这种方式在赵国和北方更形成风气。

南方的水乡泽国，人们出行经常乘舟或船。《说苑·善说》篇记楚鄂君子晰"泛舟于新波之中"，他"乘青翰之舟"，"张翠盖而撘犀尾"。《尚书大传·西伯勘者》云："取白狐青翰"，郑玄注："翰，毛之长大者。"可知"青翰之舟"一定是像一根长而大的毛一样，非常轻盈，且有"翠盖""犀尾"等装饰品，显得华丽、奇异。《楚辞·涉江》中屈原曰："乘舲船余上沅兮"，"舲船"是一种有窗牖的小船。可知当时南方水上的舟船也有各种样式和名称。

九　民间和贵族的娱乐活动

随着社会经济的发展，战国时代民间的娱乐活动已相当丰富。《史记·滑稽列传》载淳于髡曰："州闾之会，男女杂坐，行酒稽留，六博投壶，相引为曹。"《战国策·齐策一》又记当时游士之说："临淄甚富而实，其民无不吹竽、鼓瑟、击筑、弹琴、斗鸡、走犬、六博、蹋踘者。"从"州闾之会"和齐都临淄的情况描绘，可见当时民间娱乐的喧哗、热闹。

综观当时的民间娱乐活动，约可分为斗鸡、走犬、六博、弈、投壶、奏乐弹唱等许多种。斗鸡是用两只公鸡互相争斗以取乐。春秋后期鲁国的季氏、郈氏两家已开始斗鸡争胜（见《左传》昭公二十五年），到战国时期，斗鸡成为市民普遍爱好的娱乐活动。走犬是使猎狗追逐兔子来取乐。淳于髡曾讲故事说："韩子卢者，天下之疾犬也。东郭逡者，海内之狡兔也。韩子卢逐东郭逡，环山者三，腾山者五，兔极于前，犬废于后，犬兔俱罢（疲），各死其处"（《战国策·齐策三》）。可见疾犬逐狡兔之精彩，这种活动已成为当时的风尚。六博是掷采下棋比赛。其棋有六白六黑，分为两边。六棋中有一枭五散。两人先掷采，胜者先行棋。以先杀枭者为胜，类似于现在的象棋。《楚辞·招魂》及注有关于"六博"的详细介绍。弈是围棋，当时下围棋和研究棋艺的人甚众，已经出现"通国之善弈者"（《孟子·告子上》），是当时的围棋名家。投壶是用矢投壶的比赛。原来是贵族相会时的一种礼仪，《礼记》有《投壶》篇。到战国时这种礼仪不再举行，而成为民间大众的娱乐方式。奏乐弹唱是民间流行的娱乐活动，前引临淄之民就经常"吹竽、鼓瑟、击筑、弹琴"。赵烈侯爱好郑国的民间歌者枪、石二人，竟欲"赐之田，人万亩"（《史记·赵世家》）。可见民间奏乐弹唱的艺人技艺之高超。

宫廷贵族在春秋时代就养有一批称为"倡优""侏儒"的艺人，他们善于歌舞说笑，供人娱乐。到战国时期，这种艺人依然存在。韩非就曾说："俳优、侏儒，固人主之所与燕（宴，玩乐）也"（《韩非子·难三》）。俳优指滑稽戏演员，而侏儒为身材矮小者，常演小丑角色。当时的贵族官僚如孟尝君等，亦经常"倡优、侏儒处前"（《说苑·善说》）。歌舞艺人中的女性，更成为贵族玩乐的工具。《史记·赵世家》载："赵王迁，其母倡也，嬖于悼襄王。"

赵悼襄王因玩弄歌女（倡）而生下赵王迁，统治集团的生活腐化是导致赵国覆亡的重要原因。

君王贵族游乐的场所还有苑囿，那里有花草树木、亭台楼阁，还畜养着各种动物。孟子曾对齐宣王说："臣闻郊关之内有囿方四十里，杀其麋鹿者如杀人之罪"（《孟子·梁惠王下》）。这是供齐王玩乐的"鹿囿"。魏国既有梁囿（在魏都大梁西北），又有温囿（在今河南温县西）。战国后期"秦七攻魏，五入囿中"，"文台堕，垂都焚，林木伐，麋鹿尽"（《史记·魏世家》），遭到极大破坏。韩国也有"鸿台之宫、桑林之苑"（《战国策·韩策一》）。《史记·秦本纪》载：孝文王元年"弛（开放）苑囿"。《韩非子·外储说右下》云："赵王游于囿中，左右以兔与（予）虎。"可见当时各国君王都以游苑囿为乐。

十　以习武、比赛为目的的体育锻炼

战国时代民间和贵族的体育锻炼，也项目繁多，十分热闹。综观当时的体育锻炼项目，有射箭、击剑、角力（摔跤）、蹴鞠（踢球）、举鼎（举重）、杂技等。这些项目大多以习武和比赛为目的，运动比较剧烈，与道家讲究养生的气功锻炼迥然不同。

射箭是当时一项十分普及的体育运动。因为在冷兵器时代射箭能远距离准确地杀伤敌人。各国政府为提高军队的战斗力，常鼓励百姓练习射箭。如李悝为魏上地守时曾下令说：有可疑的诉讼案件，就使射箭靶，"中之者胜，不中者负"。于是人皆奋勇"习射，日夜不休"（《韩非子·内储说上》）。当时还有以细线系在箭上而射，称为"弋"，可把射中的鸟兽很快获取。据说楚国有善弋者蒲苴子，能"连鸟于百仞之上"（《淮南子·览冥》），即在很高的空中把射中的鸟牵连着。《汉书·艺文志》兵技巧家载《蒲苴子弋法》四篇，可知他一定经过长期锻炼，积累了丰富的经验，有很高的技巧。

击剑也是当时非常实用的体育锻炼项目，因为它既可防身，又可在保家卫国的战斗中发挥作用。《史记·太史公自序》称：司马氏"在赵者以传《剑论》显"；又说："非信廉仁勇，不能传兵论剑。"《汉志》兵技巧家著录有"《剑道》三十八篇"。可见当时击剑运动的发展和对击剑技巧的重视。

角力（摔跤）在战国时期成为重要的比武项目。《礼记·月令》载孟冬之月"天子乃命将帅讲武，习射、御、角力"（《吕氏春秋·孟冬纪》略同）。《汉书·刑法志》云："战国稍增讲武之礼，以为戏乐，用相夸视，而秦更名'角抵'。"《韩非子·外储说左下》记赵襄子的力士少室周与人"角力"而不胜之事，可知角力在春秋末或战国初已很盛行。《庄子·人间世》说："以巧斗力者，始乎阳，常卒乎阴，大至则多奇巧。"所谓"斗力"即角力，"阴"者谓用阴谋取胜。《汉书·艺文志》兵技巧家有《手搏》六篇，"手搏"亦即角力，其名称因时代和国别不同而多有不同。

蹴鞠（踢球，或作蹹鞠、蹋踘）也是战国时期盛行的体育运动。鞠是实心的皮球，蹴即踢。前引《战国策·齐策一》记游士说临淄之民的爱好，就包括"蹋踘"在内。刘向《别录》云："蹴鞠者，传言黄帝所作，或曰起战国之时。"又说："蹋踘，兵势也，所以练武士、知有材也，皆因嬉戏而讲练之。"（《史记·苏秦列传·

集解》引)《汉志》兵技巧家有《蹴鞠》二十五篇。可知蹴鞠运动兴起于战国,它是兵家练武士、讲技巧的一种手段。"传言黄帝所作",当出于假托。

举鼎(举重)这种游戏和比赛在战国也甚流行。史载秦"武王有力好戏",他所赏识的"力士任鄙、乌获、孟说皆至大官"(《史记·秦本纪》)。公元前307年,秦武王带孟说至周都洛阳。当他与孟说比赛举起龙文赤鼎时,两目出血,折断膝盖骨而死(《史记·赵世家》《帝王世纪》)。传闻乌获"能举千钧之重"(《战国策·燕策一》),千钧有三万斤,这恐怕是夸大之词。魏信陵君窃符救赵时,带屠夫"朱亥袖四十斤铁锥,椎杀晋鄙"(《史记·魏公子列传》)而夺得兵权,朱亥也应该是经常进行举重锻炼的大力士。

杂技这种体育锻炼项目在战国也已出现。《列子·说符》记宋元君①时有妄入宫廷的"兰子",在元君前表演杂技。他用两根"倍其身"的树枝绑在小腿上,"并趋并驰,弄七剑迭而跃之,五剑常在空中"。元君观看后大惊,立即赐以金帛。此段记载当有所根据。该杂技表演者踩着高跷,一面趋驰,一面舞弄七剑,使五剑凌空翻飞。这一定需要长期的刻苦锻炼和很高的技术功夫。

---

① 宋元君,《史记·宋世家》无此君名。《吕氏春秋·君守》云:"鲁鄙人遗宋元王闭",宋元王当即此元君。褚少孙补《史记·龟策列传》有述宋元王事,并称元王之时"宋国最强"。查宋国唯末代君偃称王,四面出击,立四十七年而被齐灭,故元君、元王当即王偃。

后 记

　　2001 年暑期，在安徽蚌埠召开的涂山·淮河流域历史文明研讨会暨中国先秦史学会第七届年会上，我从学会会长李学勤先生及常务副会长孟世凯先生那儿领到了这本《中国古代历史与文明·战国史与战国文明》的编写任务。因为尚有其他要紧的事情待完成，本书的写作直到 2002 年夏才正式开始。为了加快写作，我请了上海社会科学院的杨善群研究员作帮手，他是著名战国史专家杨宽先生的公子，本人于先秦史研究亦是里手。我们二人分工合作，终于在 2004 年初完成了全书的写作任务。

　　具体分工是，我负责本书的拟目，并撰写导言及第一至第九个专题，善群兄撰写第十至第十九个专题，最后由我定稿。我们二人对战国史有关问题的看法基本一致，因而他对我提供的拟目无多异议，我对他提交的稿子亦无甚改动。只是我们的行文风格稍有差异，为相互尊重，也就不求一律了。

　　由于写作时间较为匆促，本书疏漏及错误之处在所难免，请读者不吝批评指教。

沈长云

2006 年岁末于河北师大寓所